나의 멍에를 메고 내게 배우라

Take my yoke on you and learn from me

Take my yoke on you and learn from me

A Study of the Gospel According to Matthew

by

Dr. Hung-Gil Chang

국립중앙도서관 출판시도서목록(CIP)

나의 멍에를 메고 내게 배우라 : 설교를 위한 마태복음 연구 /
장흥길 지음 -- 개정증보판. -- 서울 : 한국성서학, 2008
p. 316 ; cm

ISBN 978-89-86015-65-2 93230 : ₩ 12000

233.62-KDC4
226.2-DDC21   CIP 2008001331

Copyright ⓒ 2008 by Publishing House KIBS
Publishing House Korea Institute of Biblical Studies
Seoul, Korea

나의 멍에를 메고 내게 배우라

－설교를 위한 마태복음 연구－

장 홍 길

한국 성서학 연구소
KOREA INSTITUTE OF BIBLICAL STUDIES

獻 辭

이 책을
고락을 같이 한
사랑하는 아내에게
드립니다.

제1판 머리말

신약성경에서 배우고 가르치는 일에 대하여 마태복음만큼 효과적으로 제시해 주는 책은 없다. 왜냐하면 마태복음에 묘사된 예수님은 참 교사의 모본이 되시고, 제자들은 그분의 가르침을 받아 깨닫는 자이기 때문이다.

저자가 마태복음에 대하여 본격적으로 관심을 가지게 된 것은 독일 유학 시절 에얼랑엔(Erlangen) 대학교 신학부 박사 학위 논문 구술시험 때 전공과목인 신약학 시험 과목 중 하나로 마태복음을 선택하고 난 뒤부터였다. 그 때 이후로 저자에게 마태복음은 신약성경의 다른 어떤 책보다도 의미 있는 책이 되었고, 저자는 마태복음에 대한 연구를 계속해 왔다. 그러던 중 저자는 지역 교회에서 단독 목회를 하던 2000년에 꼬박 52주간 동안 매주 수요일마다 마태복음을 강해하였으며, 그 결과물로 2002년에는 청·장년을 위한 신학적 성경 공부 교재인, 상·하 두 권으로 된 『가서 제자 삼으라』를 출판한 바 있다.

이번에 출판되는 설교자를 위한 마태복음 연구인 『나의 멍에를 메고 내게 배우라』는 작년 초 한국성서학연구소가 주관했던 <제22회 성서신학마당 - 목회자를 위한 성경 연구 세미나>의 강의록을 수정·보완한 결과물이다. 저자가 생각하기에 일선에서 목회하시는 분들께 도움을 주는, 올바른 석의에 바탕을 둔 성경 연구는 그리 많지 않은 것 같다. 그리하여 저자는 오늘의 시대상을 고려하면서 올바른 석의에 바탕을 둔 성경 연구서를 집필하려 했지만, 본서를 탈고(脫稿)하고 다시 검토해 보니 아쉬운 점이 한두 가지가 아니다. 그럼에도 불구하고 본서가 한국 강단을 책임진 목회자들의 설교에 작지만 공헌할 수 있다면 저자로서는 감사할 따름이다.

저술의 기본 개념으로는 마태복음에서 대표적인 신학적 주제를 다루고 있는 중요한 본문 10단락을 선정하고 석의하여 오늘의 그리스도인에게 중개할 수 있는 신학적 메시지를 제공하는 것에 초점을 맞추었다. 성서신학마당의 원래 강의에서는 10주를 강의하였으나 중요한 마태복음의 교회론을 다루는 본문이 빠져 있어 출판 시 '교회를 세우시는 예수님'(16:13-20)을 추가하였다.

우선, 마태복음의 해석학적인 전제로서 '마태복음 바라보기'를 제1장에서 다루어 마태복음을 이해하는 개관을 제공하고자 하였다. 제2장 '예수님은 누구신가?'(1:18-25)에서 제11장 '마지막으로 당부하시는 예수님'(28:16-20)까지는 가르치시는 예수님을 기독론, 강론, 이적, 제자론, 비유, 교회론, 윤리, 종말론, 성례론, 구원론의 여러 주제로 나누어 다양한 각도에서 조명하였다. 그리고 부록에는 장로회신학대학교에서 출판되는 계간지『교회와 신학』에 게재되었던 저자의 마태복음에 관한 성경 연구 둘을 첨가하였다.「부록 1」은 '먼저 구해야 할 하나님의 나라와 그의 의'로 6장 19-34절에 대한 성경 연구이고,「부록 2」는 '믿음이 작은 자여 왜 의심하였느냐?'로 14장 22-33절에 대한 성경 연구이다.

이 책이 출판되기까지 많은 도움을 주셔서 감사를 표해야 하는 분들이 계신다. 무엇보다도 저자가 교회를 위한 신학을 할 수 있도록 '성경적 신학'(Biblische Theologie)에 눈 뜨게 해 주신, 저자의 신학 석사 과정 논문 지도 교수님이셨던 성종현 교수님께 진심으로 심심한 감사를 드린다. 또 마태복음에 대한 이해의 폭을 넓혀 주시고 박사 학위 논문을 지도해 주신 독일 에얼랑엔 대학교 신학부의 은퇴 교수님이신 오토 메르크(Otto Merk) 교수님께 감사드린다. 그리고 한국 목회자들의 강단이 복음적이고 성경적인 강단이 되도록 노력하시며, 저자가 성서신학마당에서 마태복음을 강의하도록 기회를 주신 한국성서학연구소 소장이셨던 김지철 목사님께 충심으로 감사드린다. 끝으로, 겨울 방학 동안 교정(矯正) 작업을 헌신적으로 도와 준 조교 최인영 전도사님과 이종순 자매님께 깊이 감사드린다.

2004년 겨울
아차산에서
저자 장 홍 길

개정증보판 머리말

　본서가 출판된 지 4년이 흐르는 동안 많은 독자들의 사랑을 받아 이번에 개정증보판을 내게 되었다. 본문을 새롭게 편집하면서 오자와 탈자를 수정하고 자연스럽지 못한 문장을 새롭게 다듬었다. 아울러 부록에 마태복음 연구 두 편을 추가하여 본문 순서대로 배열하였다. 이에 따라 기존의 부록 1, 2는 각각 부록 2, 3으로 순서가 조정되고 여기에 부록 1, 4가 추가되었다. 「부록 1」은 '복 있는 사람들'로서 5장 1-12절에 대한 성경 연구이고, 「부록 4」는 '모든 족속을 제자 삼으라'로 28장 16-20절에 대한 성경 연구이다. 이번 개정증보판을 내는 데 도움을 주신 한국성서학연구소 여러 실무자들에게 감사하며, 교정과 교열 작업에 애써준 라병원 목사께도 감사의 마음을 전한다.

2008년 봄
아차산에서
저자 장 홍 길

목 차

헌사(獻辭) ▌3쪽
제1판 머리말 ▌5쪽
개정증보판 머리말 ▌9쪽
목차 ▌11쪽

제1장_마태복음 바라보기 ································· 13쪽

제2장_예수님은 누구신가?(1:1-25) ······················ 35쪽

제3장_가르치시는 예수님(5:1-20) ······················· 57쪽

제4장_권세를 행하시는 예수님(8:5-13) ·················· 85쪽

제5장_제자를 보내시는 예수님(10:1-15) ················ 105쪽

제6장_천국을 전하시는 예수님(13:24-30, 36-43) ········· 125쪽

제7장_교회를 세우시는 예수님(16:13-20) ················ 149쪽

제8장_용서를 가르치시는 예수님(18:21-35) ·············· 169쪽

제9장_종말을 말씀하시는 예수님(25:31-46) ·············· 189쪽

제10장_최후의 만찬을 베푸시는 예수님(26:17-29) ········· 213쪽

제11장_마지막으로 당부하시는 예수님(28:16-20) ·········· 239쪽

▮부 록

1. 복 있는 사람들(5:1-12) ······························· 259쪽

2. 먼저 구해야 할 하나님의 나라와 그의 의(6:19-34) ······· 275쪽

3. 믿음이 작은 자여, 왜 의심하였느냐?(14:22-33) ·········· 289쪽

4. 모든 족속을 제자 삼으라(28:16-20) ····················· 303쪽

제1장

마태복음 바라보기

I. 들어가는 말

오늘날 이 나라는 대외적으로는 강대국 주도의 세계화와 이에 반발하는 반세계화, 경제 개발과 이로 인한 환경오염과 생태계의 파괴, 인간의 생명 연장을 위한 생명 공학에 대한 관심 고조와 이로 말미암아 야기되는 심각한 생명 윤리 문제 및 생태계 교란, 여전히 남아 있는 다양한 인간의 욕심과 이에서 비롯된 전쟁과 테러, 경제적인 실리 확보를 위한 무한 경쟁과 이로 인한 인간성 상실 등으로 심한 몸살을 앓고 있다. 또 대내적으로는 동서·남북·노사·계층·세대 간의 갈등, 절제 없는 음주 문화와 문란한 성문제, 가속화되고 있는 이혼으로 인한 가정 파괴, 비정상적인 공·사 교육 구조, 성역(聖域) 회복과 쇄신이 절실하게 요구되는 종교계의 현실 안주 등의 문제로 진통을 겪고 있다.

이러한 시대 정황 가운데 '빛과 소금'으로 살아야 할 그리스도인들이 '소금'으로서 제 맛을 내지 못하고 '빛'으로서 등경 위에 있지 못하는 것도 부인할 수 없는 현 실정이다. 이러한 시대 형편은 오늘을 살아가고 있는 그리스도인들로 하여금 다시 한 번 마태복음으로 눈을 돌리게 한다.

'제자 훈련'은 특정 지역 교회 성장을 위한 단순한 프로그램이나 특별한 프로그램이 아니다. 그것은 교회가 하나님 나라를 선포하고 구현해 나가는 데서 수행해야 하는 본질적인 과제이다. 그러므로 '제자 훈련'은 단순하게 어떤 교회의 특화된 프로그램일 수 없다. 오히려 그것은 모든 교회가 지향해야 하는 교회 본연의 과제이다. 잘 알려진 것처럼, 사복음서는 예수님께서 걸어가신 생애와 교훈을 알게 함으로써 예수 그리스도의 제자들이 걸어가야 할 길인 '제자도'를 보여 준다. 곧 복음서 저자들은 앞서 걸어가신 예수님의 길이 그를 뒤따르는 제자들이 마땅히 가야 할 길임을 알려 준다. 물론, 복음서의 경우 시대 및 교회 상황에 따라 제자도에 대한 신학적인 강조점이 다르다. 이를테면, 마태는 제자도를 바리새인과 서기관보다 더 나은 의를 행하는 '의의 길'로 묘사하며, 마가는 그것을 '고난의 추종'으로 묘사하고, 누가는 그것을 그리스도인이 일상 생활을 영위하는 데서 실천해야 할 '기독교적인 삶'(vita christiana)으로 서술하며, 그리고 요한은 그것이 신앙 공동체 안에서 행해야 하는 '서로 사랑'임을 보여 준다. 무엇보다도, 마태는 사복음서의 다른 세 저자와 비교해 볼 때 명시(明示)적으로 제자도를 강조한다.

이런 맥락에서 오늘날 마태복음을 다시 상고하는 것은 참으로 시의 적절하다고 판단된다. 마태복음의 주요 본문을 살펴보기 전에 그 본문들을 마태복음 전체의 틀 속에서 적절하게 이해할 수 있도록 무엇보다도 마태복음을 개관적으로 이해해야 한다. 이를 위해 먼저, 마태복음의 저자와 저작 시기 및 장소 문제를 살펴보고(II-III), 이어서 마태복음의 첫 독자들이었던 수신자 내지는 신앙 공동체(교회) 상황을 다루고(IV), 그 후 마태복음의 구조(V)와 전승 및 자료 문제(VI),

또 마태복음의 신학적 특징(VII)을 해명하고, 그리고 마태복음 전체를 이해할 수 있는 해석학적인 전망(VIII)을 밝히고자 한다.

II. 저자

마태복음 그 어디에서도 저자에 대한 언급을 찾을 수 없다. 마태복음의 저자가 '마태'라는 기록은 가이사랴(Caesarea)의 교회사가 팜필리우스 유세비우스(Pamphilius Eusebius, 263-339년)의 『교회사』에서 처음으로 나타난다. 이 저술에서 유세비우스는 히에라볼리(Hierapolis)의 파피아스(Papias)가 전해 받은 장로 전승을 근거로 다음과 같이 기록하였다. 곧 "마태가 … 히브리어로 된 [예수님의] 말씀들을 수집하였고, 각 사람들은 그것을 자신이 할 수 있는 만큼 번역하였다"(Ματηθαῖος … Ἑβραΐδι διαλέκτῳ τὰ λόγια συνετάξατο, ἡρμήνευσεν δ'αὐτὰ ὡς ἦν δυνατὸς ἕκατος).[1] 이러한 교회 전승을 따른다면 예수님의 제자 마태를 마태복음의 저자로 말할 수 있을 것이다(마 10:3; 막 3:18; 눅 6:15; 행 1:13 참조).

그러나 이에 대한 반론도 만만치 않다. 그 이유로 다음의 몇 가지가 지적되어 왔다. 첫째, 파피아스가 언급한 마태복음의 히브리어 원본이 아직까지 발견되지 않았다. 둘째, 현재의 마태복음은 히브리어에서 옮긴 번역이 아니라 헬라어로 기록된 마가복음을 자료로 사용하였다. 셋째, '마태에 의한 (복음)'이란 표제어는 4세기 사본인 시내 사본과 바티칸 사본에서 비로소 나타난다. 넷째, 예수님과 함께 생활한 제자 마태가 제자에 속하지 않은 마가의 글을 참조하였다는 것은 있을 법한 일이 아니다. 그리고 마태가 저자라면 스스로 자신에 관한 일을

---

[1] 유세비우스의 『교회사』 III, 39:16.

서슴없이 말하고 자신을 세리라고 말하는 것은 어색하다(9:9; 10:3). 이런 몇 가지 점을 미루어 볼 때 마태복음의 저자가 예수님의 제자 마태라는 전통적인 입장에 대한 반발도 만만치 않다. 그렇기는 하나 마태복음 안에서 기독교 서기관에 관한 언급(13:52; 23:34)을 고려할 때, 마태복음의 저자는 아마도 자신의 신앙 공동체에서 선생으로 활동하였을 것이다.

최근에 저자 문제에 대한 논의에서 주목을 끄는 점은 마태복음을 기록한 저자가 예수님의 제자인가 아닌가라는 예수님의 제자 여부 문제가 아니라, 오히려 그가 유대인 기독교인인가2) 아니면 이방인 기독교인인가3) 하는 저자의 출신 문제이다.

기본적인 율법 긍정(5:17-20; 23:3상, 23하), 약속과 성취 구도 속에서 계속되는 구약성경의 유효성('성취 인용문' 참조), 모세와 비교되는 예수님의 생애(2:13-18[애굽 피신]; 4:1-2[광야 시험]; 5:1[산에서 말씀하심])와 모세오경에 견줄 수 있는 다섯 개의 설교 말씀('V. 구조' 부분 참조), 이스라엘에 국한된 예수님의 선교 말씀(10:5-6; 15:24), 안식일 준수 진술(24:20), 성전세 납부와 서기관 및 바리새인의 가르침에 대한 간접적인 인정(17:24-27; 23:1-3), 그리고 마태복음의 언어와 구조 등을 미루어 볼 때 마태복음은 유대 기독교적이다.

그렇기는 하나 한편으로는 마태복음에 이방 기독교적인 입장을 암시하는 본문도 나타난다. 곧 보편주의적인 구원 진술(8:11-12; 10:18; 12:18, 21; 13:38상; 21:43-45; 22:1-14; 24:14; 25:32; 26:13; 28:

---

2) 이런 입장을 주장하는 학자로는 슈바이처(E. Schweizer), 루츠(U. Luz), 그닐카(J. Gnilka), 그리고 롤로프(J. Roloff) 등을 들 수 있다.
3) 넵퍼-크리스텐센(P. Nepper-Christensen), 트릴링(W. Trilling), 슈트레커(G. Strecker), 발커(R. Walker), 그리고 마이어(J. P. Meier) 등은 이렇게 주장한다.

18-20 등), 제의(祭儀) 규정의 효력 폐지(15:11, 20하; 23:25-26 등), 율법에 대한 비판(5:21-48 등), 바리새인의 결의론(決疑論)에 대한 비판적 진술(5:20; 6:1-18; 9:9-13; 12:1-8, 9-14; 15:1-20; 19:1-12; 23:1-36 등), 회당과 교회 사이의 거리를 암시하는 언급(7:29; 23:34 등), 안식일의 중요성 약화 진술(12:1-8, 9-14 등), 아람어 표현 회피,4) 구속사에서 이스라엘 배제에 대한 언급(8:11-12; 21:43; 22:9; 27:25 등)은 이러한 이방 기독교적인 입장을 보여 준다.

결론적으로, 유대 기독교적인 진술과 이방 기독교적인 진술이 함께 나타나는 이러한 마태복음의 사정을 고려해 볼 때, 복음서 저자 마태는 이방인 선교에 대해 열려 있었던 헬라어를 사용하는 유대인 기독교인을 대표하는 사람임에 틀림이 없을 것이다.5)

III. 저작 장소 및 저작 시기

마태가 스승 예수님을 판 제자 유다에 대해 셈어 형태의 이스카리옷('Ἰσκαρίωθ, 막 3:19; 14:10) 대신 헬라화된 형태의 이스카리오테스('Ἰσκαριώτης)를 사용하는 것(마 10:4; 26:14)은 저작 장소가 팔레스틴 밖의 헬라어가 사용되던 지역임을 암시하고 있다.6) 많은 유대 기독교 전승들, "그의 소문이 온 수리아에 퍼진지라"(4:24)라는 마태복음의 진술이나 마태복음 내 암시 구절들, 디다케(7:1; 8장; 10:5; 16장 참

---

4) 마태는 '달리다쿰'(ταλιθα κουμ, 막 5:41과 마 9:25 비교), '에바다'(ἐφφαθα, 막 7:34과 마 15:30 비교), '고르반'(κορβᾶν, 막 7:11과 마 15:5 비교)과 같은 아람어를 사용하지 않는다.
5) 슈테게만(H. Stegemann)이나 루츠(U. Luz), 그리고 슈넬레(U. Schnelle)도 이러한 입장을 지지한다.
6) Werner G. Kümmel, *Einleitung in das Neue Testament*(Heidelberg: Quelle & Meyer, [21]1983), 85.

조), 그리고 안디옥의 이그나티우스의 언급을 고려해 볼 때, 저작 장소로는 '수리아'(Συρία)가 적절할 것이다. 더 자세한 저작 장소로 슈바이처(E. Schweizer)나 루츠(U. Luz)는 수리아의 '안디옥'을, 그닐카(J. Gnilka)는 '다메섹'을 들기도 하며, 킬패트릭(G. D. Kilpatrik)은 뵈니게의 '시돈'이나 '두로'를, 그리고 타이센(G. Theissen)은 수리아의 내륙 도시를 저작 장소로 여긴다. 그러나 이를 입증하는 증거를 마태복음 안에서 찾을 수 없다.

마태복음의 저작 시기는 대개 예루살렘의 멸망 이후로 생각된다. 왜냐하면 마태복음은 예루살렘 멸망을 가정하고 있는 몇 구절을 가지고 있으며(21:41; 22:7; 23:38 참조), 70년 예루살렘이 멸망되기 직전 무렵에 기록된 마가복음을 사용하고 있기 때문이다. 또 이그나티우스(Ignatius)가 이 복음서에 대해 이미 알고 있었다는 것을 고려할 때 저작 시기를 100년 이후로는 추정할 수 없다. 그래서 저작 연대를 80-100년 사이로 보기도 한다.[7] 그러나 위에 언급된 구절에 의하면 저자는 예루살렘 멸망에 대하여 깊은 충격을 받았고 그러한 기억은 아직 저자의 기억에 생생하다. 이런 점을 고려한다면, 마태복음의 저작 시기는 마가복음이 기록된 후, 그리고 예루살렘이 멸망한 후 얼마 지나지 않은 때인 75년경으로 추정할 수 있을 것이다.[8]

---

7) 마태복음의 저작 연대를 슈트레커(G. Strecker)는 90-95년, 로제(E. Lohse)는 90년, 슈낙켄부르크(R. Schnackenburg)는 85-90년, 그룬트만(W. Grundmann)과 슈넬레(U. Schnelle)는 80-90년, 그닐카(J. Gnilka)는 80년경으로 본다.
8) 이와 같은 입장으로는 쉘클레(K.-H. Schelkle), 비켄하우저(A. Wikenhauser), 큄멜(W. G. Kümmel) 등을 들 수 있다.

IV. 수신자

마태복음의 일차적인 수신자는 마태가 속해 있었던 혹은 마태와 관련되어 있었던 교회였을 것이다. 이 교회는 구약의 율법을 폐하지 않았다. 오히려 그들은 자신들이 따르는 예수님이 율법을 완성하신 분으로 믿었다(5:17). 그들에게서 율법의 '일점일획'이나 '지극히 작은 계명'은 결코 경시되지 않았다(5:18). 또한 이 교회는 분명하게 안식일을 준수하였다(24:20). 그렇기는 하나 이들은 이스라엘과 대립되어 있었다(10:17-18; 23:34 참조). 마태의 교회와 이스라엘 간에 있었던 갈등과 대립은 언어적으로는 '그들의 회당'(4:23; 9:35; 10:17; 12:9; 13:54; 23:34)이나 '너희 회당'(23:34) 등의 용어에서 엿볼 수 있으며, 내용적으로는 회당 사람들의 외식적인 구제나 기도에 대한 신랄한 비판이나 '서기관과 바리새인'에 대한 비판적인 말씀(5:20; 12:38; 15:1; 23:2, 13, 15, 23, 25, 27, 29), 그리고 바리새인과 서기관의 '외식적인' 행함 말씀(23:1-36)에 나타난다. 이처럼 율법에 대한 긍정과 회당에 대한 간격이나 아직 그리스도인의 회당으로부터 '출교(黜敎)'에 대한 언급9)이 나타나지 않음을 고려할 때 마태복음은 예루살렘 멸망 이후, 회당과 마태 교회의 분리 이전에 기록되었음이 틀림없다.

수신자 문제에서 우선적으로 주목해야 할 한 가지 점은 마태의 교회가 이방 선교에 대해 열려 있었다는 점이다. 마태의 신앙 공동체는 마태복음을 통해서 비로소 이방 선교에 대하여 눈을 뜨게 된 것이 아니라 그것을 이미 오래 전부터 실천해 왔다. 마태 공동체 안에서 그들

---

9) 요한복음의 경우 '회당에서 쫓겨난'(ἀποσυνάγωγος)이란 용어가 나타난다 (9:22).

이 예수 그리스도를 전할 때 복음을 받아들이지 않은 이스라엘로부터 이방인을 향해 돌아선 것은 이미 오래 전부터 실행된 것이었으며(8:11-12; 21:43; 22:9 참조), 오랫동안 이방 선교가 분명히 실천되어 왔다(12:21; 13:38상; 24:14; 26:13; 28:18-20 참조). 곧 마태복음의 해석학적이며 신학적인 열쇠인 열방 선교 명령의 입장(VIII 단락 참조)은 마태복음의 저작 당시 비로소 생긴 것이 아니라 이미 오래 전부터 있었던 계획적인 이방 선교에서 유래되었다. 그것은 마태복음 안의 보편사적인 구원 진술(1:2, 3-6; 2:1-12; 8:1-4, 5-13, 14-15; 10:17-18; 12:21; 13:38; 28:18-20 등 참조)뿐 아니라 원시 기독교의 신학사를 통해서도 알 수 있다. 바울 이전이나 바울 당시, 그리고 마가 이전의 이방 선교를 고려할 때 마태의 공동체가 약 40-50년이 지나서 포괄적인 이방 선교에 뛰어들었다는 것은 논리적으로 맞지 않다.

수신자 문제에서 고려해야 할 다른 한 가지는 마태의 공동체가 의로운 자와 불의한 자가 '함께 섞여 있는 공동체'(corpus permixtum)였다는 점이다(13:36-43 참조). 마태복음에서 문제가 된 것은 믿느냐 믿지 않느냐는 신(信)·불신(不信)의 문제가 아니라 믿되 얼마나 믿느냐는 작은 믿음과 큰 믿음의 문제였다(6:30; 8:26; 14:31; 16:8; 17:20 참조). 마태의 교회는 바리새인과 서기관보다 더 나은 의(3:15; 5:6, 10, 20; 6:1, 33; 21:32)를 행해야 하며, 행함이 없이 떠벌이는 거짓 선지자(ψευδοπροφῆται)를 삼가 경계해야 하며(마 7:15; 24:11), 믿음의 열매(3:10; 7:16-20; 12:33; 13:8; 21:18-22, 33-46 참조)를 맺어야 하고, 온전해야 한다(5:48; 19:21 참조). 이런 맥락에서 행함이 요구되며, 행함이 마지막 심판에서 중요하게 고려된다(3:10; 5:29; 7:16-27; 10:15; 18:21-35; 19:30; 23:33, 35-36; 24:42 등 참조). 그러므로 그리스도인은 깨어 있어야 한다(24:42; 25:13 참조). 비록 고난을 받더라도 "끝까지 견디는 자는 복을 받을 것이다"(24:13).

마지막으로, 마태복음의 수신자 문제에서 고려해야 할 점은 마태 교회의 직분자 문제이다. 마태복음의 내증(內證)을 고려할 때 마태 교회 안에 제도화된 직분자가 있었던 것 같지는 않다(23:8-12 참조). 그러나 기독교 '선지자'(10:41; 23:34 참조)나 '서기관'(13:52; 23:34 참조), 그리고 '은사를 받은 사람들'(10:8 참조)이 있었을 것으로 본다. 또 예수님의 제자들은 마태의 공동체 안에서 존경받았다. 가령 '주의 좌우편에 앉을 자리 요구 기사'(막 10:35-45; 마 20:20-28)에서 이를 간청하는 자는 세배대의 아들인 야고보와 요한(막 10:35)이 아니라 그들의 어머니였으며(마 20:20), '예수님의 풍랑 진압 기사'(막 4:35-41; 마 8:23-27)에서 주님으로부터 제자들이 책망을 받은 이유는 그들이 믿음이 없어서(막 4:40)가 아니라 믿음이 작았기 때문이었다(마 8:26). 그렇기는 하나 마태 공동체 안에서 제자들은 단순하게 미화(美化)되거나 이상(理想)적인 인물로 표현되지 않는다. 마태는 제자들의 의심(14:31; 28:17)과 두려움을 말하였으며(14:30; 17:6-7; 28:4-11), 예수님께서 겪으신 최후의 수난 현장에서 제자들이 예외 없이 모두 다 도망했음을 밝힌다(26:56).

이 제자들 가운데 베드로는 마태의 공동체 안에서 특별히 중요한 의미를 지닌 인물이었다.10) 마태복음의 열두 사도 목록에서 베드로는 가장 먼저 언급되었으며(10:2), 열두 제자를 대표하는 인물(15:15; 18:21)로 나타난다. 곧 "당신께서는 그리스도시요 살아 계신 하나님의 아들이십니다"(16:18)라는 신앙고백으로 베드로는 '교회의 반석'(16:18)이 되며 오직 그만이 땅에서 매고 푸는 권세를 상징하는 '천국 열

---

10) 그것에 대해 Ulrich Luz, *Das Evangelium nach Matthäus II*, EKK I/2 (Neukirchen-Vluyn: Neukirchener Verlag, 1990), 467-71; Jürgen Roloff, *Kirche im Neuen Testament*(Göttingen: V. & R., 1993), 162-65 참조.

쇠'(16:19)를 받는다. 이런 권세는 마태의 교회 전체에 유효하며, 이로써 베드로는 모든 제자들을 대표하는 본이 된다(18:18). 이러한 베드로의 대표성은 좋은 모본뿐 아니라 좋지 않은 선례에서도 나타나는데, 베드로는 작은 믿음을 가진 자(14:28-31 참조)와 예수님의 수난예고를 거부하는 대표자(16:23)로 등장한다. 이는 마태 공동체에서 베드로의 특별한 권위를 입증하는 것으로 볼 수 있을 것이다.

V. 구조

로제(E. Lohse)는 예수님의 공생애 활동에 대한 마태복음의 기록을 마가복음을 따라 ① '갈릴리 안팎에서 예수님의 활동'(4:12-18:35), ② '갈릴리에서 예루살렘으로 가는 여행길에서 예수님의 활동'(19-20장), ③ '예루살렘에서 예수님의 활동'(21-28장)으로 지리적인 삼분 구도를 따라 구분한다.[11]

슈바이처(E. Schweizer)는 마태복음 전체를 기독론적인 관점에서 ① '공생애 이전의 예수님'(1:1-4:16), ② '말씀하시고 행하시는 메시아 예수님'(4:17-11:30), ③ '적대자와 대결하는 예수님' (12:1-16:12), ④ '수난의 길로 가시는 예수님'(16:13-20:24), ⑤ '예루살렘에서 예수님'(21-25장), ⑥ '십자가를 지시고 부활하신 예수님'(26-28장)으로 크게 여섯 단락으로 구분한다.[12]

그닐카(J. Gnilka)는 마태복음을 ① '예수님의 공생애 이전 기사'(1:1-4:16), ② '베드로의 신앙고백 이전 갈릴리에서 예수님의 선

---

11) Eduard Lohse, *Die Entstehung des Neuen Testaments*, ThW 4(Stuttgart: Kohlhammer, ⁴1983), 87-88 참조.
12) Eduard Schweizer, *Das Evangelium nach Matthäus*, NTD 2(Göttingen: V. & R., 1986) 참조.

포'(4:17-16:20), ③ '예루살렘의 수난을 향해 가는 예수님의 길'(16: 21-25:46), ④ '예수님의 십자가와 부활'(26-28장) 단락으로 나눈다.

루츠(U. Luz)는 자신의 방대한 『마태복음』 주석13)에서 마태복음의 큰 골격을 ① '서언'(1:1-4:22), ② '이스라엘 가운데서 말씀과 행함으로 활동하시는 예수님'(4:23-11:30), ③ '이스라엘에서 물러나시는 예수님' (12:1-16:20), ④ '신앙 공동체 안에서 예수님의 활동'(16: 21-20:34), ⑤ '예루살렘에서 예수님'(21-25장), ⑥ '예수님의 수난과 부활'(26-28장)의 여섯 단락으로 구분하여 살핀다.

물론 마태복음의 구조를 위에서 살펴본 대로 지리적 구도나 기독론적인 구도, 또는 교회론적인 구도로 볼 수 있겠지만, 마태복음의 해석학적인 열쇠가 예수님의 '지상 명령' 단락(28:16-20)에 있다면(Ⅷ단락 참조) 지리적인 구도와 '제자도'를 함께 고려하여 마태복음의 구조를 다음과 같이 구분할 수 있을 것이다.

제1부 서언(1:1-4:11)
   1. 예수님의 공생애 이전 기사: 예수님의 계보와 탄생 및 유아 기사(1-2장)
   2. 공생애 준비 기사: 수세 및 시험 기사(3:1-4:11)
제2부 예수님의 활동(4:11-25:46)
   1. 갈릴리에서(4:11-18:35)
      ① 공생애 활동 시작(4:11-25)
      ② 말씀 1: 산상설교(5-7장)

---

13) Ulrich Luz, *Das Evangelium nach Matthäus I(Mt 1-7) / II(Mt 8-17) / III(Mt 18-25)*, EKK I/1-3(Neukirchen-Vluyn: Neukirchener Verlag, ²1989/ 1990/1997); ders., *Die Jesusgemeinde des Matthäus* (Neukirchen-Vluyn: Neukirchener Verlag, 1993) 참조.

③ 행함 1: 열 가지 이적(8-9장)
④ 말씀 2: 제자 파송 설교(10장)
⑤ 행함 2: 이적 및 논쟁(11-12장)
⑥ 말씀 3: 일곱 가지 천국 비유 설교(13장)
⑦ 행함 3: 이적 및 논쟁, 수난 예고(14-17장)
⑧ 말씀 4: 교회 규정 설교(18장)
2. 갈릴리에서 예루살렘으로 가는 길에서(19-20장)
① 가정 교훈(19장)
② 수난 예고, 이적(20장)
3. 예루살렘에서(21-25장)
① 여러 활동(21-22장): 입성, 성전 정화, 논쟁
② 말씀 5: 화(禍) 말씀(23장)과 종말 설교(24-25장)
제3부 종결 단락(26-28장)
1. 수난(26-27장)
2. 부활(28장)

VI. 전승과 자료

마태복음은 총 28장 1,068절로 구성되어 있는데, 그 가운데 절반 정도인 500절은 마가복음의 평행절이며, 235절은 누가복음에도 나란히 나타나며, 333절은 오직 마태복음에서만 찾아볼 수 있는 구절이다.

마태는 예수님의 공생애를 서술할 때 기본적으로 마가복음의 구조를 따르고 있다. 곧 그는 예수님의 갈릴리 활동, 예루살렘 도상 활동, 예루살렘 활동이라는 마가의 기본 골격을 유지하면서 자신의 복음서를 서술한다. 그러나 마태는 자신의 서술 의도에 부합되게 복음서를 구성한다.

우선 마태는 예수님의 공생애에다 예수님의 계보(1:1-17)와 탄생(1:18-2:12), 그리고 애굽으로 피신한 유아 기사(2:13-23)를 공생애 예수님 이전의 역사(prehistory)로 붙이고, 빈 무덤 기사 이후에 부활 현현 기사(28:11-20)를 덧붙인다. 그리고 마태는 동일한 양식의 기사를 모아 요약적으로 기술한다. 예컨대, 마태는 마가복음에 산재되어 있는 아홉 개의 이적 기사[14]에다 자신의 자료에서 유래한 한 개의 '두 소경 치유' 이적 기사(9:27-31)를 합해 모두 열 개의 이적 기사(Wunderzyklus)를 8-9장에 모았다. 또 그는 마가복음에서 유래된 두 비유, 곧 '씨 뿌리는 사람'(막 4:1-9; 마 13:1-9)과 '겨자씨와 누룩' 비유(막 4:30-32; 마 13:31-33)에다 자신이 가지고 있었던 자료인 '곡식과 가라지' 비유(13:24-30), '밭에 감추어진 보화와 진주'의 비유(13:44-46), '물고기 그물'의 비유(13:47-50)를 합해 모두 일곱 개의 천국 비유를 13장에 모았다. 그리고 14장 이후부터는 다시 마가복음의 순서를 따라 간다.

마태복음에서 눈에 띄는 것은 다섯 개의 '설교 말씀 묶음'(Redeblock)인데, 곧 '산상설교'(5-7장), '제자 파송 설교'(10장), '천국 비유 설교'(13장), '교회 규정 설교'(18장), '종말 심판 설교'(23-25장)가 그것이다. 이 말씀들은 동일하게 "예수께서 이 말씀(명, 비유)을 마치시매(…한 일이) 일어났다"(καὶ ἐγένετο ὅτε ἐτέλεσεν ὁ Ἰησοῦς τοὺς λόγους τούτους)라는 상투적인 공식문으로 끝난다(7:28; 11:1; 13:53; 19:1). 그리고 마태는 예수님의 마지막 설교 말씀이 끝난 후에는 "예

---

14) 마가복음에 나타나는 아홉 개의 이적 기사는 '한 나병 환자의 치유'(1:40-45), '가버나움 백부장의 종 치유'(7:30), '베드로의 장모 치유'(1:29-31), '광풍을 잔잔하게 하심'(4:35-41), '거라사의 광인 치유'(5:1-20), '중풍병자의 치유'(2:1-12), '야이로의 딸 소생 및 혈루병 여인 치유'(9:18-26), 그리고 '벙어리 귀신 들린 자 치유'(3:20-22)이다.

수께서 이 모든 말씀을 다 마치시고"(καὶ ἐγένετο ὅτε ἐτέλεσεν ὁ Ἰησοῦς πάντας τοὺς λόγους τούτους, 26:1)로 마감한다. 이 말씀들은 대부분 마가복음과 누가복음에서도 그 평행절을 발견할 수 있으나, '복선언'(5:3-10), '율법'(5:17-20), '살인'(5:21-24), '간음'(5:27-28), '맹세'(5:33-37), '구제'(6:1-4), '기도'(6:5-8), '금식'(6:16-18), '진주와 돼지'(7:6)에 관한 말씀 등은 마태복음에서만 나타나는 말씀이다.

그 외에 마태복음에만 나타나는 기사로 비유의 경우 13장 이외에 '용서할 줄 모르는 종'(18:23-35), '포도원 농부'(20:1-16), '두 아들'(21:28-32), '열 처녀'(25:1-13), '최후 심판'(25:31-46)의 비유를 들 수 있으며, 이적으로는 '두 소경 치유'(9:27-31), '물에 빠지는 베드로를 건지심'(14:1-16), '물고기 입 속의 동전'(17:27), '성전에서 병자 치유'(21:14-16)를 들 수 있다. 예수님의 공생애 이전 기사 중에서는 '요셉의 현몽과 임마누엘 이름'(1:18-25), '애굽 피신'(2:13-15), '헤롯의 사내아이 학살'(2:16-18), 그리고 '애굽에서 나와 나사렛에 정착'(2:19-23) 기사가 마태복음에서만 발견되는 기사이다.

그 밖에 마태복음에만 나타나는 기사로는 '수고하고 무거운 짐을 진 자' 말씀(11:28- 30), '새 것과 옛 것을 곳간에서 내오는 집주인' 비유(13:51- 52), '베드로의 천국 열쇠' 말씀(16:17-19), '성전세' 말씀(17:24-26), '형제에 대한 권면'(18:15-18), '두세 사람이 모인 곳에 주님 현존' 말씀(18:19- 20), '천국을 위하여 스스로 고자가 된 자' 말씀(19:10-12), '랍비라 칭함을 받지 말라' 말씀(23:1-10), '서기관과 바리새인들에 대한 화 선포' 말씀(23:15-22), '가룟 유다의 최후' 기사(27:3-10), '예수님의 무덤을 지킨 파수꾼' 기사(27:62-66), '대제사장의 군병 매수' 기사(28: 11-15), '부활하신 예수님의 선교 명령' 기사(28:16-20)를 들 수 있다.

마태복음의 전승과 자료 문제에서 고려해야 할 다른 한 가지는 구약과 예수님의 관계를 예언과 성취로 이해하게 하는 소위 '성취 인용문'(Erfüllungszitate) 내지는 '회상 인용문'(Reflexionszitate)이다(1:23; 2:6, 15, 18, 23; 4:15-16; 8:17; 12:18-21; [13:4-5]; 13:35; 21:5; 27:9-10). 이런 회상 인용문은 공통적으로 "이는 주께서 선지자로 하신 말씀을 이루려 하심이니 일렀으되…"(ἵνα πληρωθῇ τὸ ῥηθὲν ὑπὸ κυρίου διὰ τοῦ προφήτου λέγοντος)라는 '도입 공식문'(Einführungsformel)으로 시작되며, 때로는 구약의 여러 본문을 함께 인용한 혼합 본문이기도 하다. 마태가 구약성경을 인용할 때 때로는 구약의 헬라어 역본인 칠십인역을 따르나(예를 들면, 마 1:23=사 7:14[LXX]) 때로는 히브리어 본문을 따르기도 한다(가령, 마 8:17=사 53:4).15)

VII. 신학적인 특징

마태복음의 신학적 특징으로는 크게 세 가지를 들 수 있다. 곧 유대 기독교적이면서도 헬라 디아스포라적인 특성, 말씀과 함께 행함을 강조하는 특징, 바리새인과 서기관보다 더 나은 의를 행하시며 가르치시는 권세 있는 교사로서 예수님상이 그것이다.

우선 마태복음의 특징은 유대 기독교적이면서 헬라 디아스포라적이다. 흔히 마태복음을 '유대인을 위한 복음'이라고 쉽게 말하나, 이는 마태복음에 나타나는 구원의 보편주의를 전혀 고려하지 않은 억측이다. 왜냐하면 마태복음은 한편 유대 기독교적인 특성을 지니지만, 다른 한편으로는 또한 이방 기독교적인 특징을 함께 보여 준다.16) 유대 기독교적인 특징은 기본적으로 율법을 긍정함(5:17-20; 23:3), 구약과

---

15) 이에 대하여는 W. G. Kümmel, *Einleitung*, 81-83 참조.
16) U. Schnelle, *Einleitung*, 264-65 참조.

예수님의 관계를 약속과 성취의 관계로 보는 마태의 구속사(救贖史)적인 역사관('구약 회상 인용문'17) 참조), 기본적으로 이스라엘에 국한된 예수님의 선교 말씀(10:5-6; 15:24), 안식일 준수 암시 구절(24:20), 모세 유형론(typology)과 관련된 본문(2:13-23; 4:1-2; 5:1; 다섯 개의 설교 말씀 등) 등에 나타난다. 반면에 이방 기독교적인 특징은 구원의 보편주의(universalism)와 관련된 본문(1:3-6; 8:11-12; 10: 18; 12:18, 21; 13:38; 21:43-44; 22:1-14; 24:14; 25:32; 26:13; 28:18- 20), 율법 비판적인 본문,18) 제의 규정의 효력 상실(15:11, 20; 23:25- 26), 안식일 규정의 중요성 상실 본문(12:1-8, 9-12), 아람어 회피 본문(막 1:13과 마 4:2; 막 5:41과 마 9:25; 막 7:34과 마 15:30; 막 7:11과 마 15:5 참조), 회당과 거리 둠 본문(23:34 등), 구속사에서 이스라엘 배척 본문(8:11-12; 21:43; 22:9; 27:25; 28:15 등) 등에서 찾을 수 있다.

　두 번째 마태복음의 특징은 '말씀'과 함께 '행함'을 강조하는 점이다. 전술한 대로 마태복음에 나타나는 다섯 개의 '강화'(講話, 긴 설교 말씀)는 '말씀'을 강조한다(V 단락 참조). 무엇보다도 첫 번째 강화 말씀인 산상설교(5-7장)와 10개의 이적 기사(8-9장)가 결합됨으로써

---

17) 마태복음에 나타나는 구약 성취 인용문으로는 ① '처녀 탄생'(사 7:14; 마 1:23), ② '베들레헴에서 날 이스라엘의 목자'(미 5:2; 마 2:6), ③ '이집트 피신'(호 11:1; 마 2:15), ④ '헤롯의 유아 살해'(렘 31:15; 마 2:18), ⑤ '갈릴리 활동'(사 9:1-2; 마 4:15-16), ⑥ '병 치유'(사 53:4; 마 8:17), ⑦ '상한 갈대를 꺾지 않음'(사 42:1-3; 마 12:18-21), ⑧ '비유로 말함'(시 78:2; 마 13:35), ⑨ '나귀 새끼를 타고 예루살렘 입성'(슥 9:9; 마 21:5), ⑩ '피 값으로 밭을 삼'(슥 11:13; 마 27:9-10) 본문을 들 수 있다. 그러나 마태가 구약 성취 인용문으로 말하는 '나사렛 사람'(2:23) 본문은 구약성경에서 관련된 본문을 찾을 수 없다.

18) 이는 5장 21-48절에서 여섯 개의 '반대(대립) 명제'(Antithese) 형태로 나타난다.

마태복음은 말씀과 행함의 일치를 강조한다. 5-9장에 의하면 예수님은 "말씀(가르침)의 메시아"(5-7장)일 뿐 아니라 "행함의 메시아"(8-9장)이다.19) 이를 통해서 마태는 예수 그리스도를 따르는 자신의 공동체에게 말씀을 배움(11:29)과 함께 그 말씀을 지킬 것(7:21; 23:3)을 요구한다. 마태의 경우 이러한 믿음의 실천 행위가 심판의 결정적인 기준이 된다(7:15-27; 24:10-13 참조).

끝으로, 마태복음의 특징으로 '보다 나은 의'를 가르치는 권세 있는 교사로서 예수 그리스도를 들 수 있다. 마태가 서술하는 예수님의 길은 다름 아닌 '의의 길'20)이다. 마태복음을 관통하는 기본 개념인 '의'(δικαιοσύνη)는 마태가 즐겨 사용하는 용어이다21). 이 용어는 마태복음 전체에서 모두 일곱 번 사용되는데, 두 번은 예수님의 길을 예비하는 세례 요한과 관련하여 사용되었다. 곧 한 번은 예수님의 수세 기사에서 나타나는데 세례 요한이 예수님께 세례를 베푸는 것은 '모든 의를 이루는 것'(3:15)이며, 예수님보다 앞서 세례 요한이 걸어간 길은 바로 '의의 도'(21:32)이다. 그리고 나머지 다섯 번은 산상설교 안에서 사용되었다. 이 '의'는 그리스도의 제자들이 갈망해야 하는 의이며, 이를 위하여 핍박받음도 감수해야 하는 의이다. 예수님의 제자들이 행해야 하는 이러한 의는 '바리새인과 서기관보다 나은 의'(5:20)이다. 그것은 바리새인과 서기관처럼 사람에게 보이려고 사람들

---

19) Julius Schniewind, *Das Evangelium nach Matthäus*(Göttingen: V. & R., ¹³1984), 37-38, 106, 106-107 참조.
20) Georg Strecker, *Der Weg der Gerechtigkeit*, FRLANT 82(Göttingen: V. & R., 1962) 참조.
21) '의'(δικαιοσύνη) 용어는 전체 신약성경에서 총 92번 사용되었으며, 그 중 60번이 바울서신에서 발견된다. 공관복음의 경우 이 용어는 모두 8번 사용되는데, 누가복음 1장 75절을 제외하면 모두 마태복음에서 사용되었다(3:15; 5:6, 10, 20; 6:1, 33; 21:32).

앞에서 행하는 '인간의 의'(6:1)가 아니라, 그리스도를 따르는 제자들이 추구해야 할 '하나님의 의'(6:33)이다. 예수님은 바로 이 '의의 길'을 가르치는 권세 있는 교사이시다(7:29). 그 '권세' (ἐξουσία)는 "세상에서 죄를 사하는 인자의 권세"(9:6)이며, 아버지 하나님께서 주신 "하늘과 땅의 모든 권세"(28:18)를 포함하는 '전권(全權)'이다. 그러므로 예수님만이 마태의 공동체를 가르칠 수 있는 유일한 권세 있는 교사이다(23:8, 10).

이와 같이 마태가 묘사하는 예수님은 그를 따르는 제자에게 올바른 제자도를 가르치시는 진정한 교사이며, 그리스도의 제자는 예수님의 가르침을 받아 깨닫는 사람이다. 마태의 경우는 마가의 경우처럼 제자들의 무지를 드러내려 하지 않는다.22) 오히려 제자들은 예수님의 가르침을 받아 깨닫는 자이다. 게다가 마태의 경우 공관복음에서 유일하게 '제자 삼다'(μαθητεύειν)는 동사가 나타나며(13:52; 27: 57; 28:19), 그것도 명령형으로 사용되었다(28:19). 그러니까 마태의 경우 제자는 예수님의 가르침을 받아 '배우는'(μανθάνειν)23) 자일 뿐 아니라(9:13; 11:29; 24:32), 그와 함께 다른 사람들을 그리스도의 제자로 삼는 사람이다(28:19). 모든 그리스도인은 그리스도의 제자가 되어야 하고, 모든 그리스도의 제자는 다른 사람들을 그리스도의 제자로 삼는 사람이다. 이것이 마태복음이 요구하는 그리스도인의 모습이며, 바리

---

22) '제자들의 비유 의미 질문' 기사(막 4:10-13과 마 13:10), '수면 도보' 기사(막 6:51-52와 마 14:33), '누룩 주의' 말씀(막 8:14-21)에서 마가의 경우 제자들은 깨닫지 못해 책망을 받으나 마태의 경우 제자들은 예수님의 가르침을 받아 깨닫는 자이다.
23) 이 동사는 복음서에서 마태의 경우 세 번, 마가의 경우 한 번(13:28), 요한의 경우 두 번(6:45; 7:15) 사용되었으며, 누가의 경우 한 번도 나타나지 않는다.

새인과 서기관보다 더 나은 의를 가르치고 행하시는 권세 있는 교사 예수님이 마태복음에 묘사된 그리스도의 상(像)이다.

VIII. 마태복음의 신학적·해석학적 열쇠

마태복음 전체를 이해하는 '신학적·해석학적인 열쇠'24)로는 무엇보다도 마태복음의 종결 단락인 28장 16-20절을 지적할 수 있을 것이다. 왜냐하면 마태복음의 종결 단락은 전체 마태복음에 나타난 '예수님 이야기'를 "뒤에서부터"25) 이해하게 하는 신학적·해석학적 관점, 곧 마태복음의 특징인 구원의 보편주의(universalism), 바리새인과 서기관 '보다 나은 의'를 가르치고 행하는 권세 있는 교사이신 예수님, 마태의 경우 그리스도인 됨의 의미, 부활하여 하늘에 계신 주님의 '함께 하심'에 관한 시간 초월적인 약속 말씀을 제공해 주기 때문이다.

마태와 마가, 이 두 복음서의 수난과 부활 기사를 비교해 보면 마태의 경우 마가보다 훨씬 기독론적으로 설정되어 있으며(26:17, 18) 더 구원론적이다(26:28). 또 마태의 경우 마가 이외에 마태에서만 발견되는 전승이 보존되어 있으며(27:3-10, 62-66), 구약성경과도 밀접하게 관련되어 있다(27:46-50). '빈 무덤 발견' 기사(28:1-10) 역시 마태의 경우 수난사의 맥락 안에 있으며(27:52-61, 62-66 참조), 그 뒤를 마태복음에서만 발견되는 두 단락인 '군병 매수' 기사(28:11-15)와 '부활하신 예수님의 선교 명령' 기사(28:16-20)가 따르고 있다. 무엇보다도 마태의 경우 요한의 경우(요 20:11-18)처럼 부활하신 예수님께서

---

24) Udo Schnelle, *Einleitung in das Neue Testament*, UTB.W 1830(Göttingen: V. & R., [4]2002), 274.
25) Otto Michel, "Der Abschluss des Matthäusevangeliums", *Evangelische Theologie* 10(1950): 16-26, 인용 21.

제자들에게 나타나신 예수님의 현현은 복음서를 마감하는 정점(頂點)이 아니라 '도중 현현'(Unterwegserscheinung)26)이다. 오히려 부활 이후 제자들에게 위탁한 예수님의 선교 명령이 예수님의 수난 이후 일어난 모든 사건을 마감하는 '피날레'를 장식한다.

게다가 마태복음의 종결 단락은 단순하게 부활 기사의 끝을 마감할 뿐 아니라 한 걸음 더 나아가 전체 마태복음을 이해하는 신학적·해석학적인 틀을 제공하는 '전망대'이며, 다른 한편으로는 마태 당시와 오늘날의 교회를 묶는, 시공(時空)의 차이를 극복하게 하는 신학적인 연결 고리이다(O. Michel, W. Grundmann, U. Luck, U. Schnelle, P. Stuhlmacher 참조). 그것은 예수님의 전권적 권세, 구원의 보편주의, 제자 됨 등의 주제에서 분명하게 드러난다.

요약하면, 마태의 종결 단락은 단순한 수난·부활 기사의 절정 이상으로 전체 마태복음을 입체적으로 조망하게 하는 '소실점'(消失点)27)이며, 이 땅에서 활동하신 역사적 예수님과 마태의 독자 그리고 오늘의 교회를 연결하는 '단자'(端子)이다.

IX. 나가는 말

마태복음에서 그리스도인이 된다는 것은 바로 예수 그리스도의 제자가 되는 것이며, 예수 그리스도의 제자가 된다는 것은 믿지 않는 다른 사람들을 예수 그리스도의 제자로 삼는 것이다. 이 때 제자로서 주님을 따르는 그리스도인의 '추종'은 마태의 경우 그리스도를 위하여 '고난 받을 수 있음'(5:10-12; 10:16-23), '겸손함'(18:1-5), '섬김'

---

26) O. Michel, *Abschuss*, 16.
27) U. Schnelle, *Einleitung*, 270.

(20:20-28), '자비로운 사랑의 행위'(25:31-46)를 의미한다. 이것이 바로 바리새인과 서기관보다 더 나은 의를 행하는 것이며, '의의 길'을 걸어가신 예수님의 길을 따라가는 그리스도의 제자들인 그리스도인이 걸어가야 할 제자도이다. 이러한 '의의 길'은 유대인뿐 아니라 이방인에게도 열려 있는 길이다. 마태의 경우 '제자'는 바로 열방을 향하여 선교하는, 유대인과 이방인 기독교인으로 구성된 혼합 공동체인 마태의 교회와 예수님을 연결하는 '연결 고리'이다.

제2장

예수님은 누구신가?
(마태복음 1장 1-25절)

I. 들어가는 말

예수님은 누구신가? 이 질문은 기독교 신앙과 관련하여 피할 수 없는 질문이며 본질적인 질문이자 아주 중요한 질문이다. 왜냐하면 이 질문에 대한 대답에 따라 믿음 있음과 믿음 없음이 결정되며, 그 믿음의 진위(眞僞)가 결정되기 때문이다. 예수님이 하나님의 아들로 죄에서 자신을 구원하기 위해 하나님께서 보내신 그리스도라는 고백을 하는 사람이라면 그의 모든 언행심사가 믿음 안에 있을 것이요, 또한 그분이 하신 모든 일도 믿을 수 있을 것이다.

그러므로 우선, 이 주제를 다루는 단락이 마태복음에서 왜 이 자리에 있는지를 살펴보기 위해 본문의 자리를 매겨 보고(II), 원문 성경에서 본문을 우리말로 옮긴 다음(III), 본문의 짜임새를 살펴보고 나서(IV), 본문을 한 절씩 풀이한 후(V), 본문이 독자에게 전하는 말씀(VI)을 찾아보고자 한다.

II. 본문의 자리 매김

본문인 1장은 우연히 마태복음의 서두에 놓인 것이 아니다. 세 가지 이유에서 그러하다. 1장의 본문이 마태복음의 머리에 위치하게 된 첫 번째 이유로 앞서 '들어가는 말'에서 언급한 것처럼 예수님을 믿고 따르는 제자에게 우선적으로 요구되는 예수님에 대한 신앙고백을 들 수 있다. 예수님을 따라가고자 하는 자는 그분이 무엇을 행하였는가를 믿기 전에 그분이 누구이신가에 대해 먼저 고백해야 한다. 비록 예수님께서 행하신 것을 보고 그분을 따라다니던 열두 제자들이 예수님의 메시아 되심을 믿었지만, 마태는 당시 신앙 공동체에게 올바른 믿음의 순서를 알게 하려 했을 것이다. 예수님이 하나님의 아들이시며 세상을 구원하시기 위해 파송 받은 메시아이신 것, 곧 그분의 신분을 믿는다면, 그분이 하신 활동이나 사역을 의심 없이 믿을 수 있는 것이다.

둘째로, 본문이 마태복음의 서두에 서술되는 것은 하나님의 아들이요, 세상의 구주이신 예수 그리스도께서 그를 믿는 자와 항상 함께 하신다는 것을 보여 주기 위함이다. 마태복음의 서두를 마감하는 예수님의 탄생 기사(마 1:18-25)에 묘사된 '임마누엘'[1] 언급과 마태복음의 말미 단락인 부활하신 주님의 '지상 명령' 단락의 마지막 절에 언급된 '세상 끝 날까지 항상 함께 하시리라는 약속'(마 28:20)은 예수 그리스도가 그의 제자와 함께 하신다는 것을 분명하게 전하려 하는 복음서 저자의 의도를 보여 준다. 즉 마태는 자신의 복음서 서두와 말미에

---

[1] '임마누엘'이란 용어는 히브리어로 '~와 함께'라는 뜻의 전치사 '임'(עִם)과 1인칭 복수 대격 인칭 대명사의 결합어인 '임마누'(עִמָּנוּ)와 '하나님'을 뜻하는 '엘'(אֵל)의 합성어이다.

'임마누엘'을 말하는 '쌍괄식 논리 구조'(inclusio)를 전개한다.

마지막으로, 복음서 저자가 1장의 본문을 마태복음의 서두에 놓은 것은 마태복음 전체를 관통하고 있는 구원의 '보편주의'(universalism)를 확실하게 드러내기 위함이다. 그것은 이미 '마태복음 바라보기'에서 언급한 것처럼 예수님 계보의 표제어(마 1:1)와 그 계보에 언급된 이방 여인들에 대한 언급(마 1:3-6)에서 분명하게 나타난다.

한편 본문의 자리 매김에서 고려해야 할 문제는 1장과 뒤따르는 2장의 연관성에 관한 것이다. 마태복음은 1-2장에서 공관복음의 다른 큰 복음서인 누가복음과 함께 예수님의 탄생과 유아기를 서술한 예수 그리스도의 공생애 이전의 전사(前史, prehistory)를 보여 줌으로써, 마가복음과 달리 예수님의 공생애가 예수의 전(全)생애로 확대되었다. 이 때 1장은 예수 그리스도의 계보를 보여 주며, 2장은 그 아기 메시아의 운명을 보여 준다. 1장에 묘사된 예수님의 다윗의 자손 됨과 작명(作名)에서 성령으로 잉태되신 존재가 문제가 되는 반면, 2장은 다윗의 동네에서 태어난 예수님이 어떻게 나사렛 사람이 되었는지를 보여 주는 '기독론적인 지리학'[2)]을 제공해 준다.

III. 본문 옮기기

(본문에서 원괄호 안에 표기된 아라비아 수는 열네 대씩 세 번 구분된 계보 안에 언급된 대의 순서를 보여 준다)

¹아브라함의 자손 그리고 다윗의 자손 예수 그리스도의 계보이다.
²① 아브라함이 이삭을 낳고, ② 이삭은 야곱을 낳고, ③ 야곱은 유

---

2) Wolfgang Wiefel, *Das Evangelium nach Matthäus*, ThHNT 1(Leipzig: Evangelische Verlagsanstalt, 1998), 24.

다와 그의 형제들을 낳고,
³④ 유다는 다말에게서 베레스와 세라를 낳고, ⑤ 베레스는 헤스론을 낳고, ⑥ 헤스론은 아람을 낳고,
⁴⑦ 아람은 아미나답을 낳고, ⑧ 아미나답은 나손을 낳고, ⑨ 나손은 살몬을 낳고,
⁵⑩ 살몬은 라합에게서 보아스를 낳고, ⑪ 보아스는 룻에게서 오벳을 낳고, ⑫ 오벳은 이새를 낳고,
⁶⑬ 이새는 ⑭ 다윗 왕을 낳았다.
① 다윗은 우리아의 아내에게서 솔로몬을 낳고,
⁷② 솔로몬은 르호보암을 낳고, ③ 르호보암은 아비아를 낳고, ④ 아비아는 아삽을 낳고,
⁸⑤ 아삽은 여호사밧을 낳고, ⑥ 여호사밧은 요람을 낳고, ⑦ 요람은 웃시아를 낳고,
⁹⑧ 웃시아는 요담을 낳고, ⑨ 요담은 아하스를 낳고, ⑩ 아하스는 히스기아를 낳고,
¹⁰⑪ 히스기아는 므낫세를 낳고, ⑫ 므낫세는 아몬을 낳고, ⑬ 아몬은 요시야를 낳고,
¹¹바벨론으로 사로잡혀 갈 때 요시야는 ⑭ 여고냐와 그의 형제들을 낳았다.
¹²바벨론으로 사로잡혀 간 후에 ① 여고냐는 스알디엘을 낳고, ② 스알디엘은 스룹바벨을 낳고,
¹³③ 스룹바벨은 아비훗을 낳고, ④ 아비훗은 엘리아김을 낳고, ⑤ 엘리아김은 아소르를 낳고,
¹⁴⑥ 아소르는 사독을 낳고, ⑦ 사독은 아킴을 낳고, ⑧ 아킴은 엘리웃을 낳고,
¹⁵⑨ 엘리웃은 엘르아살을 낳고, ⑩ 엘르아살은 맛단을 낳고, ⑪ 맛단은 야곱을 낳고,
¹⁶⑫ 야곱은 ⑬ 마리아의 남편 요셉을 낳았으니, 마리아에게서 ⑭ 그리스도라 불리는 예수님께서 나셨다.
¹⁷그러므로 모든 대 수가 아브라함부터 다윗까지 열네 대이며, 다윗부

터 바벨론으로 사로잡혀 갈 때까지 열네 대이고, 바벨론으로 사로잡혀 간 후부터 그리스도까지 열네 대였다.
[18]예수 그리스도의 나심은 이러하였다. 곧 그의 어머니 마리아가 요셉과 동거하기 전에 약혼해 있을 때 성령으로 잉태됨이 드러났다.
[19]그의 남편 요셉은 의로운 사람이어서 드러내려 하지 않고, 은밀하게 그녀를 떠나보내려 하였다.
[20]그가 이 일을 생각할 때, 보라, 주의 천사가 꿈에 나타나 그에게 이르기를

"다윗의 자손 요셉아, 네 아내 마리아를 데려오기를 두려워하지 말라. 그에게 잉태된 자는 성령으로 되었기 때문이다. [21]그녀가 아들을 낳을 것이니, 그의 이름을 예수라 하라. 이는 그가 자기 백성을 그들의 죄에서 구원하실 것을 인함이다."
[22]이 모든 것이 일어난 것은 주께서 선지자를 통하여 말씀하신 것이 이루어지게 하기 위함이다.
[23]"보라, 처녀가 잉태하여 아들을 가질 것이니 그의 이름을 임마누엘로 부를 것이다"

하셨으니, 이를 번역하면 '하나님께서 우리와 함께 하심이라'이다.
[24]요셉이 잠에서 깨어 일어나 주의 천사가 분부한 대로 행하여 그의 아내를 데려왔으나,
[25]아들을 낳기까지 그녀와 동침하지 아니하더니 그의 이름을 예수라 불렀다.

IV. 본문의 짜임새

1절은 마태복음 전체의 표제가 아니라 마태복음의 첫째 단락인 '예수 그리스도의 계보'에 대한 표제이다. 그렇기는 하지만 1절에 언급된 '아브라함의 자손, 그리고 다윗의 자손'은 마태복음을 관통하는 구원의 '보편주의'를 암시하고 있어 자연스럽게 마태복음의 구원론을

간접적으로 시사하는 역할도 한다. 1장은 크게 두 단락으로 구분된다. 첫 열일곱 절은 '예수 그리스도의 계보'를, 그리고 나머지 여덟 절은 '예수 그리스도의 탄생'을 다루고 있다. 이를 자세하게 분류해 보면 다음과 같다.

    A. 예수 그리스도의 계보(1-17절)
     1. 1절 : 표제
     2. 2-17질 : 계보 내용
      ⓐ 2-6절 상반절 : 아브라함부터 다윗까지
      ⓑ 6절 하반절-11절 : 다윗부터 바벨론으로 사로잡혀 갈 때까지
      ⓒ 12-16절 : 바벨론으로 사로잡혀 갈 때부터 예수 그리스도까지
     3. 17절 : 계보 요약
    B. 예수 그리스도의 탄생(18-25절)
     1. 18-19절 : 요셉과 동침하기 전 성령으로 마리아에게 잉태된 예수님
     2. 20-23절 : 요셉의 꿈에 나타난 천사의 분부
      ⓐ 20절 : 성령으로 잉태된 예수님
      ⓑ 21절 : 자기 백성을 그 죄에서 구원하실 예수님
      ⓒ 22-23절 : 구약의 예언을 성취하시는 예수님
     3. 24-25절 : 천사의 분부대로 행한 요셉

V. 본문 풀이

A. 예수 그리스도의 계보(1-17절)

1. 표제(1절)

[1절] 아브라함의 자손 그리고 다윗의 자손 예수 그리스도의 계보이다. (Βίβλος γενέσεως Ἰησοῦ Χριστοῦ υἱοῦ Δαυὶδ υἱοῦ Ἀβραάμ.)

마태복음의 첫 절은 마태복음 전체가 아니라 뒤따르는 예수 그리스도 계보의 표제(標題) 역할을 한다. 그렇기는 하나 앞에서 밝힌 것처럼 이 절이 마태복음 전체를 관통하고 있는 구원의 보편주의를 암시하고 있다는 점에서 간접적으로, 또 부분적으로는 마태복음의 표제로서 역할하는 기능을 배제할 수 없다.

계보의 첫 절인 본 절은 한편으로는 "하나님의 아들 예수 그리스도의 복음의 시작이라"(Ἀρχὴ τοῦ εὐαγγελίου Ἰησοῦ Χριστοῦ υἱοῦ θεοῦ)는 마가복음의 첫 절을 생각나게 하며, 다른 한편으로는 창세기의 계보(תוֹלְדוֹת) 양식을 기억나게 한다.3) 서두의 두 단어 '비블로스 게네세오스'(βίβλος γενέσεως)를 우리말로 '계보'로 옮길 수 있다. 이때 '비블로스'(βίβλος)는 헬라나 유대 세계에서 일반적으로 '책'을 의미하지만, 계보의 내용이 인용된 성경이라는 것을 고려한다면 히브리적인 의미에서 '성경 단편' 또는 '기록 문서'라는 뜻을 가진 '쉐페르'(סֵפֶר)의 의미로 이해해야 한다.4) 신약성경에서 단지 마태복음과 야고보서에서만 등장하며 마태복음에서는 이 구절과 1장 18절에서 나타나는 '게네시스'(γένεσις)는 전이(轉移)적인 의미로 '출생' 또는 '기원'이라는 뜻으로 사용되었다. '계보'라는 두 단어 다음에 그 계보의 성격을 밝히는 구약의 두 인물인 '아브라함'과 '다윗'이 속격의 형태로 예수 그리스도의 혈통적인 조상으로 언급된다.

이스라엘과 열방을 위해 약속을 받은 자로 '복의 근원'인 '아브라함'은 모든 믿는 자들의 조상이다(창 12:2-3 참조). 유대인은 혈통적인 이유를 들어 아브라함이 자신들의 조상임을 자랑하지 말아야 한다. 왜

---

3) 창세기 2장 4절 상반절(אֵלֶּה תוֹלְדוֹת)과 칠십인역 창세기 5장 1절(Αὕτη ἡ βίβλος γενέσεως ἀνθρώπων)을 참조하라.
4) U. Luz, *Matthäusevangelium* I, 88.

냐하면 하나님은 돌로써도 아브라함의 자손이 되게 할 수 있는 것처럼 이방인도 아브라함의 자손이 되게 할 수 있기 때문이다(마 3:9). '아브라함의 자손'과 함께 언급되는 '다윗의 자손'은 마태의 경우 중요한 예수님의 메시아 칭호인 '다윗의 아들'(9:27; 12:23; 15:22; 21:9)이다. 예수님의 아브라함의 자손 됨에서 마태복음을 관통하는 구원의 보편주의가 나타나며, 그분의 다윗의 자손 됨에서 메시아, 곧 그리스도로서 예수님의 정체가 드러난다.

2. 계보 내용(2-17절)

ⓐ 아브라함부터 다윗까지(2-6절 상반절)

[2절] ① 아브라함이 이삭을 낳고, ② 이삭은 야곱을 낳고, ③ 야곱은 유다와 그의 형제들을 낳고,('Αβραὰμ ἐγέννησεν τὸν Ἰσαάκ, Ἰσαὰκ δὲ ἐγένν- ησεν τὸν Ἰακώβ, Ἰακὼβ δὲ ἐγέννησεν τὸν Ἰούδαν καὶ τοὺς ἀδελφοὺς αὐτοῦ,)

아브라함에서 시작하는 계보는 누가복음 3장 23절 이하 단락에 언급된 상향식 계보와 다르게 하향식 계보이다.5) '유다와 그의 형제들'이라는 표현은 12지파의 시작을 간접적으로 알려 준다. 이스라엘의 12지파는 포로기 이후 시대에도 이스라엘이 자신의 정체를 이해하는 데 결정적으로 중요한 의미를 가지고 있었다.

---

5) 마태복음에 서술된 계보는 예수님의 메시아 되심과 유대인의 왕 되심을 강조하며, 왕통을 증명하며, 여인들도 포함되어 있다. 그 반면 누가복음의 계보(눅 3:23-38)는 아담과 그 이상으로 하나님까지 거슬러 올라가며, 우주적 성향을 보여 주며, 마태에서 누락된 인물들이 추가되어 있다. 이에 대하여 성종현, 『공관복음서 대조연구』(서울: 장로회신학대학교 출판부, 1992), 35를 참조하라.

[3절] ④ 유다는 다말에게서 베레스와 세라를 낳고, ⑤ 베레스는 헤스론을 낳고, ⑥ 헤스론은 아람(우리말 개역성경에는 '람')을 낳고, (Ἰούδας δὲ ἐγέννησεν τὸν Φάρες καὶ τὸν Ζάρα ἐκ τῆς Θαμάρ, Φάρες δὲ ἐγέννησεν τὸν Ἐσρώμ, Ἐσρὼμ δὲ ἐγέννησεν τὸν Ἀράμ,)

다말은 마리아를 제외하고 계보에 나타나는 네 여인 중 첫 번째 여인이다. 이 여인은 아람인으로 생각된다(희년서 41:1; 유다의 유훈 10:1 참조).

[4절] ⑦ 아람(람)은 아미나답을 낳고, ⑧ 아미나답은 나손을 낳고, ⑨ 나손은 살몬을 낳고, (Ἀρὰμ δὲ ἐγέννησεν τὸν Ἀμιναδάβ, Ἀμιναδὰβ δὲ ἐγέννησεν τὸν Ναασσών, Ναασσὼν δὲ ἐγέννησεν τὸν Σαλμών,)

'아람'(Ἀράμ)이라는 이름은 헬라어 구약성경에서 인용한 것이다(LXX, 대하 2:5).[6] 히브리어 성경에서는 '람'이다.

[5절] ⑩ 살몬은 라합에게서 보아스를 낳고, ⑪ 보아스는 룻에게서 오벳을 낳고, ⑫ 오벳은 이새를 낳고, (Σαλμὼν δὲ ἐγέννησεν τὸν Βόες ἐκ τῆς Ῥαχάβ, Βόες δὲ ἐγέννησεν τὸν Ἰωβὴδ ἐκ τῆς Ῥούθ, Ἰωβὴδ δὲ ἐγέννησεν τὸν Ἰεσσαί,)

다말 다음에 라합과 룻이 계보에 나타나는 두 번째, 세 번째 여인으로 등장한다. 이 두 사람 역시 비유대인 여인이다. 곧 라합은 가나안의 여리고에 거주했던 사람이었고, 룻은 모압 여인이었다. 이로써 구원에서 이방인을 받아들이는 구원의 보편주의가 나타난다.

[6절상] ⑬ 이새는 ⑭ 다윗 왕을 낳았다. (Ἰεσσαὶ δὲ ἐγέννησεν τὸν Δαυὶδ τὸν βασιλέα.)

---

6) 그 외 칠십인역에서는 Ἀρράν이나 Ῥάμ으로도 나타난다.

누가복음의 계보에서 다윗은 '왕'이라는 칭호 없이 이름만 언급되나, 마태복음의 경우 다윗은 '왕'(βασιλεύς)으로 묘사된다. 이로써 예수 그리스도의 왕통이 강조된다.

ⓑ 다윗부터 바벨론으로 사로잡혀 갈 때까지(6절 하반절-11절)

[6절하] ① 다윗은 우리아의 아내에게서 솔로몬을 낳고, (Δαυὶδ δὲ ἐγέν-νησεν τὸν Σολομῶνα ἐκ τῆς τοῦ Οὐρίου,)

계보에 나타나는 네 번째 여인은 헷 사람 '우리아의 아내'(ἐκ τῆς τοῦ Οὐρίου)이다(삼하 11:3). 이름이 언급되지 않은 솔로몬의 어머니 역시 이방 여인이다. 이로써 하나님의 구원에 이방인도 포함되는 구원의 보편주의가 나타난다. 소외된 자나 죄 있는 자들 역시 하나님의 구원 계획 속에 받아들여져 있다.

[7절] ② 솔로몬은 르호보암을 낳고, ③ 르호보암은 아비야를 낳고, ④ 아비야는 아삽(우리말 개역성경에서 '아사')를 낳고, (Σολομὼν δὲ ἐγέννησεν τὸν Ῥοβοάμ, Ῥοβοὰμ δὲ ἐγέννησεν τὸν Ἀβιά, Ἀβιὰ δὲ ἐγέννησεν τὸν Ἀσάφ,)

솔로몬과 함께 마태의 계보에서 특징적인 왕통의 계보가 시작된다. 솔로몬의 이름을 거명하는 것은 단지 연대기적인 의미만이 아니라 메시아적인 의미와 관련되어 있다. 예수님은 '솔로몬보다 더 큰 이'(마 12:42)이시다. 아삽(Ἀσάφ)은 아사 왕(대상 3:10)을 말하는 것이다. 왜냐하면 시편 기자 중 한 사람인 '아삽'은 이 계보와 관련이 없기 때문이다.

[8절] ⑤ 아삽(우리말 개역성경에서 '아사')은 여호사밧을 낳고, ⑥ 여호사밧은 요람을 낳고, ⑦ 요람은 웃시야를 낳고, (Ἀσὰφ δὲ ἐγέννησεν τὸν

Ἰωσαφάτ, Ἰωσαφὰτ δὲ ἐγέννησεν τὸν Ἰωράμ, Ἰωρὰμ δὲ ἐγέννησεν τὸν Ὀζίαν,)

구약에서 전해 받은 왕의 목록(대하 3:11-13)을 기초로 한다면, '요람'(여호람) 다음에 세 왕이 빠져 있다. 이 절에서 그의 아들로서 웃시야(대하 26:3; 27:2)가 언급되는데, 이 때 아하시야, 요아스, 아마샤를 건너뛰었다. 이에 대한 해석은 크게 두 가지이다. 한 가지 설명에 의하면 이는 아하시야를 웃시아(아사랴)로 혼동한 결과이다. 다른 한 가지 설명에 의하면 마태의 계보에 빠져 있는 세 왕은 바알 숭배자(아하시야, 대하 22:3)나 살인자(요아스, 대하 24:22), 그리고 우상숭배자(아마샤, 대하 25:14)로 하나님의 저주를 받은 자이기 때문에 약속 전달자의 계열에 빠지게 되었다는 것이다. 후자가 적절하다. 왜냐하면 그러한 설명이 신학적인 변증을 가능하게 하기 때문이다.

[9절] ⑧ 웃시야는 요담을 낳고, ⑨ 요담은 아하스를 낳고, ⑩ 아하스는 히스기야를 낳고, (Ὀζίας δὲ ἐγέννησεν τὸν Ἰωαθάμ, Ἰωαθὰμ δὲ ἐγέννησεν τὸν Ἀχάζ, Ἀχὰζ δὲ ἐγέννησεν τὸν Ἐζεκίαν,)
마태의 계보가 왕통계를 선호하고 강조하기 때문에 이사야로부터 "보라 처녀가 잉태하여 아들을 낳을 것이요 그의 이름을 임마누엘이라 하리라"(사 7:14)는 약속을 들은 아하스 역시도 계보에 나타난다.

[10절] ⑪ 히스기야는 므낫세를 낳고, ⑫ 므낫세는 아모스(개역성경에서는 아몬)를 낳고, ⑬ 아모스(개역성경에서는 아몬)는 요시야를 낳고, (Ἐζεκίας δὲ ἐγέννησεν τὸν Μανασσῆ, Μανασσῆς δὲ ἐγέννησεν τὸν Ἀμώς, Ἀμὼς δὲ ἐγέννησεν τὸν Ἰωσίαν,)
중요한 사본(시내 사본, 바티칸 사본, 에브라임 사본)에는 아몬 대신에 아모스가 두 번 사용되었다. 그러나 다른 사본에서는 선지자인

아모스 대신에 아몬 왕(왕하 21:17-26과 대하 33:17-26)이 두 번 나타난다. 복음서 저자 마태가 아몬 왕을 선지자 아모스와 혼동한 것인지, 아니면 밝혀지지 않은 다른 신학적 이유가 있는지에 대해서는 해명이 필요하다.

[11절] 바벨론으로 사로잡혀 갈 때 요시야는 ⑭ 여고냐와 그의 형제들을 낳았다. (Ἰωσίας δὲ ἐγέννησεν τὸν Ἰεχονίαν καὶ τοὺς ἀδελφοὺς αὐτοῦ ἐπὶ τῆς μετοικεσίας Βαβυλῶνος.)

이 절에서 여고냐(여호야긴)는 여호야김의 아들이며, 요시야의 손자이지 아들이 아니었다. 여기서 여호야김과 여호야긴이 하나로 여겨졌다. 이것이 혼동에 의한 것인지 아니면 밝혀지지 않은 다른 신학적인 이유가 있는지 더 연구해야 한다. 신약성경에서 단지 네 번, 그것도 단지 마태복음 1장에서만 언급된 '사로잡혀 감'(μετοικεσία, 이주, 추방)은 구약성경에 나타나는 גּוֹלָה 또는 גָּלָה(왕하 24:16; 대상 5:22 참조)의 등가어(等價語)이다.

ⓒ 바벨론으로 사로잡혀 갈 때부터 예수 그리스도까지(12-16절)

[12절] 바벨론으로 사로잡혀 간 후에 ① 여고냐는 스알디엘을 낳고, ② 스알디엘은 스룹바벨을 낳고, (Μετὰ δὲ τὴν μετοικεσίαν Βαβυλῶνος Ἰεχονίας ἐγέννησεν τὸν Σαλαθιήλ, Σαλαθιὴλ δὲ ἐγέννησεν τὸν Ζοροβαβέλ,)

두 번째 열네 대 계보군의 끝에 있는 여고냐가 세 번째 열네 대 계보군의 첫 이름으로 나타나는데, 이 계보군은 이스라엘이 바벨론 포로로 잡혀 간 이스라엘 역사의 밑바닥에서 시작하여 약속된 메시아까지 이른다. 여고냐는 두 번째 계보군의 마지막 인물인 동시에 세 번째 계보군의 첫 인물이다. 왜냐하면 예수님은 세 번째이자 마지막 열네 대 계보의 마지막 구성원이 되기 때문이다(1:17 참조). 마태의 경우 중요한 것은 바로 바벨론 포로로 잡혀 감이다. 역대상 3장 19절에 의하면 브다야의 아들이나, 여기서는 브다야의 형제 스알디엘(LXX: 살라디엘)의 아들(스 3:2, 8; 5:2; 학 1:12)인 스룹바벨(LXX: 조로바벨)은 포로기 이후 이스라엘의 재건에서 주도적인 인물이었다(에스라, 느헤미야, 학개 참조).

[13-15절] ¹³③ 스룹바벨은 아비훗을 낳고, ④ 아비훗은 엘리아김을 낳고, ⑤ 엘리아김은 아소르를 낳고, ¹⁴⑥ 아소르는 사독을 낳고, ⑦ 사독은 아킴을 낳고, ⑧ 아킴은 엘리웃을 낳고, ¹⁵⑨ 엘리웃은 엘르아살을 낳고, ⑩ 엘르아살은 맛단을 낳고, ⑪ 맛단은 야곱을 낳고, (Ζοροβαβὲλ δὲ ἐγέννησεν τὸν Ἀβιούδ, Ἀβιοὺδ δὲ ἐγέννησεν τὸν Ἐλιακίμ, Ἐλιακὶμ δὲ ἐγέννησεν τὸν Ἀζώρ, Ἀζὼρ δὲ ἐγέννησεν τὸν Σαδώκ, Σαδὼκ δὲ ἐγέννησεν τὸν Ἀχίμ, Ἀχὶμ δὲ ἐγέννησεν τὸν Ἐλιούδ, Ἐλιοὺδ δὲ ἐγέννησεν τὸν Ἐλεάζαρ, Ἐλεάζαρ δὲ ἐγέννησεν τὸν Ματθάν, Ματθὰν δὲ ἐγέννησεν τὸν Ἰακώβ,)

스룹바벨 이후 이스라엘이 다시 왕이 없는 시대로 넘어감으로써 역사적으로 증명될 수 있는 이름이 끝난다. 언급된 스룹바벨 이후의 이름들은 구약적이지만, 이 이름들은 구약성경에서 계보로 결합되지 않고 흩어져 나타난다. 13-15절에 언급된 인물들은 어떤 전승에서 유래된 계보인지에 대해서는 알 수 없다. 15절에서 요셉의 아버지는 야곱이다. 반면에 누가복음 3장 23절에서는 요셉은 엘리의 아들로 묘사된다. 그러나 할아버지 이름은 실제적으로 일치한다. 즉 요셉의 조부의 이름은 마태의 경우 '맛단'(Ματθάν)이며, 누가의 경우는 '맛닷'(Μαθθάτ)이다.

[16절] ⑫ 야곱은 ⑬ 마리아의 남편 요셉을 낳았으니, 그녀(마리아)에게서

⑭ 그리스도라 불리는 예수께서 나셨다.7) (Ἰακὼβ δὲ ἐγέννησεν τὸν Ἰωσὴφ τὸν ἄνδρα Μαρίας, ἐξ ἧς ἐγεννήθη Ἰησοῦς ὁ λεγόμενος χριστός.)

이 절에서 예수님은 요셉과 직접적으로 관련되지 않는다. 오히려 요셉은 마리아의 남편으로 불린다. 남자가 아니라 이제 여자에게서(ἐξ ἧς) 예수님이 태어나심으로써, 지금까지 획일적인 순서로 계속되던 계보는 중단된다. '낳았다'(ἐγέννησεν)는 용어 대신 '(태어)났다'(ἐγεννήθη)는 용어가 나타난다. 이로써 요셉에 의한 인간의 출생이 고려되는 것이 아니라, 오히려 '태어나심'(ἐγεννήθη)의 배후에서 성령으로 말미암은 하나님의 비밀이 드러난다. 이로써 다음 단락으로 넘어갈 준비가 갖추어진다. 뒤따르는 단락은 성령으로 말미암은 마리아의 수태와 예수님의 이름 부여를 서술함으로써 예수님의 메시아 되심을 분명하게 해명한다. 뒤따르는 "그리스도라 불리는"(ὁ λεγόμενος χριστός)으로써 메시아적인 칭호는 벌써 이 구절에서 강조되어 있다.

3. 계보 요약(17절)

[17절] 그러므로 모든 대 수가 아브라함부터 다윗까지 열네 대이며, 다윗부터 바벨론으로 사로잡혀 갈 때까지 열네 대이고, 바벨론으로 사로잡혀 간 후부터 그리스도까지 열네 대였다. (Πᾶσαι οὖν αἱ γενεαὶ ἀπὸ Ἀβραὰμ ἕως Δαυὶδ γενεαὶ δεκατέσσαρες, καὶ ἀπὸ Δαυὶδ ἕως τῆς μετοικεσίας Βαβυλῶνος γενεαὶ δεκατέσσαρες, καὶ ἀπὸ τῆς μετοικεσίας Βαβυλῶνος ἕως

---

7) 사본들에 의하면 16절은 세 가지로 전승되었다. 곧 ① 시내(ℵ) 사본, 바티칸(B) 그리고 다수 사본에서는 "그리고 야곱은 마리아의 남편 요셉을 낳고 그녀로부터 그리스도라 칭하는 예수가 태어났다"로, ② 다른 사본(Θ, φ, it[var], syr[cur], arm)에서는 "야곱은 요셉을 낳았으며 그와 정혼한 동정녀가 그리스도라 불리는 예수를 낳았다"로, ③ 시리아어 역본(syr[sin])에서는 "그리고 야곱은 요셉을 낳았으며 그와 동정녀 마리아가 정혼하였는데 그리스도라 불리는 예수를 낳았다"로 전승되었다.

τοῦ Χριστοῦ γενεαὶ δεκατέσσαρες.)

세 번의 열네 대에서 이중으로 계산된 부분은 계보의 기초가 되는 구속사적인 이해에서 중요하다. 다윗은 아브라함에서 시작되는 첫 번째 열네 대의 마지막 인물이면서, 동시에 다윗으로써 시작되는 두 번째 열네 대의 첫 인물이다. 여고냐 역시 바벨론 포로로 사로잡혀 감을 경계로 두 번째 열네 대의 마지막 인물이면서, 동시에 세 번째 열네 대의 첫 인물이다. 이러한 세 번의 열네 대로 구성된 계보는 묵시적인 역사관에서 하나님의 앞서 가시는 인도하심을 나타낸다. 14라는 수는 거룩한 수인 7의 배수이거나 아니면 다윗(דוד)의 히브리어 철자 수치의 합8)이다.

B. 예수 그리스도의 탄생(18-25절)

마태복음의 유아 기사에서 지배적인 학가다(이야기) 방식으로 예수님의 탄생 예고사가 서술된다.9) 출생 자체는 나타나지 않는다. 그 대신 '천사 현현-메시지-이름 부여'라는 도식으로 전개되는 이야기는 구약적인 선례를 기억나게 한다.10) 이 단락은 1장 16절에 대한 '확대된 각주' 내지는 해설로 예수님의 탄생 비밀을 서사적 양식으로 서술

---

8) 히브리어 철자 ד은 4의 수치를 가지며, ו는 6의 수치를 가지므로 다윗(דוד)의 철자의 수를 합하면 14이다.
9) 누가복음 1장 26-38절 단락에 비해서 마태의 예수님 탄생 기사는 몇 가지 특징을 보여 준다. 우선 마태의 경우 누가의 경우보다 독립적이다. 또 누가의 경우 마리아가 중심에 있으나, 마태의 경우 요셉이 중심인물이다. 곧 천사의 나타남과 세상에 오신 아기 메시아의 계시는 요셉에게 해당된다(마 1:20-21과 눅 1:26, 30-35과 비교). 마지막으로, 누가의 경우 문체가 시적이고 운문적이나, 마태의 경우 산문적으로 꾸밈이 없는 이야기 문체이다. 이에 대하여 W. Wiefel, *Matthäusevangelium*, 31 참조.
10) 창 16:7-12; 18:1-15; 삿 13:3-5를 참조하라(구약외경의 희년서 16:13도).

한다.11) 이 단락은 마리아에 의해 태어난 예수님이 어떻게 다윗의 자손이 되었는가를 보여 준다.

1. 요셉과 동침하기 전 성령으로 마리아에게 잉태된 예수님(18-19절)

[18절] 예수 그리스도의 나심은 이러하였다. 곧 그의 어머니 마리아가 요셉과 동거하기 전 약혼해 있을 때 성령으로 잉태됨이 드러났다. (Τοῦ δὲ Ἰησοῦ Χριστοῦ ἡ γένεσις οὕτως ἦν. μνηστευθείσης τῆς μητρὸς αὐτοῦ Μαρίας τῷ Ἰωσήφ, πρὶν ἢ συνελθεῖν αὐτοὺς εὑρέθη ἐν γαστρὶ ἔχουσα ἐκ πνεύματος ἁγίου.)

1절에서처럼 γένεσις가 나타나는 전반절은 짧은 표제 역할을 한다. 여기서 비로소 '예수 그리스도'라는 표현이 나타난다. 그리고 이어서 20절에 언급된 천사의 말 가운데 결정적인 진술이 앞서 나타난다. 예수님은 요셉이 아니라 성령에 의해 잉태되셨다. 요셉과 마리아의 관계는 누가복음 1장 27절에서처럼 '약혼'(μνηστεύεσθαι)의 관계이다. 여기서 성령은 그리스 신화에서처럼 생산하는 남신의 신성이 아니라 하나님의 창조 능력이다.12)

[19절] 그의 남편 요셉은 의로운 사람이어서 드러내려 하지 않고, 은밀하게 그녀를 떠나 보내려 하였다. (Ἰωσὴφ δὲ ὁ ἀνὴρ αὐτῆς, δίκαιος ὢν καὶ μὴ θέλων αὐτὴν δειγματίσαι, ἐβουλήθη λάθρᾳ ἀπολῦσαι αὐτήν.)

요셉은 유대의 혼인법에 따라 마리아의 남편으로 묘사된다. 그 요셉은 '의로운'(δίκαιος) 사람이었다. 이는 요셉이 법을 지키는 사람이

---

11) Rudolf Schnackenburg, *Matthäusevangelium 1:1-16-20*, Die Neue Echter Bibel 1/1(Würzburg: Echter Verlag, ²1991), 19.
12) 히브리어로 '영'을 뜻하는 루아흐(רוּחַ)는 여성이다. W. Wiefel, *Matthäusevangelium*, 32.

라는 뜻으로 해석할 수 있으며, 또한 구약의 의로운 조상의 반열에 서 있는 사람으로도 해석할 수 있다. 그래서 요셉은 마리아의 잉태를 드러내지 않고 '은밀하게'(λάθρᾳ) 해결하고자 하였다.

2. 요셉의 꿈에 나타난 천사의 분부(20-23절)

ⓐ 성령으로 잉태된 예수님(20절)

[20절] 그가 이 일을 생각할 때, 보라, 주의 천사가 꿈에 나타나 그에게 이르기를 "다윗의 자손 요셉아, 네 아내 마리아 데려오기를 두려워하지 말라. 그에게 잉태된 자는 성령으로 되었기 때문이다. (ταῦτα δὲ αὐτοῦ ἐνθυμηθέντος ἰδοὺ ἄγγελος κυρίου κατ' ὄναρ ἐφάνη αὐτῷ λέγων· Ἰωσὴφ υἱὸς Δαυίδ, μὴ φοβηθῇς παραλαβεῖν Μαρίαν τὴν γυναῖκά σου· τὸ γὰρ ἐν αὐτῇ γεννηθὲν ἐκ πνεύματός ἐστιν ἁγίου.)

마태복음에서 "보라"(ἰδού)는 '하나님의 개입하심'을 나타낼 때 나타나는 말이다(1:23; 11:10; 12:18; 20:18; 28:2, 7, 9 등 참조). 마리아를 가만히 떠나보내려는 요셉의 인간적인 생각에 하나님께서 개입하신다. 하나님은 요셉의 꿈에 천사를 보내신다. 마태복음에서 '꿈'(ὄναρ)은 계시의 수단이다.[13] 마태복음의 말미에서처럼(27:19 참조) 요셉의 꿈이 마태복음 서두에 나타난다(1:20; 2:12-13, 19, 22). 꿈에 천사가 마리아에게 잉태된 자가 성령으로 된 것임을 전한다. 이로써 18절에 언급된 마리아의 성령으로 인한 잉태가 다시 한 번 강조된다.

ⓑ 자기 백성을 그 죄에서 구원하실 예수님(21절)

[21절] 그녀가 아들을 낳을 것이니, 그의 이름을 예수라 하라. 이는 그가 자기 백성을 그들의 죄에서 구원하실 것을 인함이다.(τέξεται δὲ υἱόν, καὶ

---

13) 구약에서 야곱의 꿈이나 요셉의 꿈, 또는 느부갓네살의 꿈 등도 하나님의 계시 수단이다.

καλέσεις τὸ ὄνομα αὐτοῦ Ἰησοῦν· αὐτὸς γὰρ σώσει τὸν λαὸν αὐτοῦ ἀπὸ τῶν ἁμαρτιῶν αὐτῶν.)

 천사는 마리아에게 태어날 아이가 아들이라는 것과 그 아기의 이름을 알려 준다. 그 이름은 '예수'(Ἰησοῦς)이며, 그는 "자기 백성을 그 죄에서 구원하실 자"이다. 이는 시편 130편 8절("그가 이스라엘을 그의 모든 죄악에서 속량하시리로다")의 약속을 생각나게 한다. 아주 드물게 표현된 '자기 백성'(λαὸς αὐτοῦ)은 새로운 하나님의 백성을 가리킨다.14)

 ⓒ 구약의 예언을 성취하시는 예수님(22-23절)

 [22절] 이 모든 것이 일어난 것은 주께서 선지자를 통하여 말씀하신 것이 이루어지게 하기 위함이다. (τοῦτο δὲ ὅλον γέγονεν ἵνα πληρωθῇ τὸ ῥηθὲν ὑπὸ κυρίου διὰ τοῦ προφήτου λέγοντος·)

 [23절] "보라, 처녀가 잉태하여 아들을 가질 것이니 그의 이름을 임마누엘로 부를 것이다" 하셨으니, 이를 번역하면 '하나님께서 우리와 함께 하심이라'이다. (ἰδοὺ ἡ παρθένος ἐν γαστρὶ ἕξει καὶ τέξεται υἱόν, καὶ καλέσουσιν τὸ ὄνομα αὐτοῦ Ἐμμανουήλ, ὅ ἐστιν μεθερμηνευόμενον μεθ᾽ ἡμῶν ὁ θεός.)

 마태복음에서 처음으로 '구약 성취 인용문'(Erfüllungszitat)이 나타난다. 이로써 구약과 예수 그리스도의 관계를 구약의 약속을 성취하는 하나님의 구속사로 보는 복음서 저자 마태의 구속사관이 나타난다. 예수님께서 자기 백성을 그들의 죄에서 구원하기 위해 마리아에게서 성령으로 잉태된 것은 이사야 선지자로 하신 말씀을 이루기 위함이다.

---

14) 마태복음에서 '백성'(λαός)은 "백성의 서기관"(12:4), "이 백성"(13:15; 15:8), "백성의 장로"(21:23; 26:3, 47; 27:1, 25, 64) 등 대부분 부정적인 의미로 사용된다. 한편 "자기 백성"(1:21), "내 백성"(2:6), "열매 맺는 백성"(21:43)처럼 긍정적으로 사용되기도 한다.

인용된 이사야 7장 14절은 칠십인역의 형태에 가깝다. "보라"는 20절에서와 마찬가지로 세상사에 참여하시는 하나님의 개입 사건을 나타낸다. 헬라어 '처녀'(παρθένος)는 히브리어 '알마'(עַלְמָה)를 옮긴 것이다. 히브리어로는 '결혼할 수 있는 젊은 여자'이지만, 예수님이 성령으로 잉태된 것이나(1:18, 20) 요셉이 마리아와 동침하지 아니하였다(1:25)는 것을 고려한다면 '처녀'로 옮긴 것에 대하여 어떤 의심도 할 수 없을 것이다. 그리고 처녀의 몸에서 태어날 그 아들의 이름은 '임마누엘'(עִמָּנוּ אֵל)이며, 그 뜻은 "하나님께서 우리와 함께 하시다"이다. 이는 마태복음의 말미(28:20)에 나타날 뿐 아니라 마태복음의 전사(前史)에도 벌써 나타난다. 이는 복음서 저자 마태가 자신의 공동체에게 전하고자 하는 중심 메시지이다.

3. 천사의 분부대로 행한 요셉(24-25절)

[24절] 요셉이 잠에서 깨어 일어나 주의 천사가 분부한 대로 행하여 그의 아내를 데려왔으나, (ἐγερθεὶς δὲ ὁ Ἰωσὴφ ἀπὸ τοῦ ὕπνου ἐποίησεν ὡς προσέταξεν αὐτῷ ὁ ἄγγελος κυρίου καὶ παρέλαβεν τὴν γυναῖκα αὐτοῦ,)

[25절] 아들을 낳기까지 그녀와 동침하지 아니하더니 그의 이름을 예수라 불렀다. (καὶ οὐκ ἐγίνωσκεν αὐτὴν ἕως οὗ ἔτεκεν υἱόν· καὶ ἐκάλεσεν τὸ ὄνομα αὐτοῦ Ἰησοῦν.)

"분부한 대로 행하여"(ἐποίησαν ὡς προσέταξεν)가 보여 주는 것처럼 이 두 절은 구약적인 '실행 양식'(Ausführungsformel)을 보여 준다(21:6-7; 26:19 참조). 요셉은 천사가 당부한 대로 행하였다. 곧 그는 아들을 낳기까지 마리아와 동침하지 아니하였다. 이 때 우리말로 '동침하다'로 옮긴 헬라어 단어는 '알다'(γινώσκειν)인데, 이는 히브리어 '야다'(יָדַע)에 해당한다. 히브리어 '야다'는 '성적인 관계를 맺다', '동침하다'의 뜻으로 사용되었다(창 4:1 등 참조). 그리고 요셉은 천사가 말한 대로 그 아기의 이름을 예수라 불렀다.

VI. 본문이 전하는 말씀

1장의 본문을 구성하는 예수님의 계보(1-17절)와 탄생 기사(18-25절)는 마태복음의 독자들에게 예수님이 누구이신가를 다음과 같이 알려 준다.

첫째, 예수님은 유대인과 이방인 모두를 위해 세상에 오신 분이시다(1절, 구원의 보편주의).

둘째, 예수님은 '다윗의 자손'으로 메시아, 곧 그리스도이시다(1, 16절).

셋째, 예수님의 계보가 완전한 것처럼 예수님은 온전하신 분이시다(17절).

넷째, 예수님은 성령으로 잉태되신 분이시다(18, 20, 23절).

다섯째, 예수님은 자기 백성을 그들의 죄에서 구원하실 분이시다(21절).

여섯째, 예수님은 임마누엘, 곧 믿는 우리와 함께 하시는 분이시다(23절).

예수님이 누구이신가를 아는 것은 예수님이 무엇을 하셨는가를 아는 것보다 중요하며, 예수님이 누구이신가를 믿는다면, 그가 하신 모든 가르침과 행하신 일 역시도 믿을 수 있다. 그러므로 예수님이 누구이신가에 대한 신앙고백이 모든 신앙생활보다 우선한다. 예수님은 성령으로 말미암아 태어나신 '그리스도'시요, 모든 사람을 그 죄에서 구원하기 위해 오신 '구주'시며, 이를 믿는 모든 사람과 함께 하시는

'임마누엘'이시다. 이런 신학적인 관점으로 마태는 역사와 세상 속으로 오신 하나님의 아들을 본 장에서 보여 준다.

VII. 나가는 말

그리스도인마저도 물질적 세속주의에 물들어 가고 있는 위기의 시대에 본문은 시사하는 바가 크다. 우리는 예수님을 누구라고 하는가? 또 우리는 예수님 자신보다 예수님이 들고 계신 '복 주머니'만 바라보지는 않는가? 1장의 말씀은 모든 그리스도인에게 예수 그리스도의 정체에 대한 확실한 신앙고백을 요구하며, 예수 그리스도에 대한 흔들리는 믿음을 가진 신앙인들로 하여금 다시 한 번 예수님의 신분에 대한 분명한 믿음의 고백을 확인하게 한다. 예수 그리스도는 모든 인간을 구원하기 위해 세상에 오신 메시아이시며, 그를 믿는 자와 항상 함께 하시는 그리스도시다.

제3장

가르치시는 예수님
(마태복음 5장 1-20절)

I. 들어가는 말

오늘날 이 사회는 총체적 위기에 직면하여 안으로는 부정·부패·부조리에 젖어 있는 사회의 개혁과 조직·기구·제도의 구조 조정으로, 밖으로는 '세계화'의 이름으로 밀려오는 개방화에 따른 무한 경쟁에 대응하고 살아남기 위해 안간힘을 쓰고 있다. 고통과 신음 소리가 여기저기서 터져 나오고 있으며 그 도가 점점 우리의 실존을 위협하는 정도로 높아지고 있다. 이런 세상에서 우리가 '그리스도인'이라는 것, 또 오늘날 '그리스도인으로 산다'는 것은 무엇을 의미하는가?

이와 관련하여 이천 년 전 예수님이 로마 제국의 압제 아래 고통을 당하며 해방을 갈망하며 그를 따르던 무리들에게 무엇을 선포하였으며, 그리고 한 '예수님 이야기'를 통해 당시 한 신앙 공동체에게 '예수님을 믿는다'는 것, '그리스도인이 된다'는 것을 해명하려 한 복음서 저자 마태의 의도가 무엇인지를 묻는 질문은 신앙 생활에서 새로운 방향을 모색해야 할 시대를 사는 오늘의 그리스도인이 고려해야 하는 시의(時宜) 적절한 물음이 아닐 수 없다.

마태가 자신의 복음서에 기록한 다섯 개 긴 말씀 강화(講話) 중 첫 번째 강화인 산상설교(5-7장)의 첫 스무 절, 곧 '복 선언'(Makarismen) 단락(5:1-12)과 '직설법으로 서술된 구원진술' 단락(5:13-16), 그리고 '산상설교의 주제' 단락(5:17-20)에서 당시 마태 공동체가 걸어가야 할 새로운 방향을 잡는 데 도움을 주고자 한 '방향 설정 도움'은 무엇이며, 그것을 오늘날의 그리스도인에게 어떻게 옮길 수 있는가?

산상설교의 첫 스무 절 본문을 석의하며 이러한 질문들에 답하기 위해 먼저 본문을 우리말로 옮기고(II), 그것이 마태복음의 전체 본문과 전후 단락에서 차지하는 자리를 매겨보고(III), 그 짜임새를 살펴본 후(IV), 각 절을 풀이한 다음(V), 본문을 현실로 옮길 수 있는 신학적인 메시지(VI)를 찾고자 한다.

II. 본문 옮기기

[1]그리고 예수께서 무리를 보시고 산에 올라가 앉으셨을 때 그의 제자들이 그에게 나아왔다.

[2]그리고 입을 열어 가르쳐 말씀하시기를

[3]복이 있도다! 심령에 있어 가난한 사람들은. 이는 천국이 그들의 것이기 때문이다.

[4]복이 있도다! 애통하는 사람들은. 이는 그들이 위로를 받을 것이기 때문이다.

[5]복이 있도다! 온유한 사람들은. 이는 그들이 땅을 상속받을 것이기 때문이다.

[6]복이 있도다! 의에 주리고 목마른 사람들은. 이는 그들이 배부를 것이기 때문이다.

⁷복이 있도다! 긍휼을 베푸는 사람들은. 이는 그들이 긍휼히 여김을 받을 것이기 때문이다.

⁸복이 있도다! 마음에 있어 깨끗한 사람들은. 이는 그들이 하나님을 볼 것이기 때문이다.

⁹복이 있도다! 화평하게 하는 사람들은. 이는 그들이 하나님의 자녀로 불릴 것이기 때문이다.

¹⁰복이 있도다! 의를 위해 박해를 받은 사람들은. 이는 천국이 그들의 것이기 때문이다.

¹¹사람들이 나 때문에 너희를 욕하고 박해하고 거짓말로 너희를 거슬러 모든 악한 것을 말할 때 너희가 복이 있도다!

¹²기뻐하고 즐거워하라. 이는 하늘에서 너희의 상이 크기 때문이다. 사람들이 너희 전에 있던 선지자들을 이같이 박해하였다.

¹³너희가 바로 땅의 소금이니, 만일 소금이 맛을 잃으면 무엇으로 짜게 될 것이냐? 아무 것에도 더 이상 쓸모가 없나니 다만 밖에 버려져 사람들에 의해 밟힐 뿐이다.

¹⁴너희가 바로 세상의 빛이라. 산 위에 있는 동네가 감추어질 수 없을 것이요,

¹⁵사람이 등불을 켜서 됫박 아래 두지 않고 등경 위에 두어, 집 안에 있는 모든 사람에게 비친다.

¹⁶이같이 너희의 빛을 사람 앞에 비치게 하여 그들이 너희 착한 행실을 보고 하늘에 계신 너희 아버지께 영광을 돌리게 하라.

¹⁷내가 율법이나 선지자들을 폐하러 온 줄로 생각하지 말라. 내가 폐하러 온 것이 아니라 완전하게 하려고 왔다.

¹⁸이는, 진실로 내가 너희에게 이르니, 천지가 없어지기까지 모든 것이 일어나기 전에는 율법의 일점일획도 결코 없어지지 않을 것임을 인함이다.

¹⁹그러므로 이 계명들 중 지극히 작은 것 하나라도 버리고 또 이같이 사람들을 가르치는 자는 천국에서 지극히 작다 일컬음을 받을 것이요, 누구든지 [이를] 행하며 가르치는 자는 천국에서 크다 일컬음을 받을 것이다.

²⁰왜냐하면 내가 너희에게 이르는바 너희 의가 서기관들과 바리새인
들보다 더 낫지 못하면 결코 천국에 들어가지 못할 것이다.

III. 본문의 자리 매김

본문은 마태복음 안에 있는 다섯 개의 긴 말씀 '강화 묶음'(Rede-block)인 산상설교(5-7장), 제자 파송 설교(10장), 천국 비유 설교(13장), 공동체 규정 설교(18장), 바리새인에 대한 화(禍) 말씀 및 종말설교(23-25장) 중 첫 번째 '강화 묶음'인 산상설교의 서론 단락으로 마태복음 전체 강화의 관점과 방향을 설정하는 표제(標題) 단락의 성격을 띠고 있다.

그것은 산상설교의 첫 말씀 단락인 '복 선언'(Makarismen)에서 전체 마태복음이 흘러가는 방향을 주도하는 '의'(δικαιοσύνη) 개념(마 3:15; 5:6, 10, 20; 6:1, 33; 21:32 참조)의 기초와 기본 성격이 드러나기 때문이다. 곧 이 단락에서 '인간의 의'에 선행(先行)하는 '하나님의 의'(마 6:33 참조)와 그러한 신적(神的) 토대 위에서 요구되는 '인간의 의'가 하나로 통합되어 있다. 마태에 의하면 예수님께서 걸어가신 길은 다름 아닌 '의의 길'[1]이다. 예수님께서 세례 요한으로부터 세례를 받으신 것은 "모든 의를 이루기"(마 3:15) 위한 것이었음이며, 가르치시고 요구하신 것은 "서기관과 바리새인보다 더 나은 의"(마 5:20)였다. 그것은 사람에게 보이기 위해 행하는 의가 아니라(마 6:1), 하나님의 아들 예수님께서 행하신 하나님의 의이며, 하나님의 나라와 함께 그를 따르는 제자들에게 요구되는 하나님의 의이다(마 6:33). 그리고

---

1) Georg Strecker, *Der Weg der Gerechtigkeit*, FRLANT 82(Göttingen: V. & R., 1962).

그 의는 서기관과 바리새인에게만 해당하는 의가 아니라 세리와 창기들에게도 유효한 의다(마 21:32).

마태복음의 종결 단락(28:16-20)이 전체 마태복음을 올바르게 이해하게 하는 '신학적·해석학적인 열쇠'[2]라는 관점에서 산상설교의 첫 번째 단락을 보면, 부활하신 예수님께서 제자들에게 선교 명령을 하신 '산'(ὄρος, 마 28:16)은 산상설교의 배경이 되는 '산'(마 5:1)과 종말론적인 연속선상에 있으며, 또한 산상설교의 가르침에서 드러난 '권세'(ἐξουσία, 마 7:29)는 예수님의 부활 이후 공동체에게 주어지는 '권세'(마 28:18)이다. 다시 말하면, 마태의 경우 이 땅에서 활동하셨던 예수님은 부활하여 하늘에 올라가 계신 분이시며, 동시에 세상 끝날까지 그를 믿는 자들과 함께 하시는 그리스도이시다(마 28:20).

이런 맥락에서 산상설교의 구성을 살펴보면, 그것은 다음과 같이 분류될 수 있다.

제1부 : 서두
    5:1-2   산상설교의 배경
제2부 : 몸체
    5:3-16   인간의 의를 앞서는 하나님의 의
     5:3-12   복 선언: 의를 구하는 자, 의를 위해 사는 자
     5:13-16   '빛'과 '소금'의 말씀으로 표현된 구원의 '직설법'과 '명령법' 관계
    5:17-20   산상설교의 주제: 서기관과 바리새인보다 '나은 의'
    5:21-48   '나은 의'에 대한 반제(反題)적 해설
    6:1-7:11   신앙 생활에서 '나은 의': 제의적·윤리적 삶의 영역에서

---

2) Günther Bornkamm, "Der Auferstandene und der Irdische. Mt 28:16-20", in: *Zeit und Geschichte*, ed. by Erich Dinker(Tübingen: Mohr, 1964), 171-91 참조.

	'나은 의'의 실천
6:1-4	더 나은 구제
6:5-8	더 나은 기도
6:9-15	예수님께서 가르쳐 주신 주기도
6:16-18	더 나은 금식
6:19-24	주기도의 제1, 제2, 제3간구 해설
6:25-34	주기도의 제4간구 해설
7:1-5	주기도의 제5간구 해설
7:6	주기도의 제6간구 해설
7:7-11	기도하라는 가르침
7:12	'나은 의' 요약: '황금률'
7:13-27	'나은 의' 선택을 위한 결단 촉구: '두 가지 길' 사상

제3부 : 결미

| 7:28-29 | 권세 있는 가르침 |

구조에서 보는 것처럼 산상설교의 중심에 '주기도'(마 6:9-13)가 있으며,3) 그것도 '주기도'의 세 번째 간구("당신의 뜻이 하늘에서처럼 땅에서도 이루어지소서", 마 6:10)가 자리잡고 있는 것은 결코 우연이 아니다.4) 왜냐하면 '하나님의 의'(δικαιοσύνη θεοῦ)라는 기본 토대 위에 요구된 서기관과 바리새인보다 나은 의는 땅에서도 이루어져야 할 '하나님의 뜻'(τὸ θέλημα θεοῦ)이기 때문이다.

본문의 자리 매김과 관련하여 요약적으로 말하면, '복 선언' 단락

---

3) 루츠는 '주기도문'을 산상설교의 중심으로 본다. Urich Luz, *Das Evangelium nach Matthäus* [Mt 1-7], EKK I/1(Neukirchen-Vluyn: Neukirchener Verlag, ²1989), 186 참조.

4) Rudolf Schnackenburg, *Das Matthäusevangelium 1:1-16:20*, NEB. NT I/1(Würzburg: Echter Verlag, ²1991), 45; U. Luz, *Matthäusevangelium I*, 186 참조.

(마 5:3-12)은 마태복음의 다섯 개 강화 묶음 중 첫 번째 '강화 묶음'인 산상설교에 속해 있으며, 그것도 산상설교의 서두에 위치해 있는 '권세 있는 가르침'(마 7:28-29 참조)의 '개회사(開會辭)'와 같은 표제 단락이다.

'복 선언' 단락을 뒤잇는 '빛과 소금 말씀' 단락(마 5:13-16)은 제자들에게 '의의 길'을 걸어가도록 요구하기 전 구원의 '직설법'과 '명령법'의 관계를 보여 준다. 즉 예수님을 믿고 따르는 자는 하나님의 의에 의해 의롭다 여김을 받은 복 있는 자가 되며(직설법), 의롭다 여김 받은 자에게 하나님의 의에 뿌리 내린 믿는 자의 의가 요구된다(명령법). 그러니까 사람은 자신의 의로 '소금'과 '빛'이 되는 것이 아니라, 예수님을 믿고 따르므로 은혜로 이미 '빛'과 '소금'이 되었다(직설법). 그러므로 그리스도의 제자에게 요구되는 것은 '빛'으로서 있어야 할 자리에 있는 것이며, '소금'으로서 내야 할 맛을 내는 그리스도인 다움이다. 예수 그리스도를 따르는 제자들이 추구해야 하는 의는 자신의 의를 보이려 하는 '인간의 의'가 아니라 '하나님의 의'에 기초를 둔 '서기관과 바리새인보다 나은 의'이다. 이것이 바로 산상설교의 주제이며, 마태복음에서 제자들에게 요구되는 제자도의 중심 개념이다. 그러므로 인간의 의와 하나님의 의의 관계를 밝혀 주는 '빛과 소금 말씀' 단락 다음에 논리적으로 자명하게 산상설교의 주제 단락인 '서기관과 바리새인보다 나은 의' 단락(마 5:17-20)이 뒤따른다.

그 이후 단락은 바로 이 '보다 나은 의'에 대한, 반제(反題)적으로 표현된 교훈적 해설(마 5:21-48)과 실천적 해설(마 6:1-7:11)이다. 그리고 '보다 나은 의'란 "무엇이든지 남에게 대접을 받고자 하는 대로 너희도 남을 대접하라"(마 7:12)는 '황금률'로 구체화되며, '하나님 사랑'과 '이웃 사랑'의 두 가지 계명인 '사랑의 이중 계명'(마 22:34-40)으로 요약된다. 예수님께서 제자들에게 요구하시는 의는 바로 자신을 통해 나타나고 실행된 '하나님의 의'에 근거를 두고 있는, 외식하는 '서기관과 바리새인의 의보다 나은 믿는 자의 의'이다. 산상설교의 첫 스무 절은 하나님의 의가 인간의 의를 앞서며, 하나님의 은혜가 인간의 공로 앞에 있으며, 믿음이 행함의 근거요 구원을 약속하는 '직설법'이 '명령법'을 선행한다는 확고하며 분명한 증거이다. 즉 산상설교에서는 인본주의적인 의가 아니라 신본주의적인 의가 다루어진다.

IV. 본문의 짜임새

본문의 구성은 다음과 같다.

1. 1-2절 : 산상설교의 배경
2. 3-12절 : 복 선언(예수님을 따르는 사람이 복이 있는 사람이다.)
3. 13-16절 : 복 있는 사람에게 요구되는 기본적인 삶의 자세
4. 17-20절 : 산상설교의 전체 주제(서기관과 바리새인보다 더 나은 의)

산상설교의 배경 묘사(1-2절)를 뒤따르는 3-12절의 '복 선언' 단락5)은 산상설교의 표제 단락으로서 세심하게 구성되어 있다. 공관복음 대조서6)를 통해서 살펴보면, 마태의 '복 선언'은 소위 '예수 어록(Q)' 자료에서 유래된 누가의 복 선언인, '가난한 사람'(눅 6:20과 마 5:3), '주린 사람'(눅 6:21과 마 5:6), '우는 사람'(눅 6:21과 마 5:4)에 대한 짧은, 세 가지 '복 선언' 절과 이보다 조금 긴, '인자 때문에 미움

---

5) '복 선언' 단락 연구에 대하여는 필자의 졸고, "복 있는 사람들(마 5:1-12)", 『교회와 신학』 제35호(1998 겨울호): 155-67(본서의 「부록1」)을 참조하라.
6) 공관복음 대조서로는 성종현, 『공관복음서 대조연구』(서울: 장로회신학대학교 출판부, 1992)를 참조하라.

받거나 박해받은 사람'에 대한 '복 선언' 절(눅 6:22-23과 마 5:11-12) 보다 더 많은 확대된 '복 선언' 절을 가지고 있다. 누가의 '평지 설교' (눅 6:20-49)에서는 발견되지 않는 마태 판(板) '복 선언' 절을 통째로 복음서 저자 마태에 의해 구성된 본문으로 볼 수는 없다. 왜냐하면 그 것은 '마태만이 전해 받은 예수님의 어록 전승'에서 유래된 것으로 볼 수 있기 때문이다. 어떤 학자는 '의를 위하여 박해를 받은 사람'에 대한 복 선언(마 5:10)을 이 구절을 뒤따르는 11-12절에서 유래되어 나온 편집절로 보기도 한다. 또 시편 36편 11절(LXX, 히브리 성경에서는 37:11)에서 유래된 것으로 생각되는 '온유한 사람'에 대한 복 선언 (5절)은 마태복음에 나타나는 특징적 표현이다(마 11:29; 21:5 참조). 그리고 '긍휼을 베푸는 사람'(7절), '마음이 깨끗한 사람'(8절), '화평하게 하는 사람'(9절)에 대한 '복 선언'은 아마도 복음서 저자 가운데 마태만이 간직한 전승 자료에서 유래되었을 것으로 여겨진다.[7]

마태 판(版) 복 선언의 구성을 살펴보면, 그것은 크게 셋으로 구분된다. 첫째 부분(3-6절)에서는 자신의 부족함에 대하여 도움을 갈망하는 사람에게 복이 선언되며, 둘째 부분(7-10절)에서는 예수님께서 긍정적으로 평가하는 자세나 태도를 가진 사람에게 복이 선언된다. 앞의 두 부분(3-10절)이 3인칭인 '진술형'으로 서술된 반면, 셋째 부분(11-12절)은 2인칭인 '대화형'으로 기술되었는데, 이로써 일반적인 가르침(3인칭)이 더 구체적이고 특수한 상황(2인칭)과 관련된다. 그러므로 11-12절에서는 예수님께서 기쁘게 여기신 그리스도인에 대한 박해 감내의 말씀을 마태의 교회 상황에 적용하는 것이 문제가 된다.

마태 판 '복 선언'(Makarismen)에서 모두 9개의 복 선언인 "복 있

---

7) *Theologisches Realenzyklopädie* V(1980), s. v. "Art. Bergpredigt I. Im Neuen Testament", by Gerhard Barth, 605.

도다"(μακάριοι)가 각 복 선언문의 서두에 위치해 있는데, 11-12절에 언급된 아홉 번째 복 선언이 10절의 여덟 번째 복 선언과 같은 '의를 위해 받는 박해'라는 주제를 다루기 때문에 10-12절을 하나의 복 선언으로 보아 흔히 이 복 선언 단락을 '팔복' 단락으로 부르기도 한다. 3-12절 단락 구성의 특징을 좀더 세밀하게 살펴보면, 첫 번째 복 선언(3절)과 마지막 여덟 번째 복 선언(10절)에서 동일한 천국이 약속되는데, 이로써 첫째 부분인 3-6절 단락과 둘째 부분인 7-10절 단락이 하나로 결합된다. 또 첫째 부분과 둘째 부분은 각각 마지막 복 선언인 네 번째 복 선언에서 마태 신학의 중심 개념인 '의'(δικαιοσύνη)를 다루고 있다. 그리고 셋째 부분은 둘째 부분의 마지막 복 선언(10절)과 연결되어 있다. 이 때 11-12절은 누가 판(版) 복 선언(눅 6:22-23)의 평행절이고 2인칭으로 기술되어 있어, 3인칭으로 표현된 10절과 비교해 볼 때 더 사실적으로 또 본래적으로 여겨지기도 한다. 이로 보건대 10절은 마태 공동체의 박해 상황을 엿볼 수 있게 한다.

'복 선언' 단락을 이어 두 번째 단락인 13-16절에서 복 있는 사람에게 요구되는 기본적인 삶의 자세가 다루어신다. 먼저 복 있는 사람은 '땅의 소금'(13절상)이며, '세상의 빛'(14절)이라는 '구원의 직설법(서술형)'이 언급된다. 이것은 단순한 하나님의 선행(先行)적인 구원의 은혜를 나타낼 뿐 아니라 '소금'이 '소금'으로서 '맛'을 내고, '빛'이 '빛'으로서 빛을 발하는 '구원의 명령법(요구형)'과 관련되어 있다. 이로써 앞서 '복 선언' 단락에서 찾아볼 수 있는 것처럼 '구원의 직설법'(Heilsindikativ)과 '구원의 명령법'(Heilsimperativ)의 통합적인 관계가 설정된다.

본문의 첫째 단락인 '복 선언' 단락(3-12절)은 하나님의 은혜에 의한 구원을 의미하는 '구원의 직설법'을 다루고, 다음 단락인 '소금과 빛' 단락(13-16절)은 '구원의 직설법'과 천국 시민으로서 복 받은 자에게 요구되는 행동과 삶을 의미하는 '구원의 명령법'의 관계를 취급한다. 그런 다음 이제 이를 뒤잇는 산상설교의 주제 단락은 서기관과 바리새인보다 더 나은 의를 행하는 삶의 요구인 '구원의 명령법'을 다룬다(17-20절).

V. 본문 풀이

1. 산상설교의 배경(1-2절)

산상설교의 배경을 묘사하는 이 단락에서 문제가 되는 것은 산상설교를 듣는 '제자'들의 범위, 곧 산상설교의 '청중'이다. 이에 대한 지금까지의 연구 입장은 산상설교의 청중을 열두 제자로 국한시키는 입장[8]과 확대된 '제자' 이해로부터 열두 제자와 그 밖의 '열린' 무리로 보는 입장[9]으로 대별된다. 산상설교를 한정된 폐쇄적인 제자단에게 국한된 좁은 '제자론'으로 볼 수는 없다. 왜냐하면 갈릴리와 데가볼리와 예루살렘과 유대와 요단강 건너편에서 온 (예수님을 좇은) '허

---

8) 이런 입장으로는 칼 본호이저(Karl Bonhäuser, *Die Bergpredigt - Versuch einer zeitgenössischen Auslegung*, Gütersloh: Bertelsmann, 1927), 요아킴 예레미아스(Joachim Jeremias, *Die Bergpredigt*, Stuttgart: Calwer, 1959 = 박상래 역, 『산상설교』, 왜관: 분도출판사, 1973), 그리고 율리우스 슈니빈트(Julius Schniewind, *Das Evangelium nach Matthäus*, Göttingen: V. & R., ^{13}1984, 37-106)를 참조하라.
9) 이런 입장을 주장하는 학자로는 게르하르트 킷텔(Gerhard Kittel, "Die Bergpredigt und die Ethik des Judentums", *ZSTh* 2[1955]: 555-94), 아돌프 슐라터(A. Schlatter, *Das Evangelium nach Matthäus*, 김희보 역, 『마태복음 강해』[서울: 종로서적, 1994], 51-131), 게오르그 아이히홀츠(Georg Eichholz, *Auslegung der Bergperdigt*, BSt 46, Neukirchen-Vluyn: Neukirchener Verlag, ^{2}1970), 게오르그 슈트레커(Georg Strecker, *Die Bergpredigt*, Göttingen: V. & R., ^{2}1985) 등을 들 수 있다.

다한 무리'(ὄχλοι πολλοί)(마 4:25)가 제자들과 함께 예수님께 나아와서(마 5:1) 산상설교를 들었던 군중들이었으며(마 7:28), 마태복음에 기록된 산상설교의 독자 혹은 청중은 마태 당시 교회이지 열두 제자들이 아니었기 때문이다.10) 마태의 신학에서 볼 때 제자단은 닫혀 있는 폐쇄적인 권역이 아니라 모든 민족 가운데서 제자로 부름 받은 교회이다(마 28:19).

[1-2절] ¹그리고 예수께서 무리를 보시고 산에 올라가 앉으셨을 때 그의 제자들이 그에게 나아왔다. ²그리고 입을 열어 가르쳐 말씀하시기를 (ἰδὼν δὲ τοὺς ὄχλους ἀνέβη εἰς τὸ ὄρος, καὶ καθίσαντος αὐτοῦ προσῆλθαν αὐτῷ οἱ μαθηταὶ αὐτοῦ· καὶ ἀνοίξας τὸ στόμα αὐτοῦ ἐδίδασκεν αὐτοὺς λέγων·)

이 구절은 산상설교의 장소와 청중을 알려 주는 배경을 제공함으로써 예수님께서 말씀하신 설교의 성격과 청중의 반응을 보여 주는 7장 28-29절과 함께 산상설교를 구성하는 틀의 기능을 하고 있다. 마태의 경우 설교의 배경 장소가 되는 '산'(ὄρος)이 강조되어 있다. 누가의 경우 '산'은 기도하는 곳이나(눅 6:12; 9:28-29; 22:39), 마태의 경우 '산'은 특별한 신적 계시 장소이다(마 4:8-10; 5:1-2; 8:1; 15:29; 28:17). 그러나 산상설교의 무대가 되는 이 산을 지리적으로 더 자세하게 밝힐 수 없다. 이 절을 부활하신 예수님께서 제자들에게 나타나

---

10) 루츠는 산상설교의 청중이 예수님 주변에 있었던 제자들뿐 아니라 약간 거리를 두고 있었던 무리들이었다는 사실과 예수님께서 제자들에게 분부한 것을 이방인에게 선포해야 한다는 것(28:19)을 들어서 산상설교가 단순히 그리스도인에게만 적용되는 기독교 공동체를 위한 윤리일 뿐 아니라 세상을 위한 새로운 윤리라는 것에 동조한다. Ulrich Luz, *Die Jesusgeschichte des Matthäus*, 박정수 역, 『마태 공동체의 예수 이야기』(서울: 대한기독교서회, 2002), 62-65 참조.

마지막으로 당부하시는 갈릴리의 한 산이 언급되는 28장 16절과 함께 고려해 본다면, 이 산은 하늘에 올라가 계신 분과 동일한 분이신 이 땅에서 활동하신 예수님께서 권세 있게 가르친 종말론적인 산이다.

그리고 산상설교의 청중이 되는 '제자들'(οἱ μαθηταί)은 앞서 살펴본 대로 더 이상 열두 제자에 국한될 수 없다. 왜냐하면 1절에서 예수님께서 '무리'(ὄχλοι)를 보시고 산에 올라가셨고, 산상설교를 듣고 예수님의 가르치심에 놀란 사람들 중에는 제자들뿐만 아니라 무리들도 포함되어 있었기 때문이다(7:28).

2. 복 선언(3-12절)

예수님께서 산에 올라 하신 설교의 첫 단락은 '복 선언'이다. 이 '복 선언'은 흔히 천국 시민이 되기 위한 '회개 설교'로 이해되기도 하고,[11] 때로는 천국에 들어가기 위한 '입장 허가 조건'[12] 또는 '종말론적인 덕훈표(德訓表)'로 이해되는가 하면, '약속에 대한 위로적 기억'[13]으로도 생각된다. 이 가운데 산상설교의 '복 선언'을 순수한 '덕(德) 목록'으로 보는 견해는 적절하지 않다. 왜냐하면 5장 3절에 언급된 가난한 자는 물질적인 의미의 가난한 자가 아니라 하나님 앞에서 구걸하는 자로서 전적으로 하나님을 의지하는, 심령이 가난한 자이기

---

11) 슐츠는 산상설교를 죄인의 죄를 드러내는 '거울'로 본다. 그에 의하면 산상설교는 철저히 행함을 요구할 뿐 아니라 회개할 것을 권하며 믿음을 호소한다. Siegfried Schulz, *Neutestamentliche Ethik*(Zürich: Theologischer Verlag, 1987), 457-63 참조.
12) Hans Windisch, *Der Sinn der Bergpredigt*, UNT 16(Leipzig: Hinrichs'sche Buchhandlung, 1929), 9.
13) Christoph Burchard, "Versuch, das Thema der Bergpredigt zu finden", in: *Jesus Christus in Historie und Theologie*, ed. by G. Strecker(Tübingen: Mohr, 1975), 418.

때문이다.14) 이러한 복 선언의 기본 입장을 이해하려면 본문에 대하여 다음과 같은 자세한 석의가 요구된다.

[3절] 복이 있도다! 심령에 있어 가난한 사람들은. 이는 천국이 그들의 것이기 때문이다. (Μακάριοι οἱ πτωχοὶ τῷ πνεύματι, ὅτι αὐτῶν ἐστιν ἡ βασιλεία τῶν οὐρανῶν.)

가난한 사람들에게 천국이 선물로 주어진다. 이 구절은 '복 선언' 단락뿐 아니라 전체 산상설교의 표제절이다. 여기서 하나님 나라를 가지고 오는 지상의 예수 권세, 사람들을 복음으로 부르는 그의 초대, 그리고 자신의 공동체 앞에서 신앙의 결단을 요구하는 마태의 호소를 엿볼 수 있다. 산상설교는 '천국'(ἡ βασιλεία τῶν οὐρανῶν)에 대한 언급과 함께 시작된다(5:3, 10). 그러니까 산상설교는 천국 복음을 전제하고 있는 것이 아니라 바로 천국 복음이다.15) 천국은 심령이 가난한 사람에게 주어진다. 이는 노력하는 자가 획득하는 것이 아니라 하나님에 의해 주어지는 것이다.

"심령에 있어서 가난한 사람들"(οἱ πτωχοὶ τῷ πνεύματι)이 누구인가? 누가의 경우 '관점의 속격' 표현인 "심령에 있어서"(τῷ πνεύματι)가 없다. 여기에 복음서 저자 마태의 의도가 반영되어 있다. 여기서 '심령'(πνεῦμα)은 성령이 아니라 인간론적으로 이해되어야 하며, 그것도 전인(全人)을 의미하는 것으로 이해되어야 한다.16) 그러니까 여기

---

14) Wolfgang Schrage, *Ethik des Neuen Testaments*, GNT 4(Göttingen: V. & R., ²1989), 155.
15) U. Luz, *Matthäusevangelium* I, 183.
16) 신약성경에서 πνεῦμα는 총 379번 나타나는데, 단지 세 번만 이 단어의 원래 의미인 '바람' 또는 '기운'으로 사용되었고, 47번은 인간에 대하여, 곧 '심령'의 의미로 사용되며, 대부분(약 275번)은 하나님의 영으로 사용되었다. 가끔 이 용어가 악한 영(38번)이나 천사의 의미로 사용되기도 하였다(9번).

서는 전체 인간의 낮아짐이 문제가 된다. 곧 심령이 가난한 자는 하나님 앞에서 실존적으로 구걸하는 자, 전적으로 하나님을 의지하는 자이다. 그는 '부자와 나사로' 비유(눅 16:19-31)에 등장하는 거지 나사로와 같다. 그래서 루터(M. Luther)는 이 비유에 대한 설교에서 "천사들은 나사로가 되지 않는 누구라도 천국으로 인도하지 않을 것이다."(Neminem angeli ducent ad celos nisi sit Lazarus)라고 말하였다.17) 예수님 안에 구원의 약속이 있다. 그분 안에 구원으로 부르시는 하나님의 초대가 들어 있다. 하늘나라로 들어가기 위한 유일한 조건은 하나님을 전적으로 의지하는 것 외에 다른 '조건 없음'이다.

[4절] 복이 있도다! 애통하는 사람들은. 이는 그들이 위로를 받을 것이기 때문이다. (μακάριοι οἱ πενθοῦντες, ὅτι αὐτοὶ παρακληθήσονται.)

"애통하는 사람들"(οἱ πενθοῦντες)은 위로를 받을 것이다. 이사야 61장 1-2절에 의하면 모든 애통하는 자가 위로 받을 것이다. 예수님의 구원 시대에 구약의 약속이 이루어졌다. 여기서 "위로 받을 것이다"(παρακληθήσονται)라는 동사는 문법적으로 미래 수동태이다. 그리고 이 수동태는 행위의 주체, 곧 숨은 주어가 하나님이신 '거룩한 수동태'(passivum divinum)이다. 하나님이 그들을 위로할 것이요, 하나님으로부터만 그들이 위로를 받을 것이다. 예수님의 활동에서 이러한 위로는 모범적으로 행해진다.

[5절] 복이 있도다! 온유한 사람들은. 이는 그들이 땅을 상속받을 것이기 때문이다. (μακάριοι οἱ πραεῖς, ὅτι αὐτοὶ κληρονομήσουσιν τὴν γῆν.)

EWNT III(1983), s. v. "πνεῦμα" by J. Kremer 참조.
17) Martin Luther, *WA* 27, 208.

이 구절은 누가의 '복 선언'에서는 나타나지 않는다. '온유한'(πραΰς)이란 단어는 단지 마태복음에서만 볼 수 있는 마태가 즐겨 사용하는 용어인데(5:5; 11:28; 21:5), '온유한 자'(οἱ πραεῖς)란 '작은 자' 또는 '겸손한 자'를 의미한다.18) 이들에게 땅이 약속되는데, 이는 구약에서처럼 지상적인 의미로 또 종말론적인 의미로 사용되었다. 이 세 번째 복 선언의 미래 동사(내용적으로 신적 수동의 의미)인 "(땅을) 상속받을 것이다"(κληρονομήσουσιν τὴν γῆν)에서 마태는 세상을 창조하시고 자신의 피조물에 대해 신실하신 하나님을 보고 있다.

[6절] 복이 있도다! 의에 주리고 목마른 사람들은. 이는 그들이 배부를 것이기 때문이다. (μακάριοι οἱ πεινῶντες καὶ διψῶντες τὴν δικαιοσύνην, ὅτι αὐτοὶ χορτασθήσονται.)

첫 번째 네 가지 '복 선언' 단락의 마지막에 위치한 "의에 주리고 목마른 사람들"(οἱ πεινῶντες καὶ διψῶντες τὴν δικαιοσύνην)에 대한 복 선언에서 마태의 중심 용어인 '의'가 나타난다. 신약학자 아이히홀츠(G. Eichholz)는 그 의에 대해 이렇게 말한다. 곧 "오고 있는 하나님의 나라란 하나님이 의를 장악하고 있으며, 그분이 의를 만드신다는 뜻이다. 이런 맥락에서 의는 종말론적인 실재, 곧 하나님 나라 도래에 달려 있는 실재이다."19)

다시 말하면 의는 하나님의 종말론적인 선물이다. 의에 주리고 목마른 사람들이 "배부르게 될 것이다"(χορτασθήσονται). 이 복 선언 역시 '거룩한 수동태'로 표현되어 있다. 곧 의는 하나님이 주시는 선물이다. 그러나 그것은 단순한 선물이 아니라 "하나님 앞에서, 그리고

---

18) Georg Eichholz, *Auslegung der Berpredigt*, BSt 46(Neukirchen-Vluyn: Neukirchener Verlag, ²1970), 35-36.
19) G. Eichholz, *Bergpredigt*, 41.

하나님을 위한 행동"20)을 요구한다. 그래서 네 번째 복 선언은 '하나님의 의'가 드러나는 첫째 단락(3-6절)과 그와 관련된 '인간의 의'를 다루는 둘째 단락(7-10절)을 연결하는 경첩 역할을 한다. '하나님의 의'는 예수 그리스도 안에서 사람을 추종으로 부른다. 하나님의 의의 다스림이 모든 인간의 행위 앞에 놓여 있다. 그렇기는 하지만 하나님은 의의 선물을 받은 복 받은 사람들을 추종으로 부르신다. 여기에 마태의 교회관이 어리어 있다.

게다가 첫째 단락은 양식적으로 운율이 살아 있는 시적인 서술이다. 각 절마다 공통적으로 "복이 있다"(μακάριοι οἱ) 다음에 π로 시작되는 π-두운법(頭韻法)을 사용하여 운율에 있어서도 세심하게 고려되어 있다(πτωχοί 3절, πενθοῦντες 4절, πραεῖς 5절, πεινῶντες 6절). 그리고 네 가지로 표현된 이들은 내용적으로는 바로 '하나님을 전적으로 의지하는 사람,' 그리고 '하나님의 의를 기다리는 사람'이다.

[7절] 복이 있도다! 긍휼을 베푸는 사람들은. 이는 그들이 긍휼히 여김을 받을 것이기 때문이다. (μακάριοι οἱ ἐλεήμονες, ὅτι αὐτοὶ ἐλεηθήσονται.)

이제 하나님의 의를 선물로 받은 자에게 그에 부합된 의의 행동이 요구된다. "자비를 베푸는 사람들"(οἱ ἐλεήμονες)에게 다섯 번째 복 이유인 "자비를 받을 것이다"(ἐλεηθήσονται)가 선포된다. 7절부터 취급되는 '인간의 의' 역시 선물로 받은 '하나님의 의'를 토대로 언급되고 있다. 그러므로 인간의 의로운 행위에 대해 복을 선언하시는 분은 여전히 하나님이시요, 그래서 여전히 '거룩한 수동태'로 표현된다.

마태복음 18장 21절 이하 단락에 묘사된 '빚진 자'의 비유에서처럼 자비를 베푸신 하나님은 그 자비를 받은 사람이 자비를 베풀 것을

---

20) *ThWNT* II(1935), s. v. "δικαιοσύνη" by Gottlob Schrenk, 200-01.

기다리신다. 마태의 경우 '자비'는 중요한 의미를 가지고 있다(9:13; 12:7). 하나님은 선하시다. 그리고 선으로만 인간은 하나님에게서 경험했던 선에 일치하는 삶을 살 수 있다. 이런 점에서 구원을 약속하는 직설법(Indikativ)과 그에 합당한 삶을 요구하는 명령법(Imperativ)은 밀접하게 관련되어 있다.

[8절] 복이 있도다! 마음에 있어 깨끗한 사람들은. 이는 그들이 하나님을 볼 것이기 때문이다. (μακάριοι οἱ καθαροὶ τῇ καρδίᾳ, ὅτι αὐτοὶ τὸν θεὸν ὄψονται.)

여섯 번째 '복 선언'은 "마음에 있어서 깨끗한 사람들"(οἱ καθαροὶ τῇ καρδίᾳ)에게 선포된다. "마음에 있어서"는 문법적으로 볼 때 '관점의 속격'이나 내용적으로는 "마음이"를 나타낸다. 왜냐하면 여기서 '마음'(καρδία)이란 인간 내면의 어떤 자리를 나타내는 것이 아니라 3절에서 사용된 '심령'(πνεῦμα)과 마찬가지로 전인(全人)을 의미하기 때문이다. 이 두 단어는 히브리어에서는 동일한 단어 렙(לֵב)에 해당하는데, 생각하고 결정하는 인간을 말한다.[21] 그러니까 가장(假裝)하고 연극하는 위선자(ὑποκριτής)가 아니라(6:1 참조) 인간 실존의 감추어진 내면에 이르기까지 투명하며 열려 있는 "깨끗한 사람"이 하나님을 볼 것이다. "하나님을 볼 것이다"(ὄψονται)란 인간이 얼굴과 얼굴로 하나님을 보도록 허락받은 종말론적인 하나님의 선물이며 하나님 나라의 약속이다.

[9절] 복이 있도다! 화평하게 하는 사람들은. 이는 그들이 하나님의 자녀로

---

21) Werner Schmidt, "Anthropologische Begriffe im Alten Testament", *EvTh* 24 (1964): 374-88, 인용 387.

불릴 것이기 때문이다. (μακάριοι οἱ εἰρηνοποιοί, ὅτι αὐτοὶ υἱοὶ θεοῦ κληθήσονται.)

일곱 번째 '복 선언'인 "하나님의 자녀 됨"은 "화평하게 하는 사람들"(οἱ εἰρηνοποιοί)에게 주어진다. 신약성경과 헬라어 구약성경(70인 역)에서 단 한 번 나타나는 단어(Hapaxlegomenon)인 '화평하게 하는 사람들'(εἰρηνοποιοί)은 단순히 화평한 상태에 있는 자나 화평을 이룰 준비가 되어 있는 자가 아니라 '평화를 세우는 자'이며, '평화를 가지고 오는 사람'이다. 이는 '복 선언' 단락에서 볼 때 가장 실천적인 과제와 관련되어 있으며, 산상설교에 언급된 사랑 계명(5:38-48; 7:12)에 가장 잘 준비되어 있을 뿐 아니라 이를 실천하는 사람이다. 바로 그들이 "하나님의 아들들"(υἱοὶ θεοῦ)이라 "불릴 것이다"(κληθήσονται).

'아버지와 아들(υἱός)'의 관계는 마태복음 이외에 다른 복음서에서도 나타난다. 하지만 '아버지와 아들들(υἱοί)'의 관계는 마태복음의 평행절을 제외하고는 단지 마태복음에서만 발견되는데, 이 절과 5장 45절에서만 아버지와 아들들이 나란히 언급된다. 분명히 마태의 경우 부자(父子) 관계가 강조되어 있다(1:21; 14:30; 16:16). 여기서부터 '아버지와 아들들'의 관계가 도출될 수 있다. 화평하게 하며 선행(善行)으로 이웃 사랑을 실천한다면, 그 사람은 하나님의 자녀로 일컬음을 받을 수 있다. 이 본문의 배후에 서 있는 유대인과 이방인으로 구성된 마태의 교회는 "누가 참 하나님의 자녀인가?"라는 물음에 대한 대답을 이 '복 선언'에서 듣고 있다.

[10-12절] [10]복이 있도다! 의를 위해 박해를 받은 사람들은. 이는 천국이 그들의 것이기 때문이다. [11]사람들이 나 때문에 너희를 욕하고 박해하고 거짓말로 너희를 거슬러 모든 악한 것을 말할 때 너희가 복이 있도다. [12]기뻐하고 즐거워하라. 이는 하늘에서 너희의 상이 크기 때문이다. 사람들이 너희 전에

있던 선지자들을 이같이 박해하였다.(¹⁰μακάριοι οἱ δεδιωγμένοι ἕνεκεν δικαιοσύνης, ὅτι αὐτῶν ἐστιν ἡ βασιλεία τῶν οὐρανῶν. ¹¹μακάριοί ἐστε ὅταν ὀνειδίσωσιν ὑμᾶς καὶ διώξωσιν καὶ εἴπωσιν πᾶν πονηρὸν καθ᾽ ὑμῶν [ψευδόμενοι] ἕνεκεν ἐμοῦ. ¹²χαίρετε καὶ ἀγαλλιᾶσθε, ὅτι ὁ μισθὸς ὑμῶν πολὺς ἐν τοῖς οὐρανοῖς· οὕτως γὰρ ἐδίωξαν τοὺς προφήτας τοὺς πρὸ ὑμῶν.)

여덟 번째이자 마지막 '복 선언'을 다루는 석 절은 내용적으로 한 주제를 다룬다. 여기서 박해의 상황이 고려되는데, 박해는 제자들이 겪는 정상적인 운명이다(10:16-23 참조). "의를 위하여 박해를 받은 사람들"(οἱ δεδιωγμένοι ἕνεκεν δικαιοσύνης)은 복이 있다. 왜냐하면 천국이 그들의 것이기 때문이다. 첫째 부분의 마지막 '복 선언'에서 발견되는 의가 둘째 부분의 마지막 '복 선언'에 다시 나타나며, 첫 번째 '복 선언'에서 약속된 '천국'이 '복 선언' 단락을 마감하는 마지막 '복 선언'에 언급된다. 하나님을 전적으로 의지하는 사람들과 박해 가운데서 기다리는 사람들에게 동일한 약속이 주어진다.

12절은 박해받은 사람들에게 주어지는 큰 '(보)상'(μισθός)에 관하여 말한다. 이때 보상에 관한 말씀은 '업적 – 보상의 도식' 안에 있는 사상이나 공로 사상이 아니다. '포도원 일꾼의 품삯' 비유(마 20:1-16)에서처럼 여기서도 어떤 업적에 대한 보상이 아니라 하나님의 선(善)하심을 인식하는 것이 문제이다. 물론 '상'(賞)의 관점이 단순하게 폐지될 수 없다. 그것은 "시민적 규정과 의의 모든 한계를 깨뜨리는, 전적으로 놀라운 일"²²)이다. 그러나 상에 대한 이러한 언급이 인간이 보상을 요구해도 좋다는 말은 아니다. 상은 하나님이 자신의 규정에

---

22) Günther Bornkamm, "Der Lohngedanke im Neuen Testament", in: *Studien zu Antike und Urchristentum*(München: Kaiser, 1963), 82.

의해 지불하실 것이다. 따라서 '상'(賞) 말씀은 인간은 하나님께서 베푸신 선하심에 의해 산다는 것과, 박해받는 제자들이 하나님의 종말론적인 선물을 기다리며 인내할 수 있어야 함을 보여 준다.

3. 복 있는 자에게 요구되는 기본적인 삶의 자세(13-16절)

이 단락에서 두 개의 직설법적 문장이 진술된다. 예수님을 따르는 제자들이 바로 '땅의 소금'(13절)이며, 바로 '세상의 빛'(14절)이다. 그러므로 이제 구원의 '직설법'과 '명령법'의 관계가 다루어진다. 예수님을 믿고 따르는 제자가 천국 시민으로 복이 있는 자요, 바로 이 세상의 '빛과 소금'이다. 그러므로 이에 부합된 행동과 삶을 위해 '직설법'과 '명령법'의 올바른 관계가 정립되어야 한다. 마지막 '복 선언'을 설명하는 11-12절에 사용된 2인칭 복수 문장이 이 단락에서 계속된다. 이로써 예수님의 '소금과 빛' 말씀은 마태의 교회로 직접 중개되며, 그 이후의 독자에게도 적용된다.

[13절] 너희가 바로 땅의 소금이니, 만일 소금이 맛을 잃으면 무엇으로 짜게 될 것이냐? 아무것에도 더 이상 쓸모가 없나니 다만 밖에 버려져 사람들에 의해 밟힐 뿐이다. (ὑμεῖς ἐστε τὸ ἅλας τῆς γῆς· ἐὰν δὲ τὸ ἅλας μωρανθῇ, ἐν τίνι ἁλισθήσεται; εἰς οὐδὲν ἰσχύει ἔτι εἰ μὴ βληθὲν ἔξω καταπατεῖσθαι ὑπὸ τῶν ἀνθρώπων.)

예수님은 제자들에게 "너희가 바로 …이다"(ὑμεῖς ἐστε)라고 '너희'를 강조하여 말한다. 이는 서술형 문장인 "너희가 …이다"(ἐστέ)의 강조체 문장이다.

천국 복음을 전하는 예수님을 믿고 따르는 제자들이 곧 '땅의 소금'(τὸ ἅλας τῆς γῆς)이다(구원의 '직설법'). '땅'(γῆ)은 사람이 사는 세상을 의미한다. "너희가 바로 땅의 소금이다"라는 말씀은 존재가 변화된 그리스도의 제자들을 향한 예수 그리스도의 선포이다. 그러므로 '소금'은 '맛'을 내야 한다. 만일 그 맛을 잃는다면 소금은 소금으로서 존재 가치를 잃어버리고 밖에 버려져 사람들에게 밟힐 뿐이다.

[14절] 너희가 바로 세상의 빛이라. 산 위에 있는 동네가 감추어질 수 없을 것이요. (ὑμεῖς ἐστε τὸ φῶς τοῦ κόσμου. οὐ δύναται πόλις κρυβῆναι ἐπάνω ὄρους κειμένη·)

그리스도의 제자인 '너희'가 바로 '세상의 빛'(τὸ φῶς τοῦ κόυμου)이다. 이것 역시 13절 상반절과 마찬가지로 직설법적인 예수 그리스도의 선포이다. 빛이 비출 수 있는 제 위치에 있다면 산 위에 있는 동네가 감추어질 수 없다.23)

[15-16절] 15사람이 등불을 켜서 됫박 아래 두지 않고 등경 위에 두어, 집 안에 있는 모든 사람에게 비친다. 16이같이 너희의 빛을 사람 앞에 비치게 하여 그들이 너희 착한 행실을 보고 하늘에 계신 너희 아버지께 영광을 돌리게 하라. (15οὐδὲ καίουσιν λύχνον καὶ τιθέασιν αὐτὸν ὑπὸ τὸν μόδιον ἀλλ' ἐπὶ τὴν λυχνίαν, καὶ λάμπει πᾶσιν τοῖς ἐν τῇ οἰκίᾳ. 16οὕτως λαμψάτω τὸ φῶς ὑμῶν ἔμπροσθεν τῶν ἀνθρώπων, ὅπως ἴδωσιν ὑμῶν τὰ καλὰ ἔργα καὶ δοξάσωσιν τὸν πατέρα ὑμῶν τὸν ἐν τοῖς οὐρανοῖς.)

등불을 켜서 '됫박'(μόδιος) 안에 두어서는 빛이 집 안을 비출 수 없다. '등불'(λύχνος)이 '등경'(λυχνία) 위에 있을 때 집 안에 있는 모든 사람에게 비출 수 있다. 이같이 그리스도의 제자는 빛을 사람 앞에 비치게 해야 한다. 13절처럼 이것 역시 그리스도인의 존재 가치에 관

---

23) 이스라엘은 군사적·교통적 이유로 산 위에 도시를 건설하였다. 지금도 이스라엘에는 '산 위에 있는 동네'가 많으며, 건설되거나 건설 중인 유대인 정착촌들도 산 위에 있다.

한 문제로 그리스도인의 세상 안에서의 위치 선정 또는 자리 매김의 문제이다. 여기서 '너희의 빛'(τὸ φῶς ὑμῶν)은 다름 아닌 '너희의 착한 행실'(τὰ καλὰ ἔργα)이다(16절). 마태복음에서는 바로 이 행실이 문제가 된다(7:21-23; 23:3; 25:31-46 등).

4. 산상설교의 전체 주제로서 서기관과 바리새인보다 더 나은 의(17-20절)

산상설교 전체 구도에서 보면 이제 '서론부'(5:1-16)가 끝나고 '몸체 부분'(5:17-7:12)이 시작된다. 이는 먼저 산상설교의 주제 제시 단락(5:17-20)으로써 시작한다. 여기서 산상설교, 아니 마태복음 전체를 주도하는 주제인 제자들이 추구해야 할 '의'(δικαιοσύνη)가 제시된다. 그 의는 한 마디로 '서기관과 바리새인보다 더 나은 의'이다.

[17절] 내가 율법이나 선지자들을 폐하러 온 줄로 생각하지 말라. 내가 폐하러 온 것이 아니라 완전하게 하려고 왔다. (Μὴ νομίσητε ὅτι ἦλθον καταλῦσαι τὸν νόμον ἢ τοὺς προφήτας· οὐκ ἦλθον καταλῦσαι ἀλλὰ πληρῶσαι.)

예수님이 이 땅에 오신 것은 '율법이나 선지자'(τὸν νόμον ἢ τοὺς προφήτας), 곧 구약성경을 '폐하기'(καταλῦσαι)[24] 위해서가 아니라 '완전하게'(πληρῶσαι) 하기 위해 오셨다. 예수님은 율법을 준수하고 할례 등의 제사 의식을 실천함으로써 구원에 이르겠다는 생각을 가진 율법주의자가 아니며, 또한 율법을 부인하고 폐기하는 율법 무용론자도 아니다(7:12 참조). 이것은 구약을 그리스도 중심적으로 이해하고 구약과 예수님의 관계를 '약속과 성취'의 구도로 이해하는 마태의 구

---

24) 이 단어는 축자적으로 '해체하다'는 뜻이다.

속사관에 일치한다(제1강에 언급한 마태의 '구약 성취 인용문' 참조).

[18절] 이는, 진실로 내가 너희에게 이르니, 천지가 없어지기까지 모든 것이 일어나기 전에는 율법의 일점일획도 결코 없어지지 않을 것임을 인함이다. (ἀμὴν γὰρ λέγω ὑμῖν· ἕως ἂν παρέλθῃ ὁ οὐρανὸς καὶ ἡ γῆ, ἰῶτα ἓν ἢ μία κεραία οὐ μὴ παρέλθῃ ἀπὸ τοῦ νόμου, ἕως ἂν πάντα γένηται.)

'일점'(ἰῶτα)은 글자 자모의 가장 작은 철자이며, '일획'(κεραία)은 아마 철자의 징식선으로 생각된다. 이런 비유적인 표현은 세상 끝날까지 율법의 지속적인 효력을 강조하는 말이다. "천지가 없어지기까지"(ἕως ἂν παρέλθῃ ὁ οὐρανός καὶ ἡ γῆ)와 "모든 것이 일어나기 전에는"(ἕως ἂν πάντα γένηται)은 중복적인 표현이다. 이런 표현은 종말 심판 사건과도 관련되어 있다(24:34-35). 또 이러한 표현은 마태복음의 마지막 절 "세상 끝 날까지"(ἕως τῆς συντελείας τοῦ αἰῶνος)를 생각나게 한다(28:20).

[19절] 그러므로 이 계명들 중 지극히 작은 것 하나라도 버리고 또 이같이 사람들을 가르치는 자는 천국에서 지극히 작다 일컬음을 받을 것이요, 누구든지 [이를] 행하며 가르치는 자는 천국에서 크다 일컬음을 받을 것이다. (ὃς ἐὰν οὖν λύσῃ μίαν τῶν ἐντολῶν τούτων τῶν ἐλαχίστων καὶ διδάξῃ οὕτως τοὺς ἀνθρώπους, ἐλάχιστος κληθήσεται ἐν τῇ βασιλείᾳ τῶν οὐρανῶν· ὃς δ' ἂν ποιήσῃ καὶ διδάξῃ, οὗτος μέγας κληθήσεται ἐν τῇ βασιλείᾳ τῶν οὐρανῶν.)

'계명'(ἐντολή)은 '율법'(νόμος)의 구체적인 법규정이다. '지극히 작은 것'(ἐλάχιστος)[25]은 절대 최상급으로 마태복음의 특징어이다(마

---

25) 이 용어는 복음서에서 9번 등장하는데, 마태복음(5번)과 누가복음(4번, 눅 12:26; 16:10; 19:17)에서만 나타난다.

2:6; 5:19; 25:40, 45). 예수님은 계명의 지극히 작은 것 하나라도 소중히 여긴다. 그러므로 예수님은 율법을 어기며 '불법'(ἀνομία)을 행하는 자를 모른다고 하시며(7:23), 마지막 때는 불법이 만연하여 사랑이 식을 것이라고 예언하신다(24:12). 불법을 행하는 이들은 천국에서 쫓겨나는 것이 아니라 작고 낮은 자리에 만족해야 하는데, 그것은 고대 랍비들은 하늘나라에서도 이 땅에서처럼 위계질서가 있다고 생각했기 때문이다.[26]

[20절] 왜냐하면 내가 너희에게 이르는바 너희 의가 서기관들과 바리새인들보다 더 낫지 못하면 결코 천국에 들어가지 못할 것이다. (Λέγω γὰρ ὑμῖν ὅτι ἐὰν μὴ περισσεύσῃ ὑμῶν ἡ δικαιοσύνη πλεῖον τῶν γραμματέων καὶ Φαρισαίων, οὐ μὴ εἰσέλθητε εἰς τὴν βασιλείαν τῶν οὐρανῶν.)

이제 산상설교의 주제절에 이르렀다. 제자들의 의가 서기관들과 바리새인들보다 더 낫지 못하면 결코 천국에 들어가지 못한다.

여기서 문제가 되는 것은 '더'(πλεῖον)에 대한 이해이다. 이는 두 가지 의미를 가지고 있다. 우선 양(量)적인 면인데, 그리스도의 제자들이 행하는 의는 서기관과 바리새인들이 행하는 의보다 양적으로 더 많아야 한다. 왜냐하면 예수님께서 서기관과 바리새인에 대한 일곱 개의 화(禍) 말씀(23장) 가운데 "그들이 말만 하고 행하지 않았다"(23:3-4)고 비판하셨기 때문이다. 그리스도의 제자라면 배운 말씀대로 행해야 한다. 그것이 '더 나은 의'이다. 그뿐만 아니라 그리스도의 제자들은 질적으로도 바리새인이나 서기관을 능가해야 한다. 마태복음에서 예수님께서 지적하신 서기관들과 바리새인들의 행위의 특징은 '외식'

---

26) Georg Strecker, *Die Bergpredigt*, 전경연·강한표 역, 『산상설교』(서울: 대한기독교서회, 1992), 69.

하는 것이다(6:2, 5, 16; 23:5-7). 그에 반해 예수님께서 가르치신 의는 "은밀한 중에"(ἐν τῷ κρυπτῷ) 행하는 것이다(6:4, 6, 18). 바리새인들 (φαρισαῖοι)27)의 의는 세리들과 죄인들을 멀리하는 의이나, 예수님께서 가르쳐 주시는 의는 그들과 함께 식탁 교제를 나누는 의이다(9:9-13). 죄인을 멀리하고 그들과 분리되는 의가 아니라 죄인들을 부르고 그들과 함께 하는, '도와주는 의'28)이다. 이런 말과 행함이 일치된 의, 외식하지 않고 남을 돕고 사랑하는 의가 바로 서기관들과 바리새인들보다 '더 나은 의'이며, 예수께서 가르치시는 '새로운 의'이다.

VI. 본문이 전하는 말씀

'복 선언' 단락(5:3-12)은 단순한 '위로의 말'이 아니며, 하나님 나라 입장을 위한 행동을 요구하는 '덕(德) 목록'도 아니다. 위에서 조사한 바대로 '복 선언'은 종말론적인 하나님의 의 앞에서 '가난한 자'로서 전적으로 하나님을 의지하며 그분을 끝없이 필요로 하는 자에게 주어지는 복음이며, 이러한 하나님의 의를 경험한 자에게 의로운 길을 걸어가신 예수 그리스도를 따라가는 행동과 삶을 요구하는 '제자'로 부르는 말씀이다. 환언하면, '복 선언' 단락에 한편으로는 구원의 '직설법'(믿음으로 주어지는 은혜)이 선포되고, 다른 한편으로는 믿는 자에게 요구되는 구원의 명령법이 통합되어 있다.

---

27) 이 용어는 히브리어 הַפְּרוּשִׁים, 아람어 פְּרִישַׁיָּא에서 유래된 셈어로 '분리된 자', '분리주의자'를 뜻한다. Walter Bauer, *Wörterbuch zum Neuen Testament* (Berlin: WdeG, [6]1988), 1702 참조.

28) Peter Stuhlmacher, "Die neue Gerechtigkeit in der Jesusverkündigung", *Versöhnung, Gesetz und Gerechtigkeit*(Göttingen: V. & R., 1981), 43-65 참조.

'복 선언' 단락을 이은 '소금'과 '빛'이라는 두 '그림말'로 묘사된 단락(5:13-16)에서 직설법과 명령법의 올바른 관계가 설정된다. 곧 이 둘의 관계는 '명령법'이 단순하게 '직설법'에서 유래되는 인과 관계가 아니라 '명령법'이 '직설법'과 서로 교류하는 통합 관계이다. 소금은 소금의 맛을 잃으면 쓸모가 없으며, 빛은 비출 수 있는 위치에 있지 아니하면 빛이 필요한 곳을 비출 수 없다.

이러한 구원의 '직설법'과 '명령법'의 통합적인 관계를 전제로 '복을 받은' 예수 그리스도의 제자들에게 서기관들과 바리새인들보다 더 나은 의가 요구된다. 즉 예수님을 믿고 따름으로써 그리스도의 제자 된 자들에게 행함이 배제되는 것이 아니라, 오히려 자기의 의를 추구하던 서기관들과 바리새인들보다 더 나은 의가 요구된다. 이것이 복음서 저자 마태가 자신의 교회에게 전하고 싶어 했던 바이고, 오늘날의 교회 역시 귀 기울여야 할 말씀이다. 마태의 경우 하늘에 올라가 계신 예수 그리스도께서 이 땅에서 말씀하신 예수님의 산상설교는 마태의 교회에게 '더 나은 의'를 행하는 제자도를 가르쳐 주는 하나님의 소중한 말씀이었다.

5장 1-20절의 본문이 전하는 메시지를 정리해 보면 다음과 같다.

첫째, 산상설교는 하나님의 뜻을 보여주기 위한 계시의 말씀이다.
둘째, 산상설교는 제자들을 가르치기 위한 예수님의 말씀을 근거로 마태가 당시 교회의 공동체를 가르치기 위해 기록한 예수님의 말씀이다.
셋째, 하나님 앞에서 가난한 자로 하나님을 전적으로 의지하여 계시의 말씀, 곧 가르침을 주시는 권세 있는 하나님의 아들이신 예수님을 믿는 사람이 복 있는 사람이다.
넷째, 복 있는 사람은 비록 박해를 받더라도 의로운 길을 걸어가신 예수님을 따라가는 복 있는 삶을 살아야 하며, 그러한 사람이 세상의 소금과 빛이다.

다섯째, 세상의 소금과 빛인 제자는 '소금'으로서 맛을 내야하며, '빛'으로서 등경 위에서 빛을 비치도록 복 받은 사람에 합당한 삶을 살아가는 그리스도의 제자이다.

여섯째, 그리스도의 제자는 예수님께서 그러하셨던 것처럼 율법을 폐하는 것이 아니라 완전하게 행해야 하며, 예수님의 가르침을 따라 바리새인과 서기관보다 더 나은 의를 행해야 한다.

VII. 나가는 말

오늘날의 교회는 소용돌이치는 여러 문제로 사회와 함께 고통당하고 신음하고 있다. 이런 때일수록 그리스도인들은 전적으로 하나님을 의지해야 하지 않는가? 그리고 선물 받은 의 안에서 그 하나님의 의에 응답하는 인간의 의를 요구하시는 부르심에 귀를 기울여야 하지 않는가? 산상설교는 열두 제자에게 국한된 메시지가 아니라 마태가 자신의 공동체에게 들려주어야 했듯이, 그것이 그 이후 예수님을 그리스도로 고백하는 모든 교회, 예수 그리스도를 따르는 모든 그리스도인에게 주어진 설교라는 것을 잊어서는 안 될 것이다.

마태에 의하면 '그리스도인이 되는 것'이란 '그리스도의 제자가 되는 것'이며(28:19), 그리스도인이 추종해야 하는 의는 서기관과 바리새인들보다 더 나은 의이다.

제4장

권세를 행하시는 예수님
(마태복음 8장 5-13절)

I. 들어가는 말

이천 년 전 팔레스타인 지역에서 행하신 예수님의 이적이 오늘날 우리와 관련하여 어떤 의미를 가지고 있는가? 그것은 단순하게 오늘날 불치의 병을 앓고 있는 사람들이 병 고침을 받을 수 있도록 예수 그리스도를 믿고 의지하라는 복음의 말씀인가? 아니면 그 이상의 의미를 가지고 있는가? 복음서 저자 마태는 왜 예수님께서 주옥같은 '산상설교' 말씀을 하시고 바로 이어서 이적을 행하셨다는 것을 자신의 교회에게 들려주고자 하였으며, 나아가 자신이 알지 못하는 독자들에게도 이를 알리고자 하였는가? 마태복음에서 행하신 예수님의 이적은 오늘날의 신앙 공동체와 관련하여 어떤 의미를 가지고 있는가?

이를 마태복음에서 열 개의 이적 기사가 모여 있는 8-9장에 수록된 '하인의 중풍병 치유를 간청하는 백부장' 기사(8:5-13) 본문을 주석함으로써 살펴보고자 한다.

이를 위해 먼저 본문을 우리말로 옮기고(II), 그것이 마태복음의 전후 단락 및 전체 이야기에서 차지하는 자리를 매겨 본 다음(III), 짜임새와 함께 한 절씩 풀이한 후(IV-V), 본문을 현실로 옮길 수 있는 신학적인 메시지(VI)를 밝히고자 한다.

II. 본문 옮기기

[5]그분이 가버나움으로 들어가셨을 때 한 백부장이 그에게 나아와 간청하여
[6]말하기를, "주여, 내 하인이 중풍병으로 집에 누워 몹시 괴로워합니다."
[7]그분이 그에게 말씀하시기를, "내가 가서 그를 고쳐 줄 것이냐?"
[8]백부장이 대답하여 이르기를, "주여, 내 집에 들어오심을 감당하지 못하니 단지 한 말씀으로써 이르시면 내 하인이 고침을 받을 것입니다.
[9]나도 권세 아래 있는 사람이요, 내 아래에도 군사를 가지고 있으니 이 사람에게 가라 하면 가고 다른 사람에게 오라 하면 오며, 내 종에게 이것을 하라 하면 합니다."
[10]예수께서 들으시고 놀라시며 따르는 자들에게 말씀하시기를, "진실로 내가 너희에게 이르니 이스라엘 중에서 이만한 믿음을 결코 발견하지 못하였다.
[11]"또 내가 너희에게 이르기를 많은 사람들이 동과 서로부터 와서 아브라함과 이삭과 야곱과 함께 천국에 앉을 것이나
[12]그 나라의 아들들은 바깥 어두운 데에 쫓김을 당할 것이며, 거기서 울며 이를 가는 자가 있을 것이다."
[13]예수께서 백부장에게 말씀하시기를, "가라. 네가 믿은 것같이 네게 이루어질지어다." 하시니 그 하인이 그 때 고침을 받았다.

III. 본문의 자리 매김

본문 단락은 '열 개의 이적 기사'를 모아 놓은 단락(마 8-9장) 가운데 들어 있는 예수님의 두 번째 이적 기사이다. 크게 보면, '열 개의 이적 기사'는 가르침을 위한 긴 말씀인 '산상설교'(마 5-7장) 뒤에 연결되어 5-9장이 하나의 큰 단락을 이루고 있다. 이로써 마태는 '말씀을 가르치신 메시아'가 바로 '이적을 행하신 메시아'라는 것을 보여 준다. 즉 마태에 의하면 종말론적인 산 위에서 가르치시던 예수님('말씀의 메시아')이 바로 산 아래에서 이적을 행하시던 예수님('행함의 메시아')이시다.1) 이를 보여 줌으로써 마태는 자신의 공동체에게 예수님처럼 말씀과 행함이 일치된 삶을 호소하고 있다.

행함의 메시아로서 예수님께서 행하신 '열 개의 이적 모음 기사'(Wunderzyklus)를 좀더 자세하게 살펴보면 그 구성은 다음과 같다.

① 한 나병 환자를 고치심(마 8:1-4; 막 1:40-45; 눅 5:12-16)
② 가버나움에 사는 백부장 하인의 중풍병을 고치심(마 8:5-13; 눅 7:1-10)
③ 베드로 장모의 열병을 고치심(마 8:14-15; 막 1:29-31; 눅 4:38-39)
   ▶ 이적 요약 보고(마 8:16-17; 막 1:32-34; 눅 4:40-41)
   ▷ '따르라'는 예수님의 말씀(마 8:18-22; 눅 9:57-60)
④ 바다 바람을 잔잔하게 하심(마 8:23-27; 막 4:35-41; 눅 8:22-25)
⑤ 가다라 지방의 귀신 들린 자 둘을 고치심(마 8:28-34; 막 5:1-20; 눅 8:26-35)
⑥ 한 중풍병자를 고치심

---

1) Julius Schniewind, *Das Evangelium nach Matthäus*(Göttingen: V. & R., 1984), 106.

ⓐ 서기관과 죄 용서에 대한 논쟁(마 9:1-8; 막 2:1-12; 눅 5:17-26)
▷ 마태를 부르심
ⓑ 바리새인과 세리와 죄인과의 식탁 교제에 대한 논쟁(마 9:9-13; 막 2:13-17; 눅 5:27-32)
ⓒ 요한의 제자들과 금식 논쟁(마 9:14-17; 막 2:18-22; 눅 5:33-39)
⑦ 한 관리의 딸을 소생시킴과 ⑧ 혈루증 앓는 여인을 고치심(마 9:18-26; 막 5:21-43; 눅 8:40-56)
⑨ 두 맹인을 고치심(마 9:27-31)
⑩ 귀신 들려 말 못 하는 사람을 고치심(마 9:32-34)
▶ 예수님의 활동에 대한 요약 보고(9:35)
▷ 추수할 일꾼에 대한 말씀(마 9:36-38)

메시아로서 예수님의 이적 행하심에 대해 보도하는 8-9장에는 열 가지 이적 기사가 들어 있다. 양식(樣式)으로 보면 이 기사들 중 여섯은 사람이 이적의 대상이 되는 사람의 불치병을 고치신 '치유 이적 기사'(①②③⑥⑧⑨)요, 하나는 죽은 자를 살리시는 '소생 이적 기사'(⑦)이며, 둘은 이적의 대상이 귀신이 되는 '축귀(逐鬼) 이적 기사'(⑤⑩)이고, 나머지 하나는 이적의 대상이 인간 외의 피조물이 되는 '구조(救助) 이적 기사'(④)에 해당한다. 또 치유 이적 기사 중 여섯 번째 이적인 중풍병자 치유 이적 기사를 제외하고는 모두 순수한 '치유 이적 기사'이며, 다만 한 중풍병자 치유 이적 기사는 이적 행위자이신 예수님과 그 논쟁자들 사이에 벌어진 '논쟁 기사'가 섞여 있는 '혼합 기사'이다.

게다가 밝혀진 열 가지 이적 외에도 예수님께서 더 많은 이적을 행하셨다는 '이적 요약'(마 8:16-17)이 나타나며, 8-9장 단락의 말미에는 예수님의 말씀 및 이적 행함을 보여 주는 5-9장의 큰 단락의 '서언'(마 4:23)에서처럼 이 큰 복합 단락을 마감하는 9장 35절에서 예수님의 공생애 활동에 대한 '요약 보고'(Summarien)가 언급된다. 이 때 예수님의 활동 영역이 4장 23절에서 "예수께서 온 갈릴리에 두루 다니면서" 대신에 "예수께서 모든 도시와 마을에 두루 다니면서" 회당에서 가르치시며(διδάσκων) 천국복음을 전파하시며(κηρύσσων) 모든 병과 모든 약한 것을 고치셨다(θεραπεύων)고 확대되어 언급된다.

이런 점에서 8-9장에 단지 이적들만 보도되는 것이 아니라 예수님의 말씀도 나타난다. 곧 '따르라'는 예수님의 추종 말씀(마 8:18-22)과 세 개의 논쟁 기사 ─ 서기관과 '죄 용서' 논쟁(마 9:1-8), 바리새인과 '세리 및 죄인과의 식탁 교제' 논쟁(마 9:10-13), 세례 요한의 제자들과 '금식' 논쟁(마 9:14-17) ─ 와 '마태 부르심 말씀'(마 9:9)과 '추수할 일꾼에 대한 말씀'(마 9:36-38)이 그것이다. 그리고 마지막 말씀인 '추수할 일꾼에 대한 말씀'은 5-9장 단락을 그 다음에 이어질 '제자 파송 설교'(10장)와 연결하는 '경첩' 역할을 하고 있다.

여기서 본문 단락이 포함되어 있는 '열 개의 이적 기사 단락'(8-9장)의 특징을 살펴보면 다음과 같다.

첫째, 8-9장에는 열 개의 이적 기사가 나타나기는 하나, 말씀이 그 가운데 있으며 중심적인 역할을 한다.

둘째, 예수님은 열 개의 이적보다 더 많은 이적을 행하셨다. 그것은 '이적 요약 보고'(8:16)에서 입증된다. 이로써 마태는 여기서 모든 이적 기사를 하나로 요약하고자 하였다.

셋째, 마태의 이적 기사는 마가의 이적 기사보다 심하게 축소되어 있다.[2]

---

2) 마가복음과 마태복음에 공통적으로 나타나는 이적 기사의 절수는 마태의 경우 35절, 마가의 경우 71절로 마태의 경우 마가의 50% 정도로 축소되어

넷째, 마태복음 8장 1절에서 마태는 의식적으로 이적 기사를 산상설교와 결합시킨다. 곧 산상설교의 청중들이 예수님의 이적 행하심의 증인이다. 이로써 마태복음의 경우 말씀과 행함이 분명하게 결합되어 있음이 드러난다.

다섯째, 마태복음 4장 23절은 9장 35절에서 예수님의 활동 지역 범위를 제외하고는 동일하게 반복된다.

여섯째, 8-9장에 나타나는 이적 기사들은 거의 마가복음에서 발견된다.3)

일곱째, 이적 기사 안에서도 말씀에서처럼 대화가 강조된다(8:2-4, 6-13, 25-26, 31-32; 9:2-6 등).

여덟째, 치유 말씀은 대개 결정적인 믿음 말씀을 겨냥하고 있다(8:13, 26; 9:2, 22, 29). 여기서 마태는 분명하게 '믿음' 진술을 강조한다.

아홉째, 열 개의 이적 기사 안에 '추종' 말씀이 발견된다(8:18-22; 9:9).

열 번째, 마가와 비교해 볼 때 마태는 기독론적으로 관련이 없는 이적 기사는 생략한다(막 7:31-37[귀 먹고 말 더듬는 자 치유 기사]; 8:22-26[벳새다에서 맹인 치유]).

열한 번째, 8-9장에서 이적 기사들은 기독론에 집중함으로써 교회론적인 비중을 가지고 있다. 왜냐하면 '추종' 말씀 안에 교회가 보이기 때문이다.

있다.
3) 가버나움에 사는 백부장의 하인의 중풍병을 고치심 기사(마 8:5-13)는 마태복음과 누가복음에만 나타나며, 두 맹인을 고치심 기사(마 9:27-31)는 마태복음에만 나타난다.

IV. 본문의 짜임새

이 이적 기사의 특징으로 본문 단락이 '대화'로 이루어져 있음을 지적할 수 있다(5절을 제외하고 6-13절까지 여덟 절). 따라서 이 단락은 양식적으로 '이적 기사'와 예수님의 말씀이 단락의 중심에 있는 이야기인 '아포프테그마'(Apophthegma)의 혼합 형태를 보여 준다. 특별히 주목할 만한 것은 본 단락에서 중요한 의미를 가지고 있는 10-12절에서 예수님께서 그의 말씀을 듣고 놀랍게 여기는 무리들을 향하여 '규범적인 말씀'4)을 하신다는 점이다.5)

이 단락의 본문 구성은 다음과 같다.

1. 5절 :   이적 기사의 배경
2. 6절 :   ▶ 하인의 중풍병을 고쳐 달라는 백부장의 간청
3. 7절 :   ▷ 간청을 들어 주시는 예수님의 대답
4. 8-9절 :   ▶ 백부장이 예수님께 믿음을 보임
5. 10절 :   ▷ 따르는 자들에게 예수님께서 백부장의 믿음을 칭
              찬하여 말씀하심
6. 11-12절 : ▷ 예수님의 어록 말씀(Jesuslogion)
7. 13절상 :   ▷ 예수님께서 백부장에게 말씀하심
8. 13절하 :   백부장의 하인이 나음

(▶는 백부장의 말을, ▷는 예수님의 말씀을 나타낸다.)

---

4) Held, *Matthäus*, 185.
5) Ulrich Luz, *Das Evangelium nach Matthäus*(Mt 8-17), EKK I/2(Neukirchen-Vlyun: Neukirchener Verlag, 1990), 12.

V. 본문 풀이

1. 백부장의 하인 치유 이적 기사의 배경(5절)

[5절] 그분이 가버나움으로 들어가셨을 때 한 백부장이 그에게 나아와 간청하여 (Εἰσελθόντος δὲ αὐτοῦ εἰς Καφαρναοὺμ προσῆλθεν αὐτῷ ἑκατόνταρχος παρακαλῶν αὐτόν)

본문 단락에 일어난 사건은 예수님께서 가버나움으로 들어가셨을 때 일어난 일이었다. 가버나움(Καφαρναούμ)은 히브리어(כְּפַר נַחוּם)를 헬라어로 음역한 것인데, '나훔의 마을'이라는 뜻이다. 4장 13절에 의하면 가버나움은 예수님께서 그 당시 살고 계셨던 거주지였다.

예수께서 이 곳에 돌아오셨을 때 헤롯 안티파스(Herodes Antipas)의 명을 받는 백부장(ἑκατόνταρχος)[6]이 그에게 나아와 간청하였다. 물론 그 백부장은 이방인이었다. 백부장이 이방인이라는 사실은 백부장이 11-12절의 "동과 서로부터 온 많은 사람" 말씀과 연루되어 있는 사전(事前) 암시라는 데서 나타난다. 소위 예수님의 '어록 자료'(Q)에서 유래되었다고 알려진 본문은 누가복음에도 그 평행 단락을 가지고

---

[6] 요세푸스의 『고대 사기』(Jos Ant 18:113-114)에 의하면 헤롯 안티파스는 자신의 군대를 가지고 있었다. 가버나움은 그 경계에 위치한 도시였다. 백부장은 약 백 명의 군인에게 명을 내릴 수 있는 로마 군의 장교로 600명으로 구성된 상급 부대(σπεῖρα)에 소속되어 있었다. 이에 대하여 U. Luz, *Matthäusevangelium* I/2, 14, 각주 16 참조. 본문 단락에 사용된 ἑκατόνταρχος(5절과 8절)는 13절에 사용된 ἑκατοντάρχης의 또 다른 형태로 라틴어에서 유래된 말인 κεντυρίον과 등가어이다(막 15:39, 44-45). 이에 대하여 Wolfgang Wiefel, *Das Evangelium nach Matthäus*, ThHNT 1(Leipzig: Evangelische Verlagsanstalt, 1998), 160. 각주 1 참조.

있는데(눅 7:1- 10), 이 단락은 마태의 경우 예수님께서 이방인을 부르신 것을 지적하는 아주 중요한 의미를 지니고 있다. 이로써 본문에 마태복음의 특징인 '구원의 보편주의(universalism)'가 나타난다. 이것이 예수님께서 백부장 하인의 중풍병을 치유하는 이적을 베푸신 사건의 배경이다.

2. 하인의 중풍병을 고쳐 달라는 백부장의 간청(6절)

[6절] 말하기를, "주여, 내 하인이 중풍병으로 집에 누워 몹시 괴로워합니다." (καὶ λέγων· κύριε, ὁ παῖς μου βέβληται ἐν τῇ οἰκίᾳ παραλυτικός, δεινῶς βασανιζόμενος.)

백부장은 예수님께 나아와 그를 "주여"(κύριε)라고 불렀다. 이 때 백부장이 부른 "주님" 호칭이 지나치게 신앙고백적으로 평가되는 것은 적절하지 않다. 그 호칭은 권세를 가진 분에 대한 존칭이다.[7] 왜냐하면 백부장은 예수님을 따라다닌 제자가 아니었으며 또한 이방인이었고, 아직 예수님의 능력을 직접 경험해 보지도 않은 사람이었기 때문이다. 그렇기는 하지만 다음 절과 연관해서 보면, 백부장의 '주님' 호칭은 단순히 주님에 대한 존경이나 주님의 권세에 대한 인정에서 나온 것이 아니라, 그 호칭에 주님의 권세 행함에 대한 백부장의 기대가 어리어 있으며 기독론적인 믿음은 아니지만 이적에 대한 원초적인 믿음이 서리어 있다.

백부장이 예수님께 간구한 간청은 자신을 위한 것이 아니라 그의 하인(ὁ παῖς)을 위한 것이었다. 아마도 이 하인은 백부장과 아주 개인

---

7) 한(F. Hahn)은 그렇게 본다. Ferdinand Hahn, *Christologische Hoheitstitel: Ihre Geschichte im frühen Christentum*(Berlin: Evangelische Verlagsanstalt, ²1964), 82-83 참조.

적으로 친밀한 하인이었을 것이다. 물론 παῖς의 언어적 용례를 들어서 이를 백부장의 아들로 여기는 학자도 있다.8) 그렇기는 하지만 예수님께서 이 백부장에게 10절에서 "이스라엘 중에서 이만한 믿음을 결코 발견하지 못하였다"고 말씀하신다면 παῖς를 '아들'로 보기보다는 '하인'으로 보는 것이 낫겠다.

이 하인이 앓고 있던 병은 온몸의 마비로 집에 누운 지 이미 오래되어 몹시 고통이 따르는(βασανιζόμενος) '중풍병'(παραλυτικός)이다. 이 병의 증세는 심한 고통이 따르는 '히스테리적인 마비'9)로 생각된다. 이는 당시 의술로 불치에 속하는 병이었다. 바로 이 병을 백부장은 예수님께 고쳐 달라고 간청한다.

3. 간청을 들어 주시는 예수님의 대답(7절)

[7절] 그분이 그에게 말씀하시기를, "내가 가서 그를 고쳐 줄 것이냐?" (καὶ λέγει αὐτῷ· ἐγὼ ἐλθὼν θεραπεύσω αὐτόν.)

7절의 의미는 두 가지로 이해될 수 있다. 첫째, 예수님의 대답이 의문문으로 이해될 수 있다. 그러면 그 대답은 "내가 가서 그를 고쳐 줄 것이라고?"로 거절하는 어투의 문장이 된다.10) 이 경우 예수님은 유대인으로서 이방인의 집에 들어갈 수 없음을 보여 줌으로써 유대인의 생각과 함께 한다. 이 점에서 마태는 예수님께서 율법을 신실하게

---

8) 루츠는 세 가지 이유를 들어 이 단락에서 παῖς를 하인이 아니라 아들이라고 본다. 루츠는 첫째, 마태가 9절에서 '종'에 대하여는 δοῦλος라는 단어를 사용하고 있고, 둘째, 마태가 8장 이전까지는 παῖς를 '아이'의 의미로 사용하였으며(2:16), 셋째, 17장 14-21절에서 παῖς는 분명히 아들을 의미한다는 것을 지적한다. U. Luz, *Matthäusevangelium* I/2, 14, 각주 17 참조.
9) F. Fenner, *Die Krankheit im Neuen Testament*, UNT 18(Leipzig: Hinrichs'sche Buchhandlung, 1930), 9.
10) 루츠는 7절을 의문문으로 본다. U. Luz, *Matthäusevangelium* I/2, 14.

지키셨다고 보았다. 그와 유사한 것을 "나는 이스라엘 집의 잃어버린 양 외에는 다른 데로 보내심을 받지 않았다"(마 15:24)는 예수님의 말씀에서도 발견할 수 있다.

둘째, 예수님의 대답은 직설법적인 서술문으로 이해될 수 있으며, 백부장의 간청에 '거절'하는 어투의 의문문과 달리 그 간청을 들어 주는 '약속'이 된다. 이 경우 '내가'(ἐγώ)에 비중이 놓인다. 그러면 예수님의 대답은 백부장의 믿음도 확인하기 전에 '내가' 가서 고쳐 주겠다는 말씀이 된다. 우리말 개역성경은 "내가 가서 고쳐 주리라"라고 옮겼다. 그러나 이렇게 옮길 경우 이방인 백부장이 예수님을 찾아와 하인의 병을 고쳐 달라고 요청한 것을 이스라엘 가운데서 발견하지 못한 '이만한 믿음'(10절)이라고 부르는 것은 지나치며, 논리적으로도 합당하지 않다. 왜냐하면 그런 원초적인 믿음은 흔히 볼 수 있었던 것이기 때문이다. 오히려 본문의 맥락에서 백부장이 예수님께 믿음을 보이는 다음 두 절을 고려한다면, 또 8절에서 "백부장이 대답하여 이르기를"을 고려한다면, 예수님의 대답을 성급한 '약속'을 뜻하는 서술문의 진술로 보기보다는 백부장의 믿음을 확인하는 의문문의 진술로 보는 것이 더 나은 번역이다.

4. 백부장이 예수님께 믿음을 보임(8-9절)

[8-9절] ⁸백부장이 대답하여 이르기를, "주여(κύριε), 내 집에 들어오심을 감당하지 못하니 단지 한 말씀으로써 이르시면 내 하인이 고침을 받을 것입니다. ⁹나도 권세 아래 있는 사람이요, 내 아래에도 군사를 가지고 있으니 이 사람에게 가라 하면 가고 다른 사람에게 오라 하면 오며, 내 종에게 이것을 하라 하면 합니다." (⁸καὶ ἀποκριθεὶς ὁ ἑκατόνταρχος ἔφη· κύριε, οὐκ εἰμὶ ἱκανὸς ἵνα μου ὑπὸ τὴν στέγην εἰσέλθῃς, ἀλλὰ μόνον εἰπὲ λόγῳ, καὶ ἰαθήσεται ὁ παῖς μου. ⁹καὶ γὰρ ἐγὼ ἄνθρωπός εἰμι ὑπὸ ἐξουσίαν, ἔχων ὑπ' ἐμαυτὸν στρατιώτας, καὶ λέγω τούτῳ· πορεύθητι, καὶ πορεύεται, καὶ ἄλλῳ· ἔρχου, καὶ ἔρχεται, καὶ τῷ δούλῳ μου· ποίησον τοῦτο, καὶ ποιεῖ.)

백부장의 대답은 6절에 이어 두 번째 '주여'(κύριε)말씀으로써 시작된다. 예수님에 대한 '주님' 호칭은 아직 교회의 기독론적인 신앙을 내포하고 있지는 않으나 이제 권세(ἐξουσία) 있는 자에 대한 존경뿐 아니라 백부장의 애타는 간청을 담고 있다. 백부장은 '권세'가 어떤 것인지 이미 알고 있었다. 왜냐하면 그는 '권세 아래'(ὑπὸ ἐξουσιαν) 있는 사람이었으며 그 역시 수하에 군사(στρατιώτης)와 종(δοῦλος)을 부릴 수 있는 권세를 가지고 있었기 때문이다. 그러나 그는 자신의 위에 있는 권세나 자신이 가지고 있는 권세로는 그 하인의 중풍병을 고칠 수 없다는 것을 알고 예수님의 권세에 호소한다.

8절에서 백부장은 "내 집에 들어오심을 감당하지 못하니 단지 한 말씀으로써 이르시면 내 하인이 고침을 받을 것입니다"라고 대답한다. 백부장이 예수님께서 자신의 집에 들어오시는 것을 감당하지 못하겠다고 말하는 데는 두 가지 이유를 들 수 있다. 그것은 한편으로는 백부장이 그분이 유대인과 이스라엘을 위하여 보내심을 받은 분이라는 것을 인정하였기 때문에 유대인인 예수님께서 이방인의 집에 들어오는 것이 불가능하다는 것을 알았고, 다른 한편으로는 주님에 대한 그의 믿음과 순종 때문이었다. "단지 한 말씀으로써"(ἀλλὰ μόνον λόγῳ)라는 표현에서 백부장의 예수님의 권세에 대한 무한한 신뢰가 드러난다. 특히 "말씀으로써"(λόγῳ)는 '수단이나 도구의 여격'(dativus instrumentalis)으로 예수님의 말씀에 대한 백부장의 온전한 신뢰를 나타낸다. 곧 백부장이 기대하는 치유는 역사하는 힘이 있는 말씀의 활동이다. 이 단락의 이야기 전체를 고려할 때, 그리고 마태 공동체가 이 이야기를 들을 때 예수님의 말씀은 예수님의 현존과 동일하다.

9절에서 예수님의 명령 권세는 백부장이 군인으로서 상급자에 대해 복종하거나 하급자에게 명령하는 권세나 집안에서 종을 부리는 권세와 비교된다. 백부장에 의하면 군인이나 주인으로서 주장할 수 있는 권세는 '인격화된 권세'[11]로 나타나는 질병을 제압할 수 없다. 그것은 군인들이 그 상급 장교에게 복종하듯이 단지 예수님의 말씀의 권세에 의해서만 복종될 수 있다. 이 권세는 산 위에서 제자들을 가르치신 바로 그 권세이다(마 7:29). 말하자면, 말씀을 가르치던 '말씀의 메시아'의 권세는 이적 안에서 '행함의 메시아'의 권세로 나타난다. 이로써 마태는 예수 그리스도를 믿고 따라가는 자신의 공동체에게 믿음과 행함이 일치할 것을 요구하며, 그들이 배운 말씀대로 지킬 것을 요구한다(마 28:20).

5. 예수님께서 따르는 자들에게 백부장의 믿음을 칭찬하여 말씀하심(10절)

[10절] 예수께서 들으시고 놀라시며 따르는 자들에게 말씀하시기를, "진실로 내가 너희에게 이르니 이스라엘 중에서 이만한 믿음을 결코 발견하지 못하였다." (ἀκούσας δὲ ὁ Ἰησοῦς ἐθαύμασεν καὶ εἶπεν τοῖς ἀκολουθοῦσιν· ἀμὴν λέγω ὑμῖν, παρ' οὐδενὶ τοσαύτην πίστιν ἐν τῷ Ἰσραὴλ εὗρον.)

10절은 백부장의 절대적 신뢰 의지가 담긴 말을 듣고 예수님께서 놀라시며 그를 따르는 자들에게 이른 말씀이다. 여기서 '따르는 자'는 예수님의 제자들이나 따르는 무리, 또는 그 자리에 있던 다른 사람들이었을 것이다. 아무튼 이들은 유대인이었다.

예수님께서 "진실로 내가 너희에게 이르니"(ἀμὴν λέγω ὑμῖν)로 말씀하셨다. 이는 예수님께서 친히 하신 말씀을 시작하는 '도입(導入)

---

11) W. Wiefel, *Matthäusevangelium*, 163.

공식문'(Einführungsformel)이다.12) 예수님은 자신의 말씀의 권세에 대하여 절대적인 신뢰를 보이는 백부장의 믿음을 칭찬하셨다. 그 칭찬 내용은 "내가 이스라엘 중에서 이만한 믿음(τοσαύτην πίστιν)을 결코 발견하지 못하였다"였다. 예수님께서는 이스라엘에서도 발견하지 못한 믿음을 이방인 백부장에게서 발견하였다고 밝히신다. 이로써 여기에서도 마태복음 전체를 관통하는 '구원의 보편주의'가 나타난다. 이런 점에서 이 단락은 마태복음의 다른 이적 기사인 귀신 들린 딸의 치유를 간청하는 가나안 여인의 믿음을 나타내는 기사(15:21-28)와 비슷하다.13) 두 이적 기사 모두 예수님께 간청하는 자가 이방인이다. 또 전자는 남자가 믿음으로 간청하고, 후자는 여자가 믿음으로 간청한다. 곧 마태는 예수님께서 유대인뿐 아니라 이방인도 구원하시며, 남자뿐 아니라 여자도 구원하신다는 '구원의 보편주의'를 보여 준다.

여기에 언급되는 백부장의 '믿음'(πίστις)은 마태복음에 나타나는 다른 경우에서처럼 이적 신앙이다(9:2, 22, 29; 15:28; 17:20; 21:21). 복음서 저자 마태는 백부장이 예수님의 이적 능력을 믿음으로써 이방인도 이스라엘의 하나님을 믿을 수 있게 되었다는 것을 보여 준다.

10절에서 언급된 예수님의 말씀 다음에 이제 소위 예수님의 '어록 말씀'이 자연스럽게 이어진다.

6. 예수님의 어록 말씀(11-12절)

[11-12절] 11"또 내가 너희에게 이르기를 많은 사람들이 동과 서로부터 와

---

12) 예수님 당시 유대인들은 '아멘'을 말씀의 끝에 언급하였으나, 예수께서는 '아멘'을 말씀의 서두에 말씀하셨다.
13) 7절(반의적 말씀)은 15장 24, 26절과, 8절('감당하지 못함')은 15장 27절과, 10절('이만한 믿음')은 15장 28절과 비교될 수 있다.

서 아브라함과 이삭과 야곱과 함께 천국에 앉을 것이나 ¹²그 나라의 아들들은 바깥 어두운 데에 쫓김을 당할 것이며, 거기서 울며 이를 가는 자가 있을 것이다." (¹¹λέγω δὲ ὑμῖν ὅτι πολλοὶ ἀπὸ ἀνατολῶν καὶ δυσμῶν ἥξουσιν καὶ ἀνακλιθήσονται μετὰ 'Αβραὰμ καὶ 'Ισαὰκ καὶ 'Ιακὼβ ἐν τῇ βασιλείᾳ τῶν οὐρανῶν, ¹²οἱ δὲ υἱοὶ τῆς βασιλείας ἐκβληθήσονται εἰς τὸ σκότος τὸ ἐξώτερον· ἐκεῖ ἔσται ὁ κλαυθμὸς καὶ ὁ βρυγμὸς τῶν ὀδόντων.)

이 두 절 말씀은 구체적인 상황과 관련된 '어록 말씀'(Logion)이 아니라 종말적인 것에 대한 일반적인 어록 말씀이다. 예레미아스(J. Jeremias)가 확신하였듯이14) 11절의 배경에는 '마지막 때 열방이 구원의 잔치가 베풀어지는(사 25:6-7; 49:12 참조) 시온산을 순례할 것이라'(사 2:2-3 참조)는 구약 주제가 놓여 있다.

마태는 이미 예수님을 영접하지 않고 받아들이기를 거부했던 이스라엘과 예루살렘의 멸망을 경험하였다. 그리고 많은 이방인들이 예수님께 나아와 구원의 은혜를 받은 것을 알고 있으며 그 자신의 공동체에게 이방 선교를 요구한다.15) 많은 사람들이 '동과 서로부터'(ἀπὸ ἀνατολῶν καὶ δυσμῶν)16) 와서 믿음으로 약속을 받은 족장들인 아브라함과 이삭과 야곱과 함께 천국에 앉을 것이다. '많은 사람들'(πολλοί)은 두말 할 것도 없이 열방으로부터 온 이방인이다. 이들은 이스라엘을 대표하는 족장들과 함께 '천국에'(ἐν τῇ βασιλείᾳ τῶν οὐρανῶν) 앉을 것이다. 여기서 '앉다'로 옮긴 동사 '아나클리네인'(ἀνακλίνειν)은 '식사 자리에 기대어 앉다, 식사를 위해 비스듬히 눕

---

14) Joachim Jeremias, *Jesu Verheißung für die Völker*(Stuttgart, 1956), 48 이하.
15) U. Luz, *Matthäusevangelium* I/2, 15.
16) 평행절인 누가복음 13장 29절에는 "동과 서로부터" 대신 "동서남북으로부터"(ἀπὸ ἀνατολῶν καὶ δυσμῶν καὶ ἀπὸ βορρᾶ καὶ νότου)로 나타나나 내용적으로는 동일하다.

다'의 뜻이다. 곧 이는 종말시 하늘에서 베풀어지는 '구원의 잔치'에 참여함을 의미한다.

그 반면에 "그 나라의 아들들은 바깥 어두운 데에 쫓김을 당할 것이며, 거기서 울며 이를 가는 자가 있을 것이다"나 "그 나라의 아들들"이라 함은 예수님과 그가 선포하는 메시지를 받기를 거부하는, 택함을 받은 "그 나라의 본 자손"(개역성경)인 이스라엘을 가리킨다. 이는 예언적 말씀을 담은 어록 말씀이다. 선민이라 할지라도 예수님의 말씀과 행함을 거부하는 자는 "바깥 어두운 데"(εἰς τὸ σκότος τὸ ἐξώτερον)로 쫓겨날 것이다. 하나님 나라에 들어가는 것은 선민의 혈통에 의해서가 아니라 그 나라의 열매 맺는 것에 의해 결정된다(마 21:43). '바깥'(ἐξώτερον)은 구원의 잔칫상에서 제외됨을 나타내는 비유말이다(마 22:13 참조). 바깥에 있는 자들은 천상에서 베풀어지는 구원의 잔치에 참여할 수 없다(눅 13:25 참조). 그들은 거기서 "울며 이를 가는 자"(ὁ κλαυθμὸς καὶ ὁ βρυγμὸς τῶν ὀδόντων)가 될 것이다. '울며 이를 가는 것'[17]은 마태복음에 자주 나타나는 마태복음의 특징어로(마 13:42, 50; 22:13; 25:30) 구원받지 못하는 사람들의 상태에 대한 표현이다.

7. 예수님께서 백부장에게 말씀하심(13절상)

[13절상] 예수께서 백부장에게 말씀하시기를, "가라. 네가 믿은 것같이(ὡς ἐπίστευσας) 네게 이루어질지어다" 하시니, (καὶ εἶπεν ὁ Ἰησοῦς τῷ ἑκατον-

---

17) 이 표현은 복음서에서 마태복음 이외에는 오직 마태복음 8장 13절의 평행절인 누가복음 13장 28절에서만 발견된다. '우는' 것은 풀무불에 던져지거나(마 13:42, 50), 종이 사지가 찢어지는 벌을 받거나(마 24:51) 하는 데서 나타나는 결과이며, '이를 가는 것'은 추위나 분노에 참에서 나온 결과이다(눅 13:25-28 참조).

τάρχῃ· ὕπαγε, ὡς ἐπίστευσας γενηθήτω σοι.)

이 단락의 마지막 절로써 예수님은 다시 백부장의 구체적인 간청으로 돌아가 그 간청에 대해 대답하신다. 그리고 예수님의 말씀은 이 단락의 주제어가 되는 '믿음'(πίστις)과 관련된다(10절). "가라"(ὕπαγε)는 예수님의 치유 기사에서 나타나는 치유 말씀의 머리말이다(마 8:4; 9:6; 막 5:34; 10:52). 또 "네가 믿은 대로 되리라"는 표현 역시 마태복음의 다른 이적 기사에서도 발견된다(9:29; 15:28). 예수님의 이적 행위를 경험하는 데서 이적 요구자의 그 믿음이 결정적이다. "이루어질 지어다"(γενηθήτω)는 산상설교에 기록된 '주기도'의 세 번째 간구인 "뜻이 하늘에서처럼 땅에서도 이루어지이다"에도 나타나는 용어이다. 이로써 마태의 경우 '이적 신앙'은 '기도 신앙'과 결합된다.[18]

8. 백부장의 하인이 나음(13절하)

[13절하] 그 하인이 그 때 고침을 받았다. (καὶ ἰάθη ὁ παῖς [αὐτοῦ] ἐν τῇ ὥρᾳ ἐκείνῃ.)

이제 예수님은 백부장의 믿음을 보시고 비로소 그의 간청을 들어 주신다. 예수님과 백부장의 대화는 백부장의 집 밖에서 이루어진 일이지만, 치유 이적은 백부장의 집 안에서 일어난다. 그리고 백부장의 하인의 중풍병이 나은 시각은 바로 "그 때"(τῇ ὥρᾳ ἐκείνῃ)였다. '그 때'는 바로 예수님께서 말씀하셨던 때이다. 여기서는 바람과 바다를 잔잔하게 하고(마 9:23-27) 귀신을 쫓아냈던 이적 기사(마 17:14-21)에서처럼 예수님께서 하신 말씀의 문제(마 9:22; 17:18)일 뿐 아니라, 요한복음 4장에 기술된 '왕의 신하의 아들의 병 치유 기사'(요 4:43-54)에서처럼 공간적인 거리가 있음에도 일어난 원격(遠隔) 치유의 문제(요

---

18) U. Luz, *Matthäusevangelium* I/2, 16 참조.

4:53)이다.

VI. 본문이 전하는 말씀

마태복음 8장 5~13절의 본문이 전하는 메시지를 정리해 보면 다음과 같다.

첫째, 예수님께서 가버나움 백부장의 하인의 중풍병을 치유하시는 기사에서는 마태복음의 다른 이적 기사(9:1-8; 9:18-26; 9:27-31; 15:21-28; 17:14-21; 21:18-22)에서처럼 '믿음'이 치유 이적 행위의 중요한 동기가 된다(10절).

둘째, 예수님께서 행하신 이적에서 '한 나병 환자 치유 기사'(마 8:1-4)에서처럼 '말씀'이 중요하다(8, 13절). 그것도 예수님께서 한 말씀으로써 원격적으로 치유 이적을 행하신다.

셋째, 예수님께서 행하신 이적 행위는 유대인에게나 이방인에게나 보편적으로 유효하다(5절). 예수님은 유대인뿐만 아니라 이방인도 고쳐 주신다. 가버나움 백부장은 이방인이었다. 그러나 그의 믿음은 예수님께서 이스라엘 중에서도 만나 보지 못한 믿음이었다(10절). 동서로부터 오는 많은 이방인들도 믿음으로 '이스라엘 자손'이 될 수 있다. 그러나 이스라엘이라 할지라도 믿지 않으면 오히려 바깥 어두운 데로 쫓겨난다(11-12절). 비슷한 것이 '귀신 들린 딸의 고침을 구하는 가나안 여인 기사'(마 15:21-28)에서도 나타난다. '혈통'이 아니라 '믿음'이 그 나라에 들어가는 기준이 된다. 믿지 않는 이스라엘은 결코 천국에 들어갈 수 없다. 이는 19장 30절(먼저 된 자와 나중 된 자에게 일어나는 역전[逆轉] 현상), 21장 43절("하나님 나라를 너희는 빼앗기고 그 나라의 열매 맺는 백성이 받으리라.")에서도 나타난다.

넷째, 예수님께서 행하신 이적은 예수님의 권세에서 나온 것이다 (8-9절).

다섯째, 백부장이 기대하는 '이적 신앙'은 간구하는 '기도 신앙'과 관련되어 있다(13절 상반절).

여섯째, '말씀의 메시아' 예수님께서 '행함의 메시아'이신 것처럼, 예수님의 이적 행위를 듣는 마태 공동체에게 말씀과 행함이 일치된 신앙이 제자가 걸어가야 할 길인 제자도로서 요구된다.

여기서 8-9장에 수록된 다른 이적 기사들의 특징을 살펴보면, 예수님의 이적 행위는 구약 성경에 예고된 예언의 성취이며(8:17), 단순하게 이적을 내보이는 '이적 과시' 기사가 아니라 이적을 행하시는 예수님을 따를 것을 요구하시는 '제자도' 내지는 '추종' 기사이다(8:18-22). 이는 이적 기사들 사이에 끼여 있는 추종 말씀에 잘 나타난다.

※ 보충설명: 8-9장에 수록된 이적 기사가 전하는 메시지

A. 예수님께서 이적을 행하시는 중요한 동기는 이적을 바라는 자의 믿음이다.
  1. 중풍병자 치유 기사(8:10, 13)
  2. 혈루증 여인 치유와 관리의 딸 소생 기사(9:21-22)
  3. 두 맹인과 벙어리 귀신 들린 자 치유 기사(9:28-29)

B. 예수님께서 이적을 행하실 때 이적을 행하시는 예수님의 정체가 드러난다.
  1. 예수님은 죄를 사하시는 권세를 가진 분이시다(9:2,6).
  2. 예수님은 죄인을 부르는 분이시다(9:9-13).
  3. 예수님은 지금('즉시') 구원을 가지고 오는 분이시다(8:13; 9:22). 예수님의 이적 행하심에서 그분과 함께 다가오는 구원의 시대가 이미 시작되었다.

4. 예수님은 죽은 자도 살리는 분이시다(9:24-25).
   5. 예수님은 '다윗의 자손' 곧 메시아이시다(9:27).
  C. 예수님은 이적 행위를 통해 무리들을 '추종'(제자도)으로 부르신다.
   1. 이적 후 무리들이 하나님께 영광을 돌린다(9:8).
   2. 이적기사들 가운데 제자 부름 기사가 들어 있다(8:18-22; 9:35-38).
   3. 이적을 행하신 예수님에 관한 소문이 퍼진다(9:26, 31).
   4. 열 개의 이적 기사를 소개하고 나서 마태는 다시 예수님의 활동을 요약 보도하면서(9:35), '제자 파송 설교'(10장)를 연결하여 예수님의 이적 기사로써 마태 당시의 교회에서 제자들을 부르고 있다. 이 때 '추수'에 관한 예수님의 말씀(9:37-38)은 이적 기사와 제자 파송 설교를 연결하는 고리 역할을 한다.

VII. 나가는 말

본문에 기록된 예수님의 이적은 권세 있는 하나님의 아들 예수 그리스도에 대한 믿음을 요구하며, 전체적으로는 그분을 믿고 따를 것을 요구하는 제자도의 틀 안에 있다. 백부장의 하인의 중풍병 치유 간청 기사는 마태의 교회로 하여금 믿음과 행함이 일치된 삶을 촉구하며 이방 선교를 향해 열려 있게 한다. 그런데 오늘날 교회는 예수님의 이적을 너무 사적(私的)으로 적용하지는 않는가? 마태가 당시 교회에게 예수님의 이적이 지니는 의미를 전하고자 했던 의도는 오늘날의 교회에게도 여전히 유효하다. 오늘의 교회가 예수님께서 행하신 이적의 교회적인 의미를 되새길 때 올바른 제자도를 발견할 수 있으며, 이방을 향해 열린 세계 선교를 지향할 수 있을 것이다.

제5장

제자를 보내시는 예수님
(마태복음 10장 1-15절)

I. 들어가는 말

"추수할 것은 많되 일꾼이 적다"(마 9:37)는 예수님의 말씀은 예수님 당시나 마태 공동체 당시에만 해당되는 말씀이 아니다. 그것은 마태가 이 땅에서 활동하며 주신 예수님의 이 말씀을 자신의 복음서를 통해 부활하여 하늘에 계신 주님의 말씀으로 자신의 공동체에게 들려 준 것이다. 마태는 마태복음을 마태 이후 모든 시대의 그리스도인에게 하늘에 계신 예수 그리스도의 말씀으로 들려준다. 그렇다면 오늘날의 그리스도인들은 추수할 일꾼을 부르시는 이 말씀에 어떻게 응답해야 하는가? 또 무슨 권세로 그 일을 할 수 있으며, 어떤 자세로 그 일을 해야 하는가? 이를 '제자 파송 설교'를 담고 있는 10장의 첫 열다섯 절 본문을 석의(釋義)함으로써 살펴보고자 한다.

이를 위해 먼저 본문을 우리말로 옮기고(II), 그것이 마태복음의 전체 본문과 전후 단락에서 차지하는 자리를 매겨 보고(III), 그 짜임새를 살펴본 후(IV), 각 절을 풀이한 다음(V), 본문을 현실로 옮길 수 있는 신학적인 메시지(VI)를 찾고자 한다.

II. 본문 옮기기

[1]그리고 그분은 자신의 열두 제자를 부르시어 그들에게 더러운 영들을 쫓아내며 모든 병과 모든 약한 것을 고치는 권세를 주셨다.
[2]그 열두 사도의 이름은 이러한데, 먼저 베드로라 하는 시몬과 그의 형제 안드레와 세베대의 아들 야고보와 그의 형제 요한,
[3]빌립과 바돌로매, 도마와 세리 마태, 알패오의 아들 야고보와 다대오,
[4]가나나인 시몬 및 가룟 사람 유다, 곧 예수를 넘겨 준 자이다.
[5]예수께서 이 열둘을 내보내며 명하여 말씀하시기를 이방인들의 길로 가지 말며 사마리아인의 성읍에도 들어가지 말고
[6]오히려 이스라엘 집의 잃어버린 양들에게로 가라.
[7]가면서 천국이 가까이 왔다고 말하며 전파하라.
[8]병든 자들을 고치며 죽은 자들을 일으키며 나병 환자들을 깨끗하게 하며 귀신을 쫓아내되, 너희가 저저 받았으니 저저 주어라.
[9]너희 돈주머니에 금이나 은이나 농을 받아 넣지 말고
[10]여행을 위하여 배낭이나 두 벌 속옷이나 신발이나 지팡이를 가지지 마라. 이는 일꾼이 자기의 먹을 것 받는 것이 마땅하기 때문이다.
[11]어떤 성읍이나 마을에 들어가든지 그 중에 합당한 자를 찾아 내어, 너희가 떠나기까지 거기서 머물러라.
[12]또 그 집에 들어가면서 문안하라.
[13]그 집이 이에 합당하면 너희의 평안이 그 집에 임하게 하며, 만일 합당하지 아니하면 너희의 평안이 너희에게로 돌아오게 하라.
[14]또 누구든지 너희를 영접하지 아니하고 너희 말을 듣지도 아니하면 그 집이나 성읍 밖으로 나가 너희 발의 먼지를 떨어 버리라.
[15]진실로 내가 너희에게 이르나니, 심판 날에 소돔과 고모라 땅이 그 성보다 더 잘 견딜 수 있을 것이다.

III. 본문의 자리 매김

우선 본문이 수록된 마태복음 10장이 마태복음 전체에서 차지하는 자리를 살펴보면, 10장은 마태복음의 다섯 개의 큰 '설교 말씀'(5-7장의 '산상설교', 10장의 '제자 파송 설교', 13장의 '천국 비유 설교', 18장의 '교회 규정 설교', 24-25장의 '종말 심판 설교') 가운데 두 번째 등장하는 설교이다. 이 모든 설교 말씀뿐 아니라 마태복음 전체가 주님의 제자들이 걸어가야 할 길인 제자도를 보여 주는데 특히 10장은 명시적으로 제자를 부르시고 보내시는 주님의 말씀이다. 이는 제자들에 대한 주님의 단순한 '권면'(παραίνεσις)이 아니라 제자들을 세상으로 보내시는 주님이 지시하신 '명령'(παραγγελία)이요(10:5) '훈령'(διαταγή)이다(11:1).[1]

10장을 이전 단락과 연관지어 그 의미를 살펴보면 이러하다. 곧 산상설교(5-7장)의 '말씀'과 열 개의 이적 기사 모음(8-9장)이 보여 주는 '행함'이 결합된 '큰 덩어리' 본문인 5-9장은 그 종결 단락인 9장 35-38절('추수꾼 파송 청함' 기사)을 통해서 '제자 파송 설교'인 10장과 자연스럽게 연결된다. 예수님께서 제자들에게 말씀을 가르치시고 그들 앞에서 많은 이적을 행하신 것은 제자들을 부르고 보내어 자신이 행한 일을 제자들이 대신하게 하시기 위함이다. 이러한 주님의 의도는 마태복음 말미의 '지상명령(至上命令)' 단락에서 부활하신 예수님이 제자에게 주신 "제자로 삼으라"(μαθητεύσατε)는 명령에서 분명하

---

1) 10장 5절 이후의 말씀을 마태는 '명령'(παραγγείλας λέγων)으로 이해하며, 제자 파송 설교 후 공식적인 마감말에서도 "그의 열두 제자에게 명하기를 마치시고"(11:1, διατάσσων τοῖς δώδεκα μαθηταῖς)로 끝맺는다.

게 드러난다.

IV. 본문의 짜임새

10장을 전후 '연결 고리' 단락과 함께 고려하면 다음과 같다.

9장 35절 :	예수님 활동에 대한 요약 보고
9장 36절 :	목자 없는 양 같은 무리를 불쌍히 여기심
9장 37-38절 :	추수할 일꾼 파송 청원에 대한 종말론적인 말씀
10장 1절 :	열두 제자 부르심과 권세 주심
10장 2-4절 :	열두 제자 명단
10장 5-15절 :	열두 제자를 보내심 : 제자 파송 말씀(좁은 의미의 제자 파송 말씀)
10장 16-25절 :	열두제자의 운명-제자가 당할 박해 로기온(λόγιον)-말씀
10장 26-41절 :	제자도에 관한 말씀(예수님의 '어록 자료'에서 유래, 40-41절은 '마태 특수 자료'에서 유래)
11장 1절 :	산상설교의 종결절과 비교될 수 있는 종결절

이런 맥락을 고려하여 선정된 본문, 곧 좁은 의미에서 '제자 파송 설교'를 담고 있는 1-15절의 구성을 살펴보면 다음과 같다.

1. 1절 : 예수님께서 열두 제자를 부르시고 권세를 주심
2. 2-4절 : 열두 제자의 명단
3. 5-15절 : 열 두 제자를 보내심(좁은 의미의 제자 파송 설교)
   (1) 5-6절 : 이스라엘 백성, 곧 잃어버린 양에게로 보내심
   (2) 7-8절 상반절 : 제자의 사명(천국 전파와 능력 행함)
   (3) 8절 하반절-10절 : 먹을 것을 염려하지 말라는 말씀

(4) 11-15절 : 머물 곳을 염려하지 말라는 말씀

10장에 기록된 제자 파송 설교의 특징을 살펴보면 다음과 같다.

첫째, 마태의 경우 마가복음과 예수님의 '어록 자료'의 제자 교훈이 섞여 있다.

둘째, 마태의 경우 열두 제자 활동과 그들의 돌아옴에 관한 말씀이 생략되어 있다(6:12-13, 30-31). 이로써 이 설교는 본보기적인 성격을 가지게 된다.

셋째, 마태의 경우 제자파송에서 그 보내심의 영역은 이스라엘에 국한되어 있다(10:5-6). 왜냐하면 마태복음에서 온 세상을 향한 이방인 선교는 부활하신 예수님의 선교 명령에서 비로소 시작될 것이기 때문이다(28:16-20).

넷째, 제자들이 가야할 영역을 이스라엘에 제한한 것은 마태에게서 볼 수 있는 기독론의 특징 중의 하나이다. 마태에 의하면 지상에서 활동하신 예수님은 유대인을 위해서 일하신다(15:24).

다섯째, 제자들에 대한 박해 예고(10:17-23)에는 유대 묵시적인 사상이 나타난다. 이로써 유대인을 통한 박해가 예상된다.

V. 본문 풀이

1. 열두 제자를 부르심(1-4절)

[1절] 그리고 그분은 자신의 열두 제자를 부르시어 그들에게 더러운 영들을 아 내며 모든 병과 모든 약한 것을 고치는 권세를 주셨다. (Καὶ προσκαλεσάμενος τοὺς δώδεκα μαθητὰς αὐτοῦ ἔδωκεν αὐτοῖς ἐξουσίαν πνευμάτων ἀκαθάρτων ὥστε ἐκβάλλειν αὐτὰ καὶ θεραπεύειν πᾶσαν νόσον καὶ πᾶσαν μαλακίαν.)

이스라엘의 구원을 위한 예수님의 활동은 이 단락에 세 번이나 언급된 '열둘'(δώδεκα)을 부르심에 나타난다(1, 2, 5절). 이 열둘은 이스라엘 열두 지파를 상징하며(19:28),[2] 예수님께서 부르신 이 '열둘'은 '제자'(μαθητής)[3]로 불린다. '제자' 용어는 '제자 파송 설교' (10장)의 서두(1절)와 가운데(24-25절), 그리고 말미(42절; 11:1)에서 중심적인 용어이다. 그 제자에게 예수님은 친히 행하시던 모든 병과 모든 약한 것을 고치는 권세(4:23; 8:16; 9:35)를 주셨다. 이로써 제자들은 예수님의 권세(ἐξουσία)에 참여하게 된다. 그들의 권세는 주님의 권세이다(28:18-20 참조).

마태의 경우 초기 교회의 시작을 보도하는 것이 문제가 아니라 현재 교회 안에 머물러 있는 주님의 권세가 문제이다. 그러므로 마태는 1절에서 '사도들'(ἀπόστολοι)이 아니라 '제자들'(μαθηταί)이라는 용어를 사용하고 있다. 왜냐하면 마태의 경우 열두 제자는 이 땅에서 활동하시던 예수님과 부활하신 주님에 의해 보냄을 받은 교회 안에 있는 그리스도의 제자들을 연결하는 '고리'이기 때문이다. 그렇기는 하지만

---

2) 오리게네스 이후로 열둘을 열두 천사의 무리, 하루의 열두 시간, 온전한 수, 열두 족장, 요단강의 열두 돌, 삼위일체 하나님과 땅의 수 조합 등의 상징으로 생각했다. Ulrich Luz, *Das Evangelium nach Matthäus* I/2(Neukirchen: Neukirchener Verlag, ²1989), 83, 각주 10 참조.

3) '제자'(μαθητής)는 '배우다'(μανθάνω)라는 동사에서 유래되었는데, 어원적으로는 '배우는 자'를 뜻한다. 이는 공관복음 중 마태복음에서 가장 자주 나타나는(마태 72번, 마가 46번, 누가 37번) 마태의 애(愛)용어로 마태의 경우 빈도수의 반 이상이 마태가 손질한 구절에서 나타난다. 이 용어에 대한 마태의 선호성은 '제자 삼다'(μαθητεύω)는 용어가 오직 마태에서만 나타난다는 데서도 알 수 있다. 그것에 대하여는 Ulrich Luz, *Das Evangelium nach Matthäus* I/1(Neukirchen: Neukirchener Verlag, ²1989), 44 참조.

다음 절에서 곧바로 열두 제자들이 사도라는 것이 밝혀진다(눅 6:13 참조).

2. 열두 제자의 명단(2-4절)

[2-4절] ²그 열두 사도의 이름은 이러한데, 먼저 베드로라 하는 시몬과 그의 형제 안드레와 세베대의 아들 야고보와 그의 형제 요한, ³빌립과 바돌로매, 도마와 세리 마태, 알패오의 아들 야고보와 다대오, ⁴가나나인 시몬 및 가룟 사람 유다, 곧 예수를 넘겨 준 자이다. (²τῶν δὲ δώδεκα ἀποστόλων τὰ ὀνόματά ἐστιν ταῦτα· πρῶτος Σίμων ὁ λεγόμενος Πέτρος καὶ Ἀνδρέας ὁ ἀδελφὸς αὐτοῦ, καὶ Ἰάκωβος ὁ τοῦ Ζεβεδαίου καὶ Ἰωάννης ὁ ἀδελφὸς αὐτοῦ, ³Φίλιππος καὶ Βαρθολομαῖος, Θωμᾶς καὶ Μαθθαῖος ὁ τελώνης, Ἰάκωβος ὁ τοῦ Ἀλφαίου καὶ Θαδδαῖος, ⁴Σίμων ὁ Καναναῖος καὶ Ἰούδας ὁ Ἰσκαριώτης ὁ καὶ παραδοὺς αὐτόν.)

이제 1절과 달리 '제자들' 대신에 '사도들'(ἀπόστολοι)이 언급된다. 그리고 그것은 예수님이 말씀하시는 것이 아니라 마태가 보고하는 양식으로 언급된다. '제자'의 경우 스승의 가르침을 받아 그를 따르는 자이나, '사도'4)는 특별한 역할이나 기능을 가지고 보냄을 받은 자에 대한 명칭이다. 곧 사도들은 예수님께서 보내신 자들이다.

2절에서 4절까지 사도들의 명단이 열거된다. '사도'라는 명칭은 예수님의 부활 이후 예수님을 지상에서 따라다닌 열둘에게 붙여진 호칭이다. 여기서 마태의 교회에서 '제자'는 '사도'보다 더 확대된 의미로 사용되었기에 열두 제자들이 사도라는 것이 언급된다.

이 사도 목록은 몇 가지 특징을 보여 준다. 우선 같은 이름은 마가

---

4) '사도'(ἀπόστολος)는 '사명을 주어 보내다'라는 동사(ἀποστέλλειν)에서 유래되었으므로 '사명과 함께 보냄을 받은 자'라는 의미를 가지고 있다.

의 경우처럼(막 3:16-19) 구별하여 묘사한다. 즉 야고보는 세베대의 아들 야고보와 알패오의 아들 야고보로 구분되고, 시몬은 베드로(Πέτ-ρος)라 하는 시몬과 가나나인(Καναναῖος)인 시몬으로 구분된다. 이 때 '가나나인'이란 '가나 지역 사람'이 아니며,[5] 성경에 나오는 '가나안 사람'도 아니다.[6] 오히려 그것은 누가복음 6장 15절이나 사도행전 1장 13절이 그것을 "셀롯(ζηλωτής)이라는 시몬"으로 옮긴 것처럼 출신 성분을 나타내는 말로 민족주의적이고 행동주의자인 열심당원을 가리키는 아람어에서 유래된 용어이다.[7]

사도 명단의 특징으로 지적할 수 있는 다른 것으로 형제는 그 이름이 함께 붙여 언급된다는 점이다. 곧 시몬과 안드레, 야고보와 요한은 같이 나란히 나타난다. 또 마태만 '세리'(τελώνης)라고 하는 직업이 밝혀진다. 9장 9-10절에 의하면 예수님은 세관에 앉아 있는 세리 마태를 부르셨고 그의 집에서 많은 세리들과 죄인들과 함께 식사하셨다. 그리고 '가룟 사람'('Ἰσκαριώτης)[8] 유다의 경우에만 그 행한 일이 서술된다. 그는 예수님을 로마 군인들에게 '넘긴 자'(ὁ παραδούς)[9]이다.

그 밖에 눈에 띄는 사도 명단의 특징은 열둘 가운데서 베드로의 이름이 가장 먼저 언급된다는 점이다. 이 절에 대한 석의에서 문제가

---

5) 가나나인이 가나 사람이라면 이는 Καναναῖος가 아니라 Καναῖος가 되어야 한다.
6) 가나나인이 가나안 사람이라면 이는 Καναναῖος가 아니라 Χαναναῖος가 되어야 한다.
7) 히브리어 또는 아람어로 '열심을 내다'에 해당하는 용어는 '카나'(קנא)이다.
8) '가룟 사람'('Ἰσκαριώτης)은 유다 지파의 성읍 가룟(수 15:25 참조) 출신의 사람이라는 뜻을 가진 히브리어 '이쉬 크리옷'(איש קריות)에서 유래되었다(요 14:22 참조).
9) 여기서 '넘기다'(παραδίδωμι)는 '전해 주다'는 뜻이 아니라 수난과 관련된 용어로 '넘겨주다'는 의미이다.

되는 것은 'πρῶτος Σίμων'에 대한 해석이다. 이를 베드로의 수위(首位)성을 고려하여 대중 라틴어 역본인 불가타(Vulgata)처럼 '수장 시몬'(Primus Simon)으로 옮겨야 하는가 아니면, 베드로가 시간적으로 먼저 부름 받은 것으로 보아 '먼저 시몬'으로 옮겨야 하는가10)라는 번역의 문제가 있다. 번역 상으로는 후자가 옳다. 왜냐하면 열둘 중 예수님에 의해 베드로라 불린(마 16:18, "너는 베드로라") 시몬이 가장 먼저 제자로 부름 받았기 때문이다(마 4:18-22). 그러나 내용적으로는 마태복음에 나타나는 베드로의 우선성을 부인할 수 없다.11)

3. 열두 제자를 보내심(5-15절): 좁은 의미의 '제자 파송 설교'

(1) 이스라엘 백성, 곧 잃어버린 양에게로 보내심(5-6절)

[5절] 예수께서 이 열둘을 내보내며 명하여 말씀하시기를 이방인들의 길로 가지 말며 사마리아인의 성읍에도 들어가지 말고 오히려 이스라엘 집의 잃어버린 양들에게로 가라. (Τούτους τοὺς δώδεκα ἀπέστειλεν ὁ Ἰησοῦς παραγγείλας αὐτοῖς λέγων· εἰς ὁδὸν ἐθνῶν μὴ ἀπέλθητε καὶ εἰς πόλιν Σαμαριτῶν μὴ εἰσέλθητε· πορεύεσθε δὲ μᾶλλον πρὸς τὰ πρόβατα τὰ ἀπολωλότα οἴκου Ἰσραήλ.)

---

10) 종교개혁자 츠빙글리(Zwingli)는 크리소스톰(Chrisostom)처럼 이런 입장을 주장한다. 크리소스톰에 의하면 마가는 사도들을 그 중요도에 따라 배열하며(막 3:16-19), 마태는 그것과 상관없이 본문의 순서에 따라 열거한다. 즉 마가의 경우 베드로, 세베대의 아들 야고보와 요한, 안드레, 빌립, 바돌로매, 마태, 도마, 알패오의 아들 야고보, 가나나인 시몬, 가룟 유다 순으로 열거된다. U. Luz, *Matthäusevangelium* I/2, 85 각주 22 참조.

11) 베드로는 예수님에 대한 긍정적인 신앙(마 16:13-20)뿐 아니라 부정적인 신앙(마 14:28-31; 16:23)에서도 다른 제자들보다 앞선 모습을 보여 준다.

둘째 단락의 시작은 새로운 도입문인 "예수께서 이 열둘을 내보내며 명하여 말씀하시기를"(Τούτους τοὺς δώδεκα ἀπέστειλεν ὁ Ἰησοῦς παραγγείλας αὐτοῖς λέγων)로 시작한다. 예수님께서 제자들을 불러 그들에게 귀신을 쫓아내며 모든 병과 모든 약한 것을 고치는 권세를 주신 후에 비로소 그들을 이방인이 아니라 먼저 유대인에게로 보내신다. 열두 제자들은 순수한 이방인이 아니라, 또 이방인과 피가 섞인 사마리아인이 아니라 이스라엘에게로 가야 한다. 이 두 절에서 팔레스틴적 관점이 반영되어 있는 예수 로기온12)에 의하면 예수님의 열두 제자 보내심은 이스라엘에 국한되어 있다(15:24 참조). 왜냐하면 마태에 의하면 예수님께서 부활하신 후에 비로소 그 제자들을 '모든 민족'(πάντα τὰ ἔθνη)에게 보내실 것이기 때문이다(28:19).

"이스라엘 집의 잃어버린 양들"(τὰ πρόβατα τὰ ἀπολωλότα οἴκου Ἰσραήλ)이란 9장 35절에서와 마찬가지로 이스라엘의 어떤 특정한 무리를 가리키는 것이 아니라 구원받아야 할 온 이스라엘을 의미한다. 왜냐하면 구약전승에 의하면 '양'은 전체 이스라엘을 비유로 나타내는 '그림말'이기 때문이다(사 53:6; 렘 27:6[LXX]; 겔 34:6, 12, 16; 슥 13:7; 시 119:176; 출 16:31; 삼하 1:12 등 참조).13)

(2) 제자의 사명: 천국 전파와 능력 행함(7절-8절 상반절)

[7-8절상] ⁷가면서 천국이 가까이 왔다고 말하며 전파하라. ⁸상병든 자들을

---

12) Joachim Gnilka, *Das Matthäusevangelium* I/1, HThKNT I/1(Freiburg im Breislau: Herder, 1986), 368 참조.
13) 이러한 표현이 구약전승과 관련되었다는 것은 '이스라엘 집'(οἶκος Ἰσραήλ)이라는 용어가 칠십인역(LXX)에서 자주 등장하는 것에서도 확인될 수 있다. *ThWNT* VI(1959), s. v. "πρόβατον" by Herbert Preisker & Siegfried Schulz, 689-90 참조.

고치며 죽은 자들을 일으키며 나병 환자들을 깨끗하게 하며 귀신을 쫓아내되, (⁷πορευόμενοι δὲ κηρύσσετε λέγοντες ὅτι ἤγγικεν ἡ βασιλεία τῶν οὐρανῶν. ⁸ᵃᵃἀσθενοῦντας θεραπεύετε, νεκροὺς ἐγείρετε, λεπροὺς καθαρίζετε, δαιμόνια ἐκβάλλετε·).

열두 제자가 예수님께로부터 받은 파송 과제는 예수님께서 하시던 사역과 일치한다. 7-8절 상반절 말씀에서 예수님의 활동 요약(마 4:23; 9:35) 가운데 '가르침'(διδάσκειν)을 제외한 '선포함'(κηρύσσειν)과 능력을 행하는 '고침'(θεραπεύειν) 사역이 언급된다. 가르침의 사역에 대한 언급이 여기서 제외된 것은 마태의 경우 예수님의 공생애를 다루는 이야기에서 가르치는 스승은 예수 그리스도 한 분이시기 때문이다(마 23: 8). "천국이 가까이 왔다"는 메시지는 세례 요한의 선포 요약(마 3:2)이나 예수님의 선포 요약(마 4:17)에 일치한다. 7절에서는 4장 17절에서와 달리 '회개하라'는 말씀이 나타나지 않는다. 이는 복음을 전하는 제자들의 상황과 관련되어 있다. 오히려 12절에 의하면 제자들은 '회개하라'는 말씀 대신 '평안'을 빈다.

5절 말씀에서 제자 파송 말씀의 성격을 '명(령)함'(παραγγέλλειν)으로 규정한 대로 이 본문 단락의 끝인 15절까지 '가라'(πορεύεσθε), '전파하라'(κηρύσσετε), '고치라'(θεραπεύετε), '일으키라'(ἐγείρετε), '깨끗하게 하라'(καθαρίζετε), '쫓아내라'(ἐκβάλλετε), '주라'(δότε), '찾아내라'(ἐξετάσατε), '머물라'(μείνατε), '문안하라'(ἀσπάσασθε)는 모두 열 개의 2인칭 복수 명령형 동사와 '임하게 하라'(ἐλθάτω)와 '돌아오게 하라'(ἐπιστραφήτω)는 두 개의 3인칭 단수 명령형 동사가 언급된다. 그러므로 5-15절은 제자들을 보내시며 그들에게 주시는 예수님의 명령이다.

아무튼 7-8절 상반절까지 본문에 나타나는 병든 자들을 고치며, 죽은 자들을 일으키며, 나병 환자들을 깨끗하게 하며, 귀신을 쫓아내는 제자들의 행위에서 하나님 나라의 가까움이 나타난다. 이와 같이 예수님의 천국 전파에서 말씀과 행위가 하나로 나타난 것처럼 제자들의 천국 전파에서도 말씀과 행위가 하나로 나타나야 한다. 특히 제자들에게 명령된 네 가지 행위 중 두 가지는 메시아적인 행위와 관련되어 있다. 이는 옥에 갇혀 있던 세례 요한이 예수님께서 하신 일을 듣고 그 제자들을 예수님께 보내어 예수의 메시아 됨에 대해 물었을 때, 예수께서 "맹인이 보며 못 걷는 자가 걸으며 나병 환자가 깨끗함을 받으며 못 듣는 자가 들으며 죽은 자가 살아나며 가난한 자에게 복음이 전파된다 하라"(마 11:5)고 하신 말씀에서 찾을 수 있다.

(3) 먹을 것을 염려하지 말라는 말씀(8절 하반절-10절)

[8절하-10절] ⁸ʰ너희가 거저 받았으니 거저 주어라. ⁹너희 돈주머니에 금이나 은이나 동을 받아 넣지 말고, ¹⁰여행을 위하여 배낭이나 두 벌 속옷이나 신발이나 지팡이를 가지지 마라. 이는 일꾼이 자기의 먹을 것 받는 것이 마땅하기 때문이다. (⁸ʰδωρεὰν ἐλάβετε, δωρεὰν δότε. ⁹Μὴ κτήσησθε χρυσὸν μηδὲ ἄργυρον μηδὲ χαλκὸν εἰς τὰς ζώνας ὑμῶν, ¹⁰μὴ πήραν εἰς ὁδὸν μηδὲ δύο χιτῶνας μηδὲ ὑποδήματα μηδὲ ῥάβδον· ἄξιος γὰρ ὁ ἐργάτης τῆς τροφῆς αὐτοῦ.)

8절 하반절은 자신들이 예수님께 받은 권세로 행한 능력의 대가로 제자들이 어떤 것도 받지 말아야 한다는 것을 보여 준다. 예수님께서 그러하신 것처럼 제자들도 마찬가지이다. 은혜로 받은 것에 대하여 어떤 대가도 요구하지 말라는 말씀이다.

계속하여 9절 말씀에 예수님의 제자들이 능력 행함에 대한 대가로 금화(χρυσός)나 은화(ἄργυρος)나 동전(χαλκός)을 받아 챙기지 말라는 명령이 이어진다. 여기에 사용된 κτάομαι는 '소유하다'나 '지니다'의 뜻이 아니라 '얻다' 또는 '획득하다'의 의미로 사용되었다. 따라서 여기서는 능력 행함에 대한 대가로 받아 돈주머니에 넣는 것을 의미한다. 곧 이 구절에서는 소유의 문제가 아니라, 전파함이나 능력 행함에 대하여 신앙 공동체나 다른 이들이 주는 먹을 것(마 6:26 참조) 이외에 받거나 요구하는, 보상이나 대가의 문제이다.14) 이것은 마태복음의 영향을 받은 문헌에서도 입증된다. 곧 『사도들의 교훈』(διδαχὴ τῶν ἀποστόλων)에 수록되어 있는 초기 기독교의 사도들이나 예언자의 손님 접대에 대한 '복음의 가르침'(τὸ δόγμα τοῦ εὐαγγελίου)에 의하면 복음을 전하는 자는 어떤 집에 유숙(留宿)한 다음 그 곳을 떠날 때 빵 외에 다른 어떤 것도 받지 말아야 한다(디다케 11장 6절).15)

이어서 10절에서 천국을 전파하기 위해 주님으로부터 보내심을 받은 제자들이 전도 여행길에 오를 때 가지지 말아야 할 것이 언급된다. 두 벌 '속옷'(χιτών)이나 '신발'(ὑποδήμα)을 가지지 말라는 표현에서 여행 준비물로 단지 한 벌의 '속옷'만이 허용됨이 나타나지만(눅 10:4 참조16)), 그 외에 지팡이(ῥάβδος)나 어떤 물건을 담을 수 있는 배낭(πήρα)도 가져서는 안 된다. 그것은 천국 백성이 된 그리스도의 제자가 하나님 나라와 그의 의를 구할 때 하나님께서 필요한 것을 주실 것이기 때문이다(마 6:25-34 참조). 이제 제자는 '일꾼'(ἐργάτης)으로

---

14) U. Luz, *Matthäusevangelium* I/2, 95 참조.
15) 디다케 11장 3-6절의 본문은 다음과 같다. 곧 "³사도들과 선지자들에 관하여는 복음의 가르침에 따라 이렇게 행하라. ⁴너희에게 오는 모든 사도는 주님처럼 영접받게 하라. ⁵그러나 그는 하루만 머무를 것이요, 필요하다면 다음 날도 머무를 것이다. 그러나 사흘을 머문다면 그는 거짓 선지자이다. ⁶또 그 사도가 떠날 때는 그가 다른 곳에 유숙할 때까지 빵 이외에는 어떤 것도 받지 않게 하라. 만일 그가 돈을 요구한다면 그는 거짓 선지자일 것이다." Klaus Wengst (Ed.), *Schriften des Urchristentums* II(Darmstadt: Wissenschaftliche Buchgesellschaft, 1984), 82-85 참조.
16) 누가의 경우 제자들이 전도 여행길에 오를 때 "돈주머니나 배낭이나 신발"을 가지는 것도 허용되지 않음으로써 그들에게 더 철저한 무장이 요구된다.

표현된다. 일꾼이 그 '먹을 것'(τροφή)을 받는 것은 당연한 일이다. 여기서 제자들에게 그 필요한 것을 채워 주시는 하나님에 대한 전적인 신뢰가 요구되며, 동시에 먹을 것 이외에 복음 전파를 위해 전하고 능력 행한 것에 대한 어떤 보상도 받지 말아야 할 것이 요구된다.

(4) 머물 곳을 염려하지 말라는 말씀(11-15절)

[11-12절] ^{11}어떤 성읍이나 마을에 들어가든지 그 중에 합당한 자를 찾아내어, 너희가 떠나기까지 거기서 머물러라. ^{12}또 그 집에 들어가면서 문안하라. (^{11}εἰς ἣν δ' ἂν πόλιν ἢ κώμην εἰσέλθητε, ἐξετάσατε τίς ἐν αὐτῇ ἄξιός ἐστιν· κἀκεῖ μείνατε ἕως ἂν ἐξέλθητε. ^{12}εἰσερχόμενοι δὲ εἰς τὴν οἰκίαν ἀσπάσασθε αὐτήν·)

전도를 위해 여행길에 오른 제자들이 어떤 성읍(πόλις)이나 마을(κώμη)에 이르렀을 때 아무 집에나 다 묵을 수 있는 것은 아니다. 그 중에서 적절한 집을 찾아야 한다. 그리고 그 성이나 마을을 떠나기까지 거기서 머무를 수 있다. 누가와 비교해 보면 누가의 경우 어느 집에 들어갈 경우의 말씀(눅 10:5-7)과 어느 동네에 들어갈 경우의 말씀(눅 10:9-10)이 떨어져 있으나 마태의 경우는 하나로 결합되어 있다.[17] 12절에서 제자들은 그 집에 들어갈 때 평안을 구하는 것이 아니라 평안의 인사를 해야 한다.

[13절] 그 집이 이에 합당하면 너희의 평안이 그 집에 임하게 하며, 만일 합당하지 아니하면 너희의 평안이 너희에게로 돌아오게 하라. (καὶ ἐὰν μὲν ᾖ ἡ οἰκία ἀξία, ἐλθάτω ἡ εἰρήνη ὑμῶν ἐπ' αὐτήν, ἐὰν δὲ μὴ ᾖ ἀξία, ἡ

---

17) 이런 이유로 인해 슐츠는 전승사적으로 누가의 본문을 마태의 그것보다 더 본래적으로 여긴다. Siegfried Schulz, *Q - Die Spruchquelle der Evangelisten* (Zürich: Theologischer Verlag Zürich, 1972), 404-19, 특히 405 참조.

εἰρήνη ὑμῶν πρὸς ὑμᾶς ἐπιστραφήτω)

여기서 문제는 평안 그 자체가 아니라 평안을 빈 문안의 효력의 문제이다. 곧 평안을 빈 인사는 그 자체가 평안의 효력을 내는 것이 아니라 그 인사를 받는 사람의 영접 의사에 따라 그 효력이 결정된다. 그 인사를 받는 사람이 합당하게 여기면, 그 평안이 그 집에 임하며, 그렇지 않으면 그 평안은 빈 사람인 제자에게로 돌아온다. 여기서 '평안'(εἰρήνη)이란 히브리인들의 일상적인 인사말인 '샬롬'(שלום)이 아니라 하나님의 구원이 그 집에 임하는 특별한 축복이다.18) 그 배경에는 하나님 나라의 계시와 종말적인 평화에 대해 언급하는, 이사야 52장 7절의 탈굼(Targum)이 자리하고 있다.19) 그리고 '합당한'(ἀξία)이란 표현은 제자들을 영접하는 그 집의 태도를 보여 준다.20) 그러므로 이 진술은 '예정론적인 진술'이 아니라 평안의 인사를 받는 자에게 결단을 요구하는 '결정의 이원론적인 진술'이다.21) "너희의 평안"(εἰρήνη ὑμῶν)에서 '너희의'는 '주격적 속격'(genitivus subjectivus)이다. 따라서 이는 '너희가 빈 평안'을 의미한다.

[14절] 또 누구든지 너희를 영접하지 아니하고 너희 말을 듣지도 아니하면 그 집이나 성 밖으로 나가 너희 발의 먼지를 떨어 버리라. (καὶ ὃς ἂν μὴ δέξηται ὑμᾶς μηδὲ ἀκούσῃ τοὺς λόγους ὑμῶν, ἐξερχόμενοι ἔξω τῆς οἰκίας ἢ τῆς πόλεως ἐκείνης ἐκτινάξατε τὸν κονιορτὸν τῶν ποδῶν ὑμῶν)

"집(οἰκία)이나 성읍(πόλις)"이 함께 언급된다. 어떤 경우든지 동

---

18) U. Luz, *Matthäusevangelium* I/2, 101.
19) Bruce D. Chilton, *The Isaiah Targum*, The Aramaic Bible II(Edinburgh: T. & T. Clark, 1987), 102.
20) Wolfgang Wiefel, *Das Evangelium nach Matthäus*, ThHNT 1(Leipzig: Evangelische Verlagsanstalt, 1998), 194.
21) J. Gnilka, *Matthäusevangelium* I/1, 368.

일하다. 예수님의 제자를 영접하지 않고 그 말도 듣지 않으면 제자와의 교제가 깨진다. 그것은 그 집이나 성읍 밖으로 나가 '발에 먼지를 떨어 버리라'[22]는 "철저한 분리"[23]를 의미하는 상징적인 행위로 표현된다. 이는 "어떤 해고 상징이나 저주나 심판 통고가 아니라 심판 실행"[24]이다. 하나님의 평안이 제자들에게 되돌아옴으로써, 또 그 교제가 깨짐으로써 집이나 성읍은 하나님의 구원 밖에 놓이게 된다. 바로 예수님의 제자들과 만남에서 구원과 멸망이 결정된다.

14절 말씀 뒤에는 선교하는 마태 공동체가 있다. 부활하신 예수님께서 하늘로 올라가신 후 선교하는 마태 공동체는 예수님께 받은 권세로 천국 복음을 전한다. 복음을 전하는 마태 공동체의 일원과 이 복음을 받아들이는 자에게는 구원이 임하며, 그렇지 않은 자에게는 멸망만이 있을 뿐이다.

[15절] 진실로 내가 너희에게 이르나니, 심판날에 소돔과 고모라 땅이 그 성보다 더 잘 견딜 수 있을 것이다. (ἀμὴν λέγω ὑμῖν, ἀνεκτότερον ἔσται γῇ Σοδόμων καὶ Γομόρρων ἐν ἡμέρᾳ κρίσεως ἢ τῇ πόλει ἐκείνῃ)

도입(導入)어 '진실로'(ἀμήν)로 시작되는 도입 공식문인 "진실로 내가 너희에게 이르나니"(ἀμὴν λέγω ὑμῖν) 다음에 심판 말씀이 이어진다. 이 말씀은 이미 일어난 것을 확증한다. '소돔'과 '고모라'는 죄로 멸망하여 벌을 받는 견본적인 도시이다(사 1:9; 13:19; 렘 23:14;

---

22) '발에서 먼지를 떨어 버리는 것'은 예언적인 상징 행위인데, 구약에서 그와 비슷한 행위를 옷자락을 터는 행위에서 찾아볼 수 있을 것이다(느 5:13). 이는 모든 사귐과 관계가 단절되는 것을 보여 주는데 사도행전에서도 나타난다(행 13:51; 18:6 참조).
23) W. Wiefel, *Matthäusevangelium*, 194.
24) U. Luz, *Matthäusevangelium* I/2, 101.

49:18; 50:40; 롬 9:29; 벧후 2:6 참조). '심판 날에'(ἐν ἡμέρᾳ κρίσεως) 임할 심판은 제자들이 전하는 구원의 말씀을 거절하는 사람뿐 아니라 그 땅에도 임한다. 예수님께서 보내신 제자들과 그들이 전하는 메시지에 대한 태도가 구원에서 결정적이다.

VI. 본문이 전하는 말씀

첫째, 예수님께서 제자들을 부르시고 그들을 세상에 보내신 것은 천국을 전하는 자신의 일을 계속하도록 하기 위함이었다(1절). 그러므로 그리스도의 제자는 자신의 일이 아니라 예수 그리스도의 일을 계속하는 자이다. 따라서 자신의 일을 그리스도의 일에 일치되게 하는 삶의 태도를 가지고 그러한 제자의 길을 걸어야 한다.

둘째, 이 천국 전파를 위하여 예수님께서 제자들에게 권세(ἐξουσία)를 주셨다(1절). 그러므로 그리스도의 제자는 무엇을 어떻게 말하고 행할까를 염려할 필요가 없다. 과제와 사명을 주고 보내신 주님은 그것을 행할 능력과 권세도 주시는 분이시다(마 10:19-20). 그리스도의 일꾼이 주님의 일을 하고자 하고 그 주님의 일을 한다면, 주님은 능력을 주시고 세상 끝 날까지 그와 함께 하신다(마 28:20 참조).

셋째, 예수님께서 열둘을 제자로 부르셨다(1, 2-4절). '열둘'은 상징적인 수이다. 이는 예수님 당시에는 제자들이 보내심을 받은 영역이 이스라엘의 열두 지파임을 의미하며, 마태 이후의 독자에게는 그것이 온 세상임을 의미한다. 이는 구원의 보편주의, 그리고 복음 전파의 보편주의를 의미한다. 그리스도의 제자는 누구에게나, 그리고 어디에나 갈 수 있어야 한다. 예수님을 따르는 그리스도인 모두는 예수님을 믿지 않는 모두에게로 갈 수 있어야 한다.

넷째, 예수님께서 택하신 열둘은 다양한 사람들로 구성되었다(2-4

절). 출신 지역이나 직업이 다른 다양한 사람들이 제자로 부르심을 받았다. 심지어 그 중에는 예수님을 팔아넘긴 자도 있었다. 이는 예수님이 전하신 보편적인 천국 복음에 부합된다. 유대인이나 이방인이나, 남자나 여자나, 의인이나 죄인이나, 세리나 창기도 그 복음을 받을 수 있다. 그러므로 제자는 그릇된 성별 의식을 버리고 당파주의를 극복해야 한다.

다섯째, 예수님께서 제자들을 먼저 이스라엘의 구원을 위하여 보내신다(5-6절). 그러나 열방의 구원이 배제되지 않는다(마 8:5-13; 15:21-28 참조). 이것이 하나님의 구속사의 지평이다. 그러므로 제자들에게는 하나님의 포괄적인 구속사에 대한 안목이 요구된다.

여섯째, 보냄 받은 제자의 사역은 예수님의 사역을 대신한다(7-8절 상반절). 예수님께서 제자들에게 자신이 하신 사역을 제자들에게 맡기시고, 부활하신 예수 그리스도께서 그것이 계속될 수 있도록 제자들에게 제자 삼는 사역을 명하셨다(마 28:19). 그러므로 그리스도의 제자 된 그리스도인은 주님의 사역을 계속해야 한다.

일곱째, 제자는 천국을 전하면서 거저 주어야 한다(8절 하반절). 곧 제자는 천국을 전하면서 행한 병 고침, 죽은 자를 살림, 나병 환자를 깨끗하게 함, 귀신을 쫓아 냄 등의 능력 행함에 대해 보상을 바라거나 대가를 요구하지 말아야 한다. 거저 받았기 때문에 거저 주어야 한다. 이것은 제자들이 아무것도 받지 못한다는 말이 아니라 대가나 보상을 바라거나 요구하지 말라는 말씀이다. 이미 보상을 받은 자에게는 천국에서 받을 상이 없다(마 6:2, 5, 16 참조).

여덟째, 제자는 먹을 것을 염려하지 말아야 한다(9-10절). 먹을 것은 인간 생활의 기본적인 세 요소인 의식주(衣食住) 가운데 하나이다. 주님의 일꾼은 자기의 먹을 것을 먹는 것이 마땅함으로 염려할 필요가 없다(마 6:25-31 참조). 하나님께서는 그것이 제자들에게 있어야 할 줄을 알고 계신다(마 6:32). 그러므로 제자에게는 필요한 것을 채워 주시는 하나님에 대한 전적인 신뢰가 요구된다. 그것을 믿지 못하는 자는 '믿음이 작은 자'(ὀλιγόπιστοι)25)이다(마 6:30 참조).

아홉째, 제자는 머무를 곳을 염려하지 말아야 한다(11-15절). 제자는 먹을 것과 마찬가지로 머무를 곳에 대하여도 염려할 필요가 없다. 복음을 받아들이는 자를 통해서 유숙할 곳을 찾을 수 있기 때문이다. 복음 전파가 기본적인 주거지 찾기보다 우선적이다. 이는 "먼저 하나님의 나라와 그의 의를 구하라"(마 6:33)는 말씀의 속뜻과 일치한다.

VII. 나가는 말

네 복음서 가운데 마태복음의 경우 지상에서 활동하신 예수님과 하늘에 올라가 계신 그리스도의 동일하심과 함께 주님이신 예수님과 그 제자인 열둘을 동일시하는 것이 가장 분명하게 나타난다. 이는 기

---

25) 이 용어는 신약성경에서 총 다섯 번, 그것도 마태복음과 누가복음에서만 발견된다. 누가복음에서는 12장 28절에서 단 한 번 마태복 6장 30절에 대한 평행절로 사용되는데 '무엇을 먹을까 무엇을 입을까 염려하는 사람'을 지칭하는 말이다. 이 곳을 제외하면 이 용어는 마태복음에서만 네 번 사용되는 마태복음의 특징어이다. 곧 마태복음에서는 '무엇을 먹을까 무엇을 입을까를 염려하는 사람'(6:30), '풍랑을 염려하는 제자'(8:26), '물 위를 걷다가 바람을 보고 의심하여 물에 빠지는 베드로'(14:31), '누룩 말씀을 깨닫지 못하는 제자들'(16:8)이 예수님께 '믿음이 작은 자'로 책망을 받는다. 이 모든 구절들은 예수께서 그 제자들에게 주신 말씀이다. 제자들 이후의 교회에서 예수님과 제자들의 관계는 주님께서 남기신 말씀과 교회의 관계로 옮겨졌다. 즉 이 말씀을 읽고 듣는 마태의 교회에서는 '신앙과 불신앙'이 아니라 예수님을 따라가는 제자의 삶에서 '큰 믿음과 작은 믿음'이 문제였다. 마태의 경우 이 용어는 교회론적으로 각인되어 있다. 이에 대하여 *Exegetisches Wörterbuch zum Neuen Testament* II(1981), s. v. "ὀλιγοπιστία ὀλιγόπιστος" by Gerhard Barth, 1237-38 참조.

본적으로 모범적 의미를 지지고 있다. 즉 열두 제자는 부활하여 천상에 계신 그리스도를 예수님을 따르는 모든 그리스도인과 연결하는 '고리' 역할을 한다. 그러므로 마태의 경우 제자에 대한 말씀에서 문제가 되는 것은 '열두 제자단'이 아니라 그 이후 모든 예수님을 따르는 무리에게 해당되는 '제자도'의 문제이다. '제자 파송 설교'를 이런 시각으로 볼 때 예수님께서 열두 제자를 부르심은 오늘의 그리스도인들에게 종말론적인 부르심이 되며, 예수님께서 열두 제자를 보내실 때 주신 파송 과제는 부름 받은 오늘의 제자들에게 온 세상을 향한 종말론적인 세계 선교 과제가 된다. '교회 됨이란 무엇인가? 그것은 다름 아니라 "예수님의 위임과 권세를 받아 그와 같이 살고, 그와 같이 고난 받음"26)을 의미한다.

"추수할 것은 많되 일꾼이 적다"(마 9:37)는 예수님의 말씀은 아직도 유효하다. 왜냐하면 본문의 말씀에 부합된 주님의 일꾼이 오늘 우리의 시대에 턱없이 부족하기 때문이다. 주님께서 주시는 권세로 주님의 일, 곧 천국을 전파하며 병든 자들을 고치며 죽은 자들을 일으키며 나병 환자들을 깨끗하게 하며 귀신을 쫓아내는 일을 아무런 대가나 보상을 바라거나 요구하지 않으면서 계속하며, 인간이 살아가는 데 가장 기본적인 필수 요소인 먹을 것과 머무를 곳조차 염려하지 않으면서 하나님을 전적으로 믿고 의지하며 주님을 따라갈 수는 없을까? 다시 한 번 본문의 말씀에 귀 기울여 본다.

---

26) Ulrich Luz, *Die Jesusgeschichte des Matthäus*(1993), 박정수 역, 『마태 공동체의 예수 이야기』(서울: 대한기독교서회, 2002), 108.

제6장

천국을 전하시는 예수님
(마태복음 13장 24-30절, 36-43절)

I. 들어가는 말

마태복음 13장에는 '천국 비유 설교'라고 불리는 일곱 개 내지는 여덟 개 비유[1]가 모여 있다. 예수님은 어떤 비유를 말씀하셨으며, 왜 이 비유들을 말씀하셨고, 또한 마태가 이 비유를 모아 13장에 기록한 의도는 무엇인가? 그것들은 오늘날의 그리스도인들과 어떻게 연관되는가? 특히 그 비유 가운데 해설과 함께 보존된 '밭의 가라지' 비유는 현대를 사는 그리스도인과 어떤 관련 의미를 지니고 있는가? 오늘을 사는 그리스도인은 이 말씀에 어떻게 응답해야 하는가? 이를 '밭의 가라지' 비유와 그 해설을 담고 있는 13장 내 열다섯 절 본문을 석의(釋義)함으로써 살펴보고자 한다.

이를 위해 먼저 본문을 우리말로 옮기고(II), 그것이 마태복음의

---

[1] 마태복음 13장에 새 것과 옛 것을 곳간에서 내오는 "천국의 제자 된 서기관" 비유(52절)를 포함하면 모두 여덟 개의 비유가 나타난다.

전체 본문과 13장에서 차지하는 자리를 매겨 보고(III), 그 짜임새를 살펴본 후(IV), 각 절을 풀이한 다음(V), 본문을 현실로 옮겨 그리스도인의 삶에 적용할 수 있는 신학적인 메시지(VI)를 찾고자 한다.

II. 본문 옮기기

[24] 그분이[예수께서] 그들 앞에 다른 한 비유를 들어 이르시기를, "천국은 좋은 씨를 사기 밭에 뿌린 사람과 같다.
[25] 사람들이 자는 동안에 그의 원수가 와서 밀 가운데 가라지를 덧뿌리고 갔다.
[26] 싹이 나고 열매를 맺을 때 가라지도 보였다.
[27] 그 집 주인의 종들이 와서 그에게 말하기를 '주여, 당신의 밭에 좋은 씨를 뿌리지 아니하셨습니까? 그런데 가라지가 어디서 생겼습니까?'
[28] 그가[그 주인이] 그들에게 이르기를, '원수 된 자가 이것을 하였구나.' 종들이 그에게 말하기를, '그러면 우리가 가서 이것들을 뽑기를 원하십니까?'
[29] 그가[그 주인이] 이르기를, '[그렇게] 하지 마라. 이는 너희가 가라지를 뽑다가 밀까지 뿌리 뽑지 않도록 하기 위함이다.'
[30] 둘 다 추수 때까지 함께 자라게 두어라. 그러면 추수 때 내가 추수꾼들에게 이르기를, '가라지는 먼저 거두어 불태워 없애도록 단으로 묶고, 밀은 모아 내 곳간에 넣으라.' 할 것이다."
[36] 그 때 그분이[예수께서] 무리들을 떠나 집으로 들어가셨다. 그러자 제자들이 그에게 나아와 말하기를, "밭의 가라지 비유를 우리에게 설명하여 주십시오." 하였다.
[37] 그분이 대답하여 이르시기를, "좋은 씨를 뿌리는 이는 인자요,
[38] 밭은 세상이요, 좋은 씨, 이들은 그 나라의 아들들이요, 가라지는 악한 자의 아들들이요,
[39] [가라지를] 뿌린 원수는 마귀요, 추수 때는 세상의 끝이요, 추수꾼들

은 천사들이다.
⁴⁰그러므로 가라지는 거두어 불로써 사르는 것같이, 세상 끝에도 그럴 것이며,
⁴¹인자가 그 천사들을 보내어, 그들이 그의 나라에서 모든 넘어지게 하는 것들과 또 불법을 행하는 자들을 걷어 내고
⁴²그리고 그들을 불 아궁이 속에 던져 넣을 것이니, 거기서 울며 이를 가는 자가 될 것이다.
⁴³그 때 의인들은 자기 아버지의 나라에서 해와 같이 빛날 것이다. 귀를 가진 자는 들으라." 하였다.

III. 본문의 자리 매김

복음서 저자의 편집적인 관점에서 전체 마태복음의 문학적 구조를 묻는다면 김득중의 견해를 따라 다음과 같이 마태복음을 커다란 대칭 구조로 보는 '교차 대칭 구조'(chiasm)로 답할 수 있을 것이다.2)

  A 1-4장 예수님의 탄생과 공생애 시작
   B 5-7장 산상설교
    C 8-9장 갈릴리 이적 활동
     D 10장 제자 파송 설교
  E 11-12장 유대인들에게 배척받으신 여러 활동
  F 13장 천국 비유 설교
  E´ 14-17장 제자들에게 인정받으신 여러 활동
    D´ 18장 교회 규정 설교
    C´ 19-22장 예루살렘 도상 및 예루살렘 활동

---

2) 김득중, 『복음서신학』(서울: 컨콜디아사, 1985), 37-41. 이런 입장을 오덕호는 지지한다. 오덕호, 『설교를 위한 예수의 비유 연구 - 값진 진주를 찾아서』(서울: 한국성서학연구소, 2002), 170.

B′ 23-25장 종말 설교
    A′ 26-28장 예수님의 수난과 부활

 위의 개요에서 보는 바와 같이 13장의 천국 비유 설교는 구조적으로 '교차 대칭 구조'의 한가운데서 예수님의 활동이 유대인으로부터 제자들에게로 향하는 '대전환점'[3])이 되고, 내용적으로도 마태복음의 중심 주제인 '천국'(ἡ βασιλεία τῶν οὐρανῶν)을 다루고 있어,[4]) 전체 마태복음에서 중요한 비중을 차지하고 있다.
 그리고 마태복음의 개론 단락(제1장, "마태복음 바라보기" 참조)에서 살펴보았듯이 '말씀'과 '행함'이 반복되는 구조에서 보면, 13장은 유대인들에게 배척받으신 여러 활동(11-12장) 다음에 오는 세 번째 설교 말씀이다. 이로써 마태는 자신의 공동체 내지는 청중들에게, 예수님께서 말씀을 가르치시고 행하신 것처럼, 그분을 믿고 따르는 제자들도 그분의 말씀대로 배우고 또한 배운 말씀대로 행하는 제자도를 보여 준다.
 천국 비유 설교를 담고 있는 13장의 비유 단락(13:1-52)을 살펴보면 그 구성은 다음과 같다.

   ① 1-9절 :   씨 뿌리는 비유(무리)
     10-17절 :   비유로 말씀하시는 이유(제자)
     18-23절 :   씨 뿌리는 비유 해설(제자)

---

3) Jack D. Kingsbury, *The Parables of Jesus in Matthew 13*, 김근수 역, 『마태복음 13장에 나타난 예수의 비유』(서울: 나단, 1991), 35-42 참조.
4) 마태복음에서 예수의 선포 요약은 다름 아닌 '복음'이며(26:13), 그것도 '그 나라의 복음'(τὸ εὐαγγέλιον τῆς βασιλείας), 곧 '천국 복음'이다(4:23; 9:35; 24:14). '복음' 용어는 복음서에서 단지 마태복음(4번)과 마가복음(8번)에서만 나타난다.

② 24-30절 :   밭의 가라지 비유(무리)
③ 31-32절 :   겨자씨 비유(무리)
④ 33절 :   누룩 비유(무리)
   34-35절 :   비유로 말씀하신 이유(마태가 공동체 또는 청중에게)
   36-43절 :   밭의 가라지 비유 해설(제자)
⑤ 44절 :   밭에 감추어져 있는 보화 비유(제자)
⑥ 45-46절 :   좋은 진주를 구하는 장사 비유(제자)
⑦ 47-50절 :   물고기를 모는 그물 비유(제자)
   51-52절 :   천국의 제자 된 서기관 말씀(제자)

    33절까지 나타난 네 개의 비유는 예수님께서 공개적으로 '갈릴리 호숫가'에서 무리들을 향해 말씀하신 비유이고(1절), 44절 이후의 비유는 비공개적으로 갈릴리 호숫가의 한 '집'에서 제자들을 향해 말씀하신 비유이다(36절). 또 예수님께서 씨 뿌리는 비유를 말씀하신 후 비유로 말씀하시는 이유를 밝히고(10-17절), 그 비유와 밭의 가라지 비유를 해설하는 것(18-23, 36-43절)은 단지 제자들 앞에서만 하신다.
    마가의 경우 예수님께서 씨 뿌리는 비유를 말씀하시는 것은 "그 [외인]들로 보기는 보아도 알지 못하며 듣기는 들어도 깨닫지 못하게 하여 돌이켜 죄 사함을 얻지 못하게"(막 4:12) 하기 위해서 이다. 그러나 마태의 경우 예수님께서 씨 뿌리는 비유를 말씀하시는 것은 "그들이 보아도 보지 못하며 들어도 듣지 못하며 깨닫지 못하기"(마 4:13) 때문이다. 말하자면, 마가는 예수님께서 '외인들'이 깨닫지 못하도록 씨 뿌리는 비유를 말씀하셨다고 '목적'의 접속사(ἵνα)를 사용하여 진술하며, 마태는 동일한 비유를 '외인들'이 깨닫지 못하기 때문에 말씀하셨다고 '이유'의 접속사(ὅτι)로써 진술한다.[5]

---

5) Helmut Merkel, *Bibelkunde des Neuen Testaments: Ein Arbeitsbuch*, 박창

이로써 마가와 마태가 자신의 공동체에 전하고자 한 의도가 분명하게 나타난다. 곧 마가는 '메시아 비밀론'과 관련하여 예수님께서 십자가를 지시고 부활하시기 전까지는 제자들이 참된 예수님을 알 수 없었으며 십자가와 부활 사건 이후에야 비로소 예수님에 대한 참된 신앙고백이 가능했다는 것을 보여 준다. 그 반면에 마태는 제자란 예수님의 가르침을 받아 깨닫는 자임을 보여 주려 한다. 마태의 경우 제자가 이상화(理想化)되지 않지만 소중하게 생각되며[6] 마가에서처럼 제자들의 무지를 드러내지 않는다.[7] 예수께서 일곱 개의 비유를 말씀하시고 난 뒤 제자들은 모든 것을 깨달았다고 대답한다(13:51). 마태의 경우 제자는 예수님의 가르침을 받아 깨닫는 자이다. 그리고 이 이야기를 마태 당시의 그리스도인에게 전함으로써 마태의 관심은 모든 시대의 모든 그리스도인을 제자 삼는 데 있다.

IV. 본문의 짜임새

본문 단락의 구성을 살펴보면 크게 둘로, 곧 '밭의 가라지' 비유(24-30절)와 그 비유에 대한 해설(36-43절)로 구분된다. 이를 좀더 자세하게 구분하면 다음과 같다.

1. '밭의 가라지' 비유(24-30절)
   (1) 비유의 배경(24절 상반절)

건 역, 『신약성서 연구입문』(천안: 한국신학연구소, [2]1999), 58 참조.
6) 하나님 나라의 앉을 자리 간청 기사에서 마태복음 20장 20절과 마가복음 10장 35절을, 그리고 풍랑 진압 기사에서 제자들이 책망 받은 이유를 보여 주는 마태복음 8장 26절과 마가복음 4장 40절을 비교하라.
7) 이에 대하여 수면 도보 기사(마 14:33과 막 6:51-52를 비교)와 누룩 주의 말씀(마 16:5-12과 막 8:14-21을 비교)을 참조하라.

(2) 비유의 서술 부분(24절 하반절-26절)
　　　(3) 비유의 대화 부분(27-30절)
　　　　① 종의 질문(27절)
　　　　② 주인의 대답과 종의 재질문(28절)
　　　　③ 주인의 재대답(29-30절)
　2. '밭의 가라지' 비유 해설(36-43절)
　　　(1) 비유 해설의 배경과 요청(36절)
　　　(2) 비유 해설(37-43절 상반절)
　　　　① 사전적인 해설 목록(37-39절)
　　　　② 해석의 적용(40-43절 상반절)
　　　　③ 종결 권고(43절 하반절)

V. 본문 풀이

1. 밭의 가라지 비유(24-30절)

　(1) 비유의 배경(24절 상반절)

　[24절상] 그분이[예수께서] 그들 앞에 다른 한 비유를 들어 이르시기를, ("Αλλην παραβολὴν παρέθηκεν αὐτοῖς λέγων·)
　예수님의 비유를 듣는 청중은 해변에 서 있던 '큰 무리'(ὄχλοι πολλοί)들이었다(13:2). 왜냐하면 예수님께서 제자들과 함께 이 무리를 떠나는 것은 13장 36절에서야 비로소 행해지기 때문이다. 그 무리들 앞에서 예수님은 '다른 한 비유'(ἄλλη παραβολή)를 말씀하셨다. 여기서 다른 한 비유라고 표현한 것은 13장 3-9절에서 예수님께서 '네 가지 땅에 떨어진 씨' 비유를 말씀하셨기 때문이다. '다른 한 비유'라는 어구는 31절과 33절에서도 나타나는데, 이로써 이 비유가 13장에서 예수님께서 말씀하신 여러 비유들 가운데 하나라는 것을 알려준다.

여기서 '비유'(παραβολή)란 좁은 의미의 '비유'(Gleichnis) 양식이다. 넓은 의미의 비유는 롤로프(J. Roloff)에 의하면 크게는 '비유하는 말'(Bildhälfte)과 '비유의 내용'(Sachhälfte)이 함께 나타나는 '비교'(Vergleich)와 비유하는 내용이 나타나지 않는 '은유'(Metapher)로 나누어진다. '비교'는 '비유말'(Bildwort)에서 발전되어 나온 것으로 일상생활에서 일어나는 내용을 담은 좁은 의미의 '비유'(Gleichnis), 평범하지 않은 일회적인 사건을 납득하게 하는 '우화'(Parabel), 특이한 사건을 이야기 줄거리로 나타내는 '예화'(Beispielserzählung)로 세분되며, '은유'는 이를 더 서술하고 설명하는 '암유(暗喩)'(Allegorie)로 발전되었다.[8]

이 단락에서 예수님은 천국에 대해 기대하는 유대인들의 다양한 생각들에 대하여 천국을 구체적으로 설명하고, 한번 들으면 오랫동안 기억되게, 그리고 '좋은 씨를 자기 밭에 뿌린 사람'이라는 일상생활에서 흔히 볼 수 있는 내용으로 이해할 수 있도록 '비유'로 말씀하신다.

(2) 비유 서술 부분(24절 하반절-26절)

[24절하] "천국은 좋은 씨를 자기 밭에 뿌린 사람과 같다." (ὡμοιώθη ἡ βασιλεία τῶν οὐρανῶν ἀνθρώπῳ σπείραντι καλὸν σπέρμα ἐν τῷ ἀγρῷ αὐτοῦ.)

"천국(ἡ βασιλεία τῶν οὐρανῶν)은 좋은 씨를 자기 밭에 뿌린 사람과 같다"는 말씀에서 이 비유가 천국에 관한 비유임이 드러난다. 13장에서 "천국은 무엇과 같다"(ὡμοιώθη ἡ βασιλεία τῶν οὐρανῶν)는 어투에 사용된 '같다'(ὡμοιώθη)는 현재를 대신하여 사용된, 모든 시대에

---

8) Jürgen Roloff, *Neues Testament* (Neukirchen-Vluyn: Neukirchener Verlag, ⁴1985), 90-107, 특히 92-94를 참조.

유효한 격언을 표현하는 '격언적 단순 과거'로 '~와 같다'(ὅμοιός ἐστιν)와 동일하다.9) 그러므로 이는 '~와 같다'로 옮겨야 한다. 이러한 공식적인 표현은 그 이후 단락에서는 이와 동일한 뜻으로 사용된 "ὁμοία ἐστὶν ἡ βασιλεία τῶν οὐρανῶν"이라는 표현으로 반복해서 나타난다(13:31, 33, 44, 45, 46).10) 이러한 표현을 통해 천국은 구체적인 사건과 연결된다.

'가라지' 비유를 앞 문맥에 위치해 있는 '네 가지 땅에 떨어진 씨' 비유와 비교해 보면, '네 가지 땅에 떨어진 씨' 비유는 "좋은 씨를 전제로 하고 땅의 문제를 다룸으로써 복음을 듣는 사람들의 책임을 강조"하는 반면, '가라지' 비유는 "좋은 씨와 악한 씨의 문제를 다룸으로써 예수님과 마귀의 영적 전쟁을 전제"하고 있다.11)

오덕호는 세 가지 의미에서 '가라지' 비유가 '네 가지 땅에 떨어진 씨' 비유를 보완하는 기능을 한다고 적절하게 보았다. 곧 '가라지' 비유는 악한 자가 많은 이유를 알려 줌으로써 앞의 비유를 더 잘 이해하도록 도와주며, 또 '네 가지 땅에 떨어진 씨' 비유가 전하고자 하는 메시지인 '말씀 사역에 충실하라'는 주제를 강화하며, 그리고 가라지의 파멸을 강조함으로써 앞의 비유가 말하고자 하는 열매 맺는 삶에 대

---

9) 이에 대하여 Friedrich Blass, Albert Debrunner & Friedrich Rehkopf, *Grammatik des neutestamentlichen Griechisch*(Göttingen: V. & R., [16]1984), 272-73, § 333, 1과 각주 6을 참조하라. 이는 셈어화된 헬라어로 '경험적인 사실'을 나타내는 히브리어 완료에 해당된다. 이에 대하여 Ulrich Luz, *Das Evangelium nach Matthäus(Mt 8-17)*, EKK I/2(Neukirchen: Neukirchener Verlag, 1990), 320, 각주 1을 참조하라.
10) 이런 어투는 '포도원 품꾼' 비유나 '혼인 잔치' 비유의 서두에서도 나타난다(마 20:1; 22:2).
11) 오덕호, 『설교를 위한 예수의 비유 연구 - 값진 진주를 찾아서』(서울: 한국성서학연구소, 2002), 192.

한 교훈을 강화한다.12)

[25절] 사람들이 자는 동안에 그의 원수가 와서 밀 가운데 가라지를 덧뿌리고 갔다. (ἐν δὲ τῷ καθεύδειν τοὺς ἀνθρώπους ἦλθεν αὐτοῦ ὁ ἐχθρὸς καὶ ἐπέσπειρεν ζιζάνια ἀνὰ μέσον τοῦ σίτου καὶ ἀπῆλθεν.)

"그의 원수"는 좋은 씨를 자기 밭에 뿌린 사람의 원수이다. 그 원수가 곡식(σῖτος) 가운데(ἀνὰ μέσον) 가라지를 덧뿌리고 갔다. 그것도 "사람들이 자는 동안에", 곧 몰래 그렇게 하였다. 여기서 '가라지'(ζιζάνιον)13)는 크기가 60cm 정도로 밀보다 작고, 검은 열매를 맺는 '독보리'(lolium temulentum)14)이다.15) 원수는 이미 좋은 씨가 뿌려져 있는 밭에 가라지를 '덧뿌렸다'(ἐπέσπειρεν).

---

12) 오덕호, 『설교를 위한 예수의 비유 연구-값진 진주를 찾아서』, 192-93.
13) '가라지'(ζιζάνιον)는 어원론적으로 '누구와 사랑 놀음을 하다'는 뜻을 가진 히브리어 동사 '자나'(זָנָה)의 어근을 가진 히브리어 '준'(זוּן)과 아람어 '주나'(זוּנָא)에서 유래된 셈어적인 차용(借用)어이다. Hermann L. Strack & Paul Billerbeck, *Kommentar zum Neuen Testament aus Talmud und Midrasch* I (München: Beck'sche Verlagsbuchhandlung, ⁷1978), 667 참조.
14) 이 독보리의 사진은 David Darom, *Beautiful Plants of the Bible: From the Hyssop to the Mighty Cedar Trees* (Israel: Palphot), 28을 참조하라.
15) H. L. Strack & P. Billerbeck, *Kommentar* I, 667. 가라지가 자라면 밀보다 크다는 견해와 작다는 견해가 있는데, 이에 대하여는 오덕호, 『설교를 위한 예수의 비유 연구 - 값진 진주를 찾아서』, 179, 각주 31을 참조하라. 다음 절인 26절에서 열매가 맺힐 때 가라지가 보인 것을 보면 밀보다 작다는 견해가 옳다. 고대 이스라엘에서는 독보리가 밀의 변종이라고 생각하였는데, 이는 랍비 문헌에서도 나타난다. 이 가라지는 결실기뿐 아니라 생장기에도 그 잎이 밀 잎보다 가늘기 때문에 밀과 구분되며, 그 독성은 가라지 안에 있는 곰팡이에서 나온다. 이에 대하여는 U. Luz, *Matthäusevangelium*, 324를 참조하라.

[26절] 싹이 나고 열매를 맺을 때 가라지도 보였다. (ὅτε δὲ ἐβλάστησεν ὁ χόρτος καὶ καρπὸν ἐποίησεν, τότε ἐφάνη καὶ τὰ ζιζάνια.)

가라지는 밀과 구별된다. 가라지는 생장기에 밀보다 그 잎이 가늘기 때문에 구별될 뿐 아니라, 결실기에도 그 씨알이 달려 있는 모양이 다르기 때문에 육안으로 식별될 수 있다.16) 그것은 '보이기'(ἐφάνη) 때문에 가시적으로 구분된다.

(3) 비유의 대화 부분(27-30절)

① 종의 질문(27절)

[27절] 그 집 주인의 종들이 와서 그에게 말하기를 '주여, 당신의 밭에 좋은 씨를 뿌리지 아니하셨습니까? 그런데 가라지가 어디서 생겼습니까?' (προσελθόντες δὲ οἱ δοῦλοι τοῦ οἰκοδεσπότου εἶπον αὐτῷ· κύριε, οὐχὶ καλὸν σπέρμα ἔσπειρας ἐν τῷ σῷ ἀγρῷ; πόθεν οὖν ἔχει ζιζάνια;)

24절에 나오는 씨 뿌린 '사람'(ἄνθρωπος), 곧 농부는 이제 '집 주인'(οἰκοδεσπότης)17)으로 나타난다. 그것은 히브리어 '바알 하바이트' (בַּעַל הַבַּיִת)를 옮긴 것으로서 대개 집이나 땅을 가진 소유주를 가리킨다.18) 종들이 집 주인에게 와서 두 가지 질문을 던진다. 첫 번째 질문은 "당신의 밭에 좋은 씨를 뿌리지 아니하셨습니까?"라는 질문인데 그것은 대답을 몰라서 묻는 질문이 아니라 "그런데 가라지가 어디서 생겼습니까?"라는 두 번째 질문을 하려고 확인하는 준비 질문이다. 일반적으로 종이 집 주인에게 그런 질문을 하는 것은 주제넘은 일이다. 그럼에도 불구하고 종들은 주인에게 그런 질문을 한다. 그것은 하나님

---

16) David Darom, *Beautiful Plants of the Bible: From the Hyssop to the Mighty Cedar Trees* (Israel: Palphot), 4쪽(밀)과 28쪽(가라지)을 비교하라.
17) 이 용어는 13장 52절과 20장 1절에서도 나타난다.
18) H. L. Strack & P. Billerbeck, *Kommentar* I, 667.

께서 선하게 창조하신 세상에 악이 존재함을 인식하고 어떻게 그 악이 존재하게 되었는가 하는 '악의 기원'을 묻는 무리들을 예상한 비유의 가상(假想) 질문이다. 이 질문 뒤에 무리들과 동일한 질문을 하는 마태의 공동체가 있다.

② 주인의 대답과 종의 재질문(28절)

[28절] 그가[그 주인이] 그들에게 이르기를, '원수 된 자가 이것을 하였구나.' 종들이 그에게 말하기를, '그러면 우리가 가서 이것들을 뽑기를 원하십니까?' (ὁ δὲ ἔφη αὐτοῖς· ἐχθρὸς ἄνθρωπος τοῦτο ἐποίησεν. οἱ δὲ δοῦλοι λέγουσιν αὐτῷ· θέλεις οὖν ἀπελθόντες συλλέξωμεν αὐτά;)

주인은 25절에 언급되었던 것으로 대답한다. 곧 "원수 된 자"(ἐχθρὸς ἄνθρωπος)[19]가 그렇게 하였다. 여기에 언급된 '에크트로스' (ἐχθρός)는 명사인 '원수'의 뜻으로 사용될 수 있으며, 또한 형용사인 '원수의'라는 뜻으로도 사용될 수 있다. 주인은 원수가 가라지를 뿌렸다는 것을 알고 있었다. 주인이 그것을 알면서도 가만히 있다는 것은 놀라운 일이다. 주인의 대답을 들은 그 종들은 뿌려진 좋은 씨가 잘 자랄 수 있도록 하는, 당시 농사짓는 관습대로 "그러면 우리가 가서 이것들을 뽑기를 원하십니까?"라고 다시 묻는다.

③ 주인의 재대답(29-30절)

[29절] 그가[그 주인이] 이르기를, '[그렇게] 하지 마라. 이는 너희가 가라지를 뽑다가 밀까지 뿌리 뽑지 않도록 하기 위함이다.' (ὁ δέ φησιν· οὔ, μήποτε συλλέγοντες τὰ ζιζάνια ἐκριζώσητε ἅμα αὐτοῖς τὸν σῖτον).

가라지를 뽑을까 묻는 종들의 질문에 대한 주인의 대답에서 원수

---

19) 헬라어에서 명사 ἐχθρός는 일반적으로 ἄνθρωπος와 함께 자주 사용되었다. U. Luz, *Matthäusevangelium*, 321, 각주 1을 참조.

가 가라지를 덧뿌린 것을 알고도 주인이 가만히 있었던 이유가 설명된다. 주인의 대답은 이것이다. 가라지를 뽑다가 밀까지 뽑힐 수 있다. 이 말은 일반적으로 농사짓는 과정과는 다르다. 다시 말하면, 이 비유는 일반적인 농사 과정의 관습에 대해 말하고자 하는 것이 아니다. 오히려 이런 농사의 비유를 들어 천국을 설명하려 하는 것이다. 이것은 비유의 종결절인 다음 절로 인도한다. 곧 가라지에 대한 처리는 종들이 아니라 추수꾼들에게 맡겨진다.

[30절] 둘 다 추수 때까지 함께 자라게 두어라. 그러면 추수 때 내가 추수꾼들에게 이르기를, '가라지는 먼저 거두어 불태워 없애도록 단으로 묶고, 밀은 모아 내 곳간에 넣으라.'할 것이다." (ἄφετε συναυξάνεσθαι ἀμφότερα ἕως τοῦ θερισμοῦ, καὶ ἐν καιρῷ τοῦ θερισμοῦ ἐρῶ τοῖς θερισταῖς· συλλέξατε πρῶτον τὰ ζιζάνια καὶ δήσατε αὐτὰ εἰς δέσμας πρὸς τὸ κατακαῦσαι αὐτά, τὸν δὲ σῖτον συναγάγετε εἰς τὴν ἀποθήκην μου.).

주인의 말은 30절에서 계속 이어진다. 밀과 가라지, 둘 다 추수 때까지 함께 두어야 한다. '추수'(θερισμός)[20]는 마지막 심판과 관련되어 종말론적으로 사용되었다. 집 주인은 종들에게 결실을 얻을 추수 때까지 인내할 것을 시사한다. 그리고 추수 때 추수를 하는 이는 '종들'(δοῦλοι)이 아니라 이제 '추수꾼'(θερισταί)이다. 밀과 가라지의 구분은 추수 때 추수꾼에 의해 이루어진다.

---

20) '추수'(θερισμός)라는 용어는 신약성경 전체에서 총 13번 등장하는데, 요한계시록(14:15)을 제외하고는 모두 복음서에서만 나타나며(막 4:29; 눅 10:2 [3번]; 요 4:35[2번]), 반 정도(6번)가 마태복음에서 나타난다(9:37, 38[2번]; 13:30 [2번], 39). 마태복음의 경우 이 용어는 모두 마지막 심판과 관련하여 종말론적으로 사용되었다. 하나님의 종말적인 심판으로 표현하는 '추수' 비유는 이미 구약성경에서도 찾을 수 있다(사 9:2; 욜 4:13).

추수는 네 단계로 진행된다. 먼저, 가라지를 거두어 모은다. 그러고 나서 그것을 단으로 묶는다. 그 다음 불로 태워 없애고, 마지막으로 밀은 곳간에 들인다.

'곳간'(ἀποθήκη)은 곡식을 보관하는 저장소로 마태복음에서는 천국을 의미한다(3:12; 6:20, 26). 여기서 순서에 유의해야 한다.[21] 곧 나누고 불사르는 것이 마지막이 아니다. 그것은 마지막 직전에 일어나는 것이다. 오히려 마지막은 추수한 곡식을 곳간에 들여놓는 것이다.

2. 밭의 가라지 비유 해설(36-43절)

(1) 비유 해설의 배경과 요청(36절)

[36절] 그 때 그분이[예수께서] 무리들을 떠나 집으로 들어가셨다. 그러자 제자들이 그에게 나아와 말하기를, "밭의 가라지 비유를 우리에게 설명하여 주십시오." (Τότε ἀφεὶς τοὺς ὄχλους ἦλθεν εἰς τὴν οἰκίαν. καὶ προσῆλθον αὐτῷ οἱ μαθηταὶ αὐτοῦ λέγοντες· διασάφησον ἡμῖν τὴν παραβολὴν τῶν ζιζανίων τοῦ ἀγροῦ.)

예수님께서 말씀하신 '밭의 가라지' 비유 다음에 바로 그것에 대한 해설 단락이 뒤따르지 않고 '겨자씨와 누룩' 비유(13:31-33)와 비유로 말씀하신 이유 진술 단락(13:34-35) 다음에야 '밭의 가라지' 비유가 설명된다. 이것은 청중이 '무리'에서 '제자'로 바뀌기 때문이다. 이것은 마태의 경우 제자는 예수님의 가르침을 받아 깨닫는 자임을 보여 주기 위함이다. 예수님께서 비유를 말씀하시는 배경도 '갈릴리 호숫가(παρὰ τὴν θάλασσαν)'에서(13:1) '집'(οἰκία)으로 바뀐다(13:36).

---

21) Wolfgang Wiefel, *Das Evangelium nach Matthäus*, ThHNT 1(Leipzig: Evangelische Verlagsanstalt, 1998), 255.

이 '집'은 13장 1절에 언급된 바로 그 집일 것이다. 배경 장소가 공개적인 장소에서 비공개적인 장소로 바뀌었다. 이 집은 제자들을 가르치기 위한 '특별한 가르침의 장소'22)이다. 청중과 장소가 바뀌었을 때 제자들은 예수님께 '밭의 가라지' 비유를 설명해 달라고 요청한다.

(2) 비유 해설(37-43절 상반절)

① 사전적인 해설 목록(37-39절)

이 단락에서 일곱 개의 비유어가 암유적으로 해석되는 하나의 사전적인 목록이 나타난다.23)

[37절] 그분이 대답하여 이르시기를, "좋은 씨를 뿌리는 이는 인자요, (ὁ δὲ ἀποκριθεὶς εἶπεν· ὁ σπείρων τὸ καλὸν σπέρμα ἐστὶν ὁ υἱὸς τοῦ ἀνθρώπου,)

이제 비유가 해석되는데, 문자와 다르게 해석됨으로써 '비유'는 '암유'(Allegorie)가 된다. 먼저 "좋은 씨를 뿌리는 이"(ὁ σπείρων τὸ καλὸν σπέρμα)가 '인자'(ὁ υἱὸς τοῦ ἀνθρώπου)로 해석된다. '인자'24)는 지상에서 하나님 나라를 선포하며 회당에서 가르치시며 모든 병과 약한 것을 고치시며 활동하신 인자가 아니라, 41절에 언급된 것처럼 '파종'에서 '추수'까지 전체 세상의 역사를 주관하는 세상의 심판주이시

---

22) W. Wiefel, *Matthäusevangelium*, 259.
23) Joachim Jeremias, *Die Gleichnisse Jesu*(Göttingen : V. & R., [10]1984), 79 참조.
24) 마태복음에서 '인자' 용어는 다음의 세 가지 경우에 사용된다. 곧 '인자' 용어는 ① 지상에서 활동하는 인자(8:20; 9:6; 11:19; 12:8, 32), ② 다시 오실 인자(16:27, 28; 24:27, 37-39, 44; 26:64), 그리고 ③ 고난 받는 인자(17:11-12, 22-23; 20:18; 26:24)에 사용되었다. 소위 예수님의 '어록 자료'(Q)에서는 고난 받는 인자상은 나타나지 않는다.

다. 마태의 경우 인자는 낮아지심과 고통 받으심, 그리고 부활하심을 통해서 마태의 공동체와 함께 동행 하시는 심판의 주님이시다.25)

[38절] 밭은 세상이요, 좋은 씨, 이들은 그 나라의 아들들이요, 가라지는 악한 자의 아들들이요, (ὁ δὲ ἀγρός ἐστιν ὁ κόσμος, τὸ δὲ καλὸν σπέρμα οὗτοί εἰσιν οἱ υἱοὶ τῆς βασιλείας· τὰ δὲ ζιζάνιά εἰσιν οἱ υἱοὶ τοῦ πονηροῦ,)

'밭'(ἀγρός)은 '세상'(κόσμος)이다. 즉 밭은 '교회'가 아니다.26) 밭이 '세상'27)으로 해석됨으로써 세상은 기독교 신앙 전파의 영역임이 드러난다. 그것은 제자들은 '세상의 빛'이라는 5장 14절에서도 나타난다. 인자는 하나님으로부터 받은 과제를 가지고 파송된 세상에 연루되

---

25) U. Luz, *Matthäusevangelium*, 339. 여기서 문제는 지상에서 활동하신 인자(37절)와 다시 오셔서 세상을 심판하실 인자(41절)의 대조가 아니다. 오히려 인자 칭호는 전체 예수님의 활동과 부활하신 주님의 활동을 포함한다. 이를 현실과 관련되어 있는 '인자의 나라'라는 표현이 잘 보여 준다.
26) '밭'을 '교회'로 보는 학자들은 그 이유를 좋은 씨를 먼저 뿌리고 나중에 악한 씨를 뿌렸다는 것을 지적하나 예수님께서 '밭'을 '세상'이라고 설명하시고 마태가 '교회'라는 용어를 아는데도 굳이 '교회'라는 용어를 사용하지 않았다면 '밭'을 '세상'으로 보아야 한다. 이에 대하여 오덕호, 『값진 진주를 찾아서』, 186-87 참조. 루츠는 밭이 교회가 아닌 이유를 둘로 설명한다. 즉 루츠는 예수님 당시 아직 교회가 구성되어 있지 않았고 '교회'라는 용어가 사용되지 않았으며, 내용적으로도 선교 명령으로 끝나는 마태복음에서는 항상 세상에 대한 과제 안에서만 교회가 있기 때문에 밭이 교회가 아니라고 말한다. U. Luz, *Matthäusevangelium*, 339.
27) 공관복음에서 이 용어는 15번 사용되었으며, 그 중 마태의 경우 9번 사용되었다(마가 3번; 누가 3번). 마태복음에서 '세상'은 "인간의 삶의 공간과 전체 인간 내지는 인간 상호 관계"를 의미하는데, 대부분 선교와 관련하여 사용되었고(5:14; 13:35, 38; 16:26; 26:13), 때로는 유혹하는 대상으로(4:8), 때로는 종말과 관련하여(24:21; 25:34) 사용되었다. *EWNT* II(1981), s. v. "κόσμος" by Horst Balz, 769-70.

어 있다(단 7장 참조). 인자의 일은 좋은 씨를 밭에 뿌리는 것이다.

'좋은 씨'(τὸ καλὸν σπέρμα)는 '그 나라의 아들들'(οἱ υἱοὶ τῆς βασιλείας)이다. 여기서 그 나라의 아들은 이스라엘인을 의미하는 것이 아니라(8:12 참조), "그 나라의 말씀을 듣고 이해하고 그래서 따르는 자들"[28]이며 가라지를 맺는 '악한 자의 아들들'과 달리 좋은 '열매'를 맺는 자들을 의미한다(3:8-10; 7:16-20; 21:19, 43 참조). '좋은 씨'는 그 나라에 참여할 인간을 만들어 내는 역할을 한다. 그것이 곧 인자의 일이다.

좋은 씨와 달리 '가라지'(τὰ ζιζάνια)는 '악한 자의 아들들'(οἱ υἱοὶ τοῦ πονηροῦ)이다. 여기서 속격 '투 포네루'(τοῦ πονηροῦ)의 해석이 문제가 된다. 이것을 중성 속격으로 보면 '악한 것의'라는 뜻이 되고, 남성 속격으로 보면 '악한 자'가 된다. 언어적으로 '아들들'의 경우 다음에 명사적 용법의 형용사가 중성 속격으로 사용된 예가 없다.[29] 게다가 사용된 뒤 따르는 38절에 언급된 '원수'와 연관해서 해석하면 후자로 보는 것이 적절하다.

[39절] [가라지를] 뿌린 원수는 마귀요, 추수 때는 세상의 끝이요, 추수꾼들은 천사들이다. (ὁ δὲ ἐχθρὸς ὁ σπείρας αὐτά ἐστιν ὁ διάβολος, ὁ δὲ θερισμὸς συντέλεια αἰῶνός ἐστιν, οἱ δὲ θερισταὶ ἄγγελοί εἰσιν.)

그 다음으로 "[가라지를] 뿌린 원수"는 '마귀'(διάβολος)이다. '마귀'를 '악한 자'(ὁ πονηρός)로 표현하는 것은 마태복음에서만 발견된다(13:19, 38). 그래서 이것은 복음서 저자 마태가 예수님께서 말씀하

---

28) Walter Grundmann, *Das Evangelium nach Matthäus*, ThHNT 1(Berlin: Evangelische Verlagsanstalt, [7]1990), 350.
29) Joachim Jeremias, "Die Deutung des Gleichnisses vom Unkraut unter dem Weizen(Mt 13,36-43)", in *Abba*(Göttingen: V. & R., 1966), 262-63.

신 '사탄'(ὁ σατανᾶς)을 대체한 것이라고 생각된다(막 4:15 참조).30)
원수는 현재 뿌려진 좋은 씨를 빼앗는 '악한 자'이다(13:18).

그리고 '추수 때'(ὁ θερισμός)는 '세상의 끝'(συντέλεια αἰῶνός)이다. '세상의 끝'이란 유대 묵시적인 전문 술어이다.31) 그리고 심판을 추수에 빗대어 말하는 것은 구약적이다(렘 50:16; 호 6:11; 욜 4:13). 그때는 세상의 마지막 때요, 완성의 때이다.

마지막으로 '추수꾼들'(οἱ θερισταί)은 '천사들'(ἄγγελοι)이다. 말하자면 추수는 인간이 할 일이 아니라 비유에서 추수꾼으로 표현되는 천사들의 일이다. 심판하는 천사는 유대교의 인자 기대 사상에서 중요한 천사상이다. 여기서 세상을 향해 설정된 인자의 보편적인 활동이 눈에 들어온다.32) 추수하는 일이 천사의 일로 해설됨으로써 종들에게는 가라지를 미리 제거하지 않고 추수 때까지 기다려야 하는 인내가 요구된다.33)

② 해석의 적용(40-43절 상반절)

'가라지' 비유에 사용된 용어에 대한 해설이 적용되는 이 단락에 묵시적인 사상이 나타난다. 그래서 이 단락은 "작은 묵시록"34)이라고도 불리는데, 이것은 앞의 비유와 관련해서 보면 "가라지는 먼저 거두어 불태워 없애도록 단으로 묶고, 밀은 모아 내 곳간에 넣으라"는 30절 하반절을 묵시적인 양식으로 표현한 해설이다.

---

30) J. Jeremias, "Deutung", 263.
31) 이 표현은 유대 묵시문헌에 자주 나타난다(모세 승천기 12:4; 제4에스라 7:113; 바룩의 묵시 27:15; 29:8; 30:3; 54:21; 69:4; 83:7 등). H. L. Strack & P. Billerbeck, *Kommentar* I, 671.
32) W. Grundmann, *Matthäusevangelium*, 350.
33) J. Jeremias, "Deutung", 264.
34) J. Jeremias, "Deutung", 261.

[40절] 그러므로 가라지를 거두어 불로써 사르는 것같이, 세상 끝에도 그럴 것이며, (ὥσπερ οὖν συλλέγεται τὰ ζιζάνια καὶ πυρὶ [κατα]καίεται, οὕτως ἔσται ἐν τῇ συντελείᾳ τοῦ αἰῶνος·)

'그러므로'(ὥσπερ οὖν)는 앞의 사전적 비유 용어 해설 단락(37-39)과 그 해설의 적용 단락을 연결하는 '도입 이행(移行)어'이다. 이 단락에서 요점은 세상 끝에 일어날 미래적인 심판이다. '가라지'가 거두어져 불에 살라지는 것처럼 불법을 행하는 악한 자들은 세상 끝날 그렇게 될 것이다. 이러한 가르침은 앞선 세례 요한의 설교에서도 찾아볼 수 있다(마 3:12).

[41절] 인자가 그 천사들을 보내어, 그들이 그의 나라에서 모든 넘어지게 하는 것들과 또 불법을 행하는 자들을 걷어 내고 (ἀποστελεῖ ὁ υἱὸς τοῦ ἀνθρώπου τοὺς ἀγγέλους αὐτοῦ, καὶ συλλέξουσιν ἐκ τῆς βασιλείας αὐτοῦ πάντα τὰ σκάνδαλα καὶ τοὺς ποιοῦντας τὴν ἀνομίαν)

종말 심판에서 먼저 죄인들을 따로 분리해 냄이 언급된다. 인자가 자신에게 속해 있는 천사들을 보낸다(24:31 참조).35) 인자에 의해 보내심을 받은 천사들의 임무는 악한 자들, 곧 그의 나라에서 "모든 넘어지게 하는 것들"(πάντα τὰ σκάνδαλα)과 또 "불법을 행하는 자들"(οἱ ποιοῦντες τὴν ἀνομίαν)에게 심판을 집행하는 일이다(18:6; 7:23 참조). 이를 위해 먼저 죄인들을 의인들로부터 분리해 낸다.

[42절] 그리고 그들을 불 아궁이 속에 던져 넣을 것이니, 거기서 울며 이를

---

35) 천사들이 종말 심판에서 인자와 함께 일한다는 사상은 마태복음 25장 31절에도 나타나며, 랍비 문헌에서도 찾아볼 수 있다(에녹 53:3 이하; 54:6; 56:1 이하; 62:11; 100:4-5; 모세 승천기 10:2). H. L. Strack & P. Billerbeck, *Kommentar* I, 974.

가는 자가 될 것이다. (καὶ βαλοῦσιν αὐτοὺς εἰς τὴν κάμινον τοῦ πυρός· ἐκεῖ ἔσται ὁ κλαυθμὸς καὶ ὁ βρυγμὸς τῶν ὀδόντων.)

이제 그들이 심판받을 장소가 언급된다. 심판 장소가 8장 12절처럼 여기서도 공식적으로 표현된다. 8장 12절에서 심판 장소는 "바깥 어두운 데"(εἰς τὸ σκότος τὸ ἐξώτερον)이나, 여기서는 "불 아궁이 속"(εἰς τὴν κάμινον τοῦ πυρός)36)이다. 이런 심판 장소와 함께 언급된 '울며 이를 가는 것'37)은 마지막 구원에서 최종적으로 배제됨을 묘사한다. 이것이 불의한 자가 당할 최종적인 운명이다.

[43절상] 그 때 의인들은 자기 아버지의 나라에서 해와 같이 빛날 것이다. (τότε οἱ δίκαιοι ἐκλάμψουσιν ὡς ὁ ἥλιος ἐν τῇ βασιλείᾳ τοῦ πατρὸς αὐτῶν.)

42절과는 대조적으로 의인들은 최종적인 구원에 참여하게 된다. 그들은 "그[인자]의 아버지의 나라"(ἐν τῇ βασιλείᾳ τοῦ πατρὸς αὐτῶν)에서 해와 같이 빛날 것이다(단 12:3 참조). 이제 '인자의 나라'는 '아버지의 나라'로 바뀐다. 고린도전서 15장 24절에서 사도 바울은 그 때를 인자가 "모든 통치와 모든 권세와 능력을 멸하시고 나라를 아버지 하나님께 바칠 때"라고 밝힌다. 여기서 분명하게 소묵시록의 종말론적인 개요의 마지막 단계38)가 나타난다. "그의 아버지의"(τοῦ πατρὸς αὐτῶν)라는 표현에서 예수님의 선포를 들을 수 있다.39) "해와 같이

---

36) 다니엘 3장 12절과 제4에스라 7장 36절을 참조하라.
37) 이 표현은 신약성경에서 총 7번 나타나는데 6번은 마태복음에서 나타나고 (8:12; 13:42, 50; 22:13; 24:51; 25:30), 단 한 번 누가복음 13장 28절에서 나타나는데, 그것도 마태복음 8장 12절의 평행절에서 나타나는 마태복음의 특징적 표현이다.
38) 예레미아스는 이를 ① (현재적인) 인자의 나라, ② 인자의 재림과 최종 심판, ③ 하나님의 나라로 세 단계로 나눈다. J. Jeremias, "Deutung", 264-65.

빛날 것이다"라는 어구는 예수님께서 산에서 변모하신 것처럼(17:2) 의인들이 마지막 때 변화될 몸의 상태를 묘사하는 것이다.

③ 종결 권고(43절 하반절)

[43절하] 귀를 가진 자는 들으라" 하였다. (ὁ ἔχων ὦτα ἀκουέτω.)

이제 묵시적인 단락은 종결 권고로 마감된다. "귀를 가진 자는 들으라"(11:15; 13:9)는 권면은 절박한 요청을 강조하며,40) 때를 놓치지 않는 "적절한 회개로의 요청"41)이다. 제자는 예수께서 말씀하신 것들을 자신의 삶 속에서 붙잡아야 한다.

VI. 본문이 전하는 말씀

예레미아스(J. Jeremias)가 지적한 것처럼 밭의 가라지 비유에는 종말 심판과 관련하여 세 단계가 나타난다.42) 인자가 활동하는 '인자의 나라 단계'와 '인자의 재림과 최종적인 심판 단계', 그리고 '하나님 아버지 나라의 단계'가 그것이다. 여기서 인자가 활동하는 '인자의 나라 단계'는 바로 마태와 관련된 교회의 시대에 해당한다. 밭의 가라지 비유 해설에서 마태의 교회는 그 해설을 자신의 교회에 적용하였다. 즉 마태 교회의 과제는 그 비유를 변화된 교회 상황에서 새롭게 숙고하는 것이다.

오늘날의 교회 역시 새롭게 숙고하여할 13장 24-30, 36-43절 말씀이 전하는 메시지를 정리해 보면 다음과 같다.

---

39) J. Jeremias, "Deutung", 265.
40) W. Wiefel, *Matthäusevangelium*, 260.
41) W. Grundmann, *Matthäusevangelium*, 351.
42) 각주 38을 참조하라.

첫째, '좋은 씨를 밭에 뿌린 이', 곧 인자가 전한 말씀은 '천국' 복음이다(38, 41, 43절). 그러므로 기뻐해야 하고(44절), '좋은 진주'처럼 귀하게 여겨야 한다(45-46절).

둘째, 세상에 악이 존재하는 것은 '가라지를 뿌린 원수', 곧 '마귀' 때문이다(39절). 그러므로 악이 존재하는 세상에 대하여 하나님께 원망하거나 불평하지 말아야 한다.

셋째, 가라지를 거두어 불로 사르는 추수는 '추수 때'인 '세상 끝'에 이루어진다(39, 40절). 그러므로 그리스도의 제자 된 자에게는 인내가 필요하다.

넷째, 가라지를 뿌린 원수에 대한 심판은 그리스도의 제자들에 의해 실행되는 것이 아니라 "추수꾼", 곧 천사들에 의해 행해진다(39절). 그러므로 그리스도의 제자들은 심판 집행이 아니라 제자로써 다른 사람들을 제자 삼는 일에 힘써야 한다.

다섯째, 종말 심판에서 "모든 넘어지게 하는 것과 불법을 행하는 자들"이 심판을 받는다(41절). 그러므로 그리스도의 제자는 넘어질 것에 걸려 넘어지거나 불법을 행하는 자들처럼 불법을 행하지 말아야 한다.

여섯째, 의인들은 그 때 아버지의 나라에서 해와 같이 빛날 것이다(43절). 그러므로 그리스도의 제자는 소망 가운데 끝까지 신앙의 절개와 지조를 지키며 살아야 한다.

일곱째, '귀를 가진 자'는 이 말씀을 들어야 한다(43절). 문제는 예수 그리스도의 말씀을 듣느냐 듣지 않느냐는 것이다. 여기서 비유 말씀은 설교의 기능을 하고 있다. 이 말씀을 들은 자들은 그 설교 말씀을 받아들일 것인가, 아니면 거부할 것인가를 결정해야 한다. 그러므로 그리스도의 제자는 예수 그리스도의 말씀을 듣고 따라야 한다.

VII. 나가는 말

루츠(U. Luz)가 지적하였듯이 '밭의 가라지' 비유는 구속사적인 의미와 함께 권고적인 의미도 가지고 있다.43) 이 둘은 "마태복음의 비유에서 거의 상호 보완적으로 작용한다."44) '밭의 가라지' 비유에서 천국 복음은 마지막 때 의인들을 하나님의 나라에서 해와 같이 빛나게 할 것이라는 구속사적인 의미로 나타난다. 그와 함께 이 비유와 그 해설에서 그리스도의 제자 된 자들은 세상 끝에 이르기까지 끝까지 참고 소망 가운데 인내하면서 주님의 말씀에 순종해야 한다는 권고적인 의미도 찾을 수 있다.

적지 않은 사람들이 예수님을 믿고 따른다고 말하며 교회를 다니고 신앙생활을 하면서도 세상의 유혹에 넘어지고 마귀가 만들어 놓은 "걸려 넘어지게 하는 것"에 넘어져 불법을 행하고 있다. 그것은 교회의 '중직자'들에게도 예외는 아니다. 오늘의 말씀은 이런 오늘날의 신앙 현실에 믿는 자들에게 다시금 경각심을 불러일으키고, 믿는 자들로 깨어 있게 하는 소중한 하나님의 말씀이다. "귀를 가진 자는 들으라!" 이 말씀은 이 시대를 사는 이 땅의 모든 그리스도의 제자가 귀 기울여야 하는 시의 적절한 말씀이다.

---

43) Ulrich Luz, *Die Jesusgeschichte des Matthäus*, 박정수,『마태 공동체의 예수이야기』(서울: 대한기독교출판사, 2002), 115-22 참조.
44) U. Luz,『마태 공동체의 예수 이야기』, 122.

제7장

교회를 세우시는 예수님
(마태복음 16장 13-20절)

I. 들어가는 말

오늘 예수님께서 세상에 다시 오셔서 가장 아름답고 좋은 교회를 보여 달라고 말씀하시면 어떤 교회를 보여 드릴 수 있을까? 쉽게 어느 교회를 예수님 보시기에 아름답고 좋은 교회라 정하여 보여 드릴 수 있을 것 같지 않다. 우리의 기준으로 건물이 크고 멋있게 지어져 있고 모이는 교인 수도 많고 매주일 웅장하고 화려하게 예배가 드려지는 교회라고 하더라도 이런 저런 문제로 어려움을 겪고 있기 때문이다. 과연 예수님 보시기에 아름답고 좋은 교회는 어떤 교회일까를 생각하다 보면 다음의 질문들이 제기된다. 교회는 어디서 유래되었는가? 교회의 기초는 무엇인가? 교회는 누구의 다스림을 받고 있는가? 교회와 예수 그리스도, 그리고 교회와 하나님 나라는 어떤 관련이 있는가?

제기되는 이런 질문에 대한 성경적인 해답을 찾으려면 신약성경의 첫 권인 마태복음으로 눈을 돌려야 한다. 왜냐하면 마태복음은 교회의 기원과 설립 토대, 그리고 교회와 그리스도 및 교회와 하나님 나라의 관계를 분명하게 보여 주는 '교회의 책'이며, 또한 마태복음을 기록한 마태는 '교회적인 복음서 기자'[1]이기 때문이다. 특히 선정된 본문인 마태복음 16장 13-20절 단락은 전체 복음서에서 '교회'(ἐκκλησία)라는 용어가 처음으로 등장하는 곳이며, 마태의 교회론을 알게 해 주는 '표준적인 본문'(locus classicus)이다.

선정된 본문이 전하는 신학적 메시지를 오늘의 교회로 중개(仲介)하기 위해서 먼저 본문 단락을 원문에서 우리말로 옮기고(II), 본문의 전후(前後) 맥락을 살펴 본문이 그 맥락 안에서 차지하는 자리를 매긴 다음(III), 본문의 짜임새를 조사하고(IV), 본문 각 절을 풀이한 후(V), 현실에 적용할 수 있는 본문이 전하는 메시지를 찾아보기로 한다(VI).

II. 본문 옮기기

[13]예수께서 빌립의 가이사랴 지방에 이르러 그의 제자들에게 물어 이르시기를, "사람들이 인자를 누구라고 말하느냐?"
[14]이르기를, "더러는 세례 요한, 더러는 엘리야, 어떤 이는 예레미야, 다른 이는 선지자 중의 하나라고 말합니다."
[15]이르시기를, "너희는 나를 누구라고 말하느냐?"
[16]시몬 베드로가 대답하여 이르기를, "당신은 그리스도시요, 살아 계신 하나님의 아들이십니다."
[17]예수께서 대답하여 이르시기를, "바요나 시몬아, 네가 복이 있다. 이를 네게 알게 한 이는 육과 혈이 아니요, 하늘에 계신 내 아버지시

---

1) Wolfgang Wiefel, *Das Evangelium nach Matthäus*, ThHNT 1(Leipzig: Evangelische Verlagsanstalt, 1998), 2.

니라."

¹⁸또 내가 네게 이르니, "너는 베드로다. 내가 이 반석 위에 내 교회를 세울 것이니 음부의 문들이 이기지 못할 것이다.
¹⁹내가 천국 열쇠를 네게 줄 것이니, 네가 땅에서 무엇이든지 매면 하늘에서도 매일 것이요, 네가 땅에서 무엇이든지 풀면 하늘에서도 풀릴 것이니라." 하시고
²⁰그 때 제자들을 경고하사 자기가 그리스도인 것을 아무에게도 이르지 말라 하셨다.

III. 본문의 자리 매김

본문은 12장 1절에서 16장 20절에 이르는 큰 단락을 종결하는 마지막 단락이다.2) 이 단락에서는 당시 강자에 속하는, 예수님을 배척하는 무리들과 약자에 속하는, 예수님을 환영하는 무리들이 등장한다. 예수님께서는 자신을 배척하는 무리들에 대해서는 질책하시고 영접하는 무리들에게는 이적과 가르침을 베푸신다.

이 단락에서 예수님은 스승으로, 교회는 배우는 공동체로 부각되는데, 제자들은 '깨닫지 못한 사람'이 아니라 '아직 깨닫지 못하는 사람'이다.3) 그러므로 제자들에게는 예수님의 가르침이 필요하며, 제자들은 예수님의 가르침을 받아 깨닫는 사람이다(마 13:51; 16:12). 이

---

2) 루츠는 마태복음을 "마태 공동체의 예수 이야기"로 보고, 이를 일곱 단락으로 나누었다. 곧 ① 머리말(1:1-4:22), ② 산상설교(5-7장), ③ 이스라엘 안에서 메시아와 제자들의 활동(8:1-11:30), ④ 이스라엘 내 제자 공동체의 형성(12:1- 16:20), ⑤ 제자 공동체의 삶(16:21-20:34), ⑥ 이스라엘과의 결산과 공동체에 대한 심판(21-25장) ⑦ 수난과 부활(26-28장) 단락이 그것이다. Ulrich Luz, *Die Jesusgeschichte des Matthäus*, 박정수 역,『마태 공동체의 예수 이야기』(서울: 대한기독교서회, 2002) 참조.
3) U. Luz,『마태 공동체의 예수 이야기』, 123-24 참조.

때 제자들의 깨달음은 단지 지적인 이해를 넘어서 열매를 맺는 데에 이른다. 따라서 교회는 '배움의 공동체'일 뿐 아니라 '경험의 공동체'이다(마 14:13-21; 15:32-39).[4]

바로 예수님께서 베푸시는 이적과 가르침을 종결하는 단락의 끝에 스승과 제자 사이에 주고받는 한 '사제(師弟) 대화'가 놓여 있는데, 여기서 베드로[5]가 예수님을 하나님의 아들로 고백한다. 이는 마태복음에서 '바다에 빠지는 베드로 기사'(마 14:22-33)에 이어 예수님을 하나님의 아들로 고백하는 두 번째 단락이다.

본문 단락은 마태복음 전체에서 두 가지 중요한 기능을 담당하고 있다. 우선, 본문 단락은 '제자들에게만 허락된 보고 들음'과 관련되어 있다. 제자들의 눈은 봄으로써, 그리고 제자들의 귀는 들음으로써 복이 있다(13:16-17; 14:33). 교회는 바로 예수님의 현존을 경험하는 복된 곳이다. 또 본문 단락은 예수님의 수난과 연관되어 있다. 곧 예수님이 그리스도이며 하나님의 아들이라는 베드로의 신앙고백은 예수님께서 공회 앞에서 자신의 신분을 드러내는 단락과 관련되어 있다(마 26:61-64). 이것은 마태복음에서 베드로의 하나님 아들 고백을 서술하고 있는 본문 단락과 이를 이은 바로 다음 단락인 예수님의 첫 번째 수난 예고(마 16:21-28)의 맥락과도 밀접하게 관련되어 있다.

여기서 마태복음을 통하여 마태가 자신의 공동체에게 가르치고자 한 교회에 대한 가르침을 살펴보면 본문 단락을 더욱 잘 이해할 수 있다. 이와 관련하여 마태의 교회론을 정리하면 다음과 같다.

---

[4] U. Luz, 『마태 공동체의 예수 이야기』, 124.
[5] 마태복음에서 베드로는 전형적인 제자이며 동시에 가장 중요한 제자이다. 마태의 교회는 베드로를 교회의 중심인물로 여기고 있다.

첫째, "교회"(ἐκκλησία)라는 용어는 공관복음서 가운데서 단지 마태복음에서만 세 번 발견되는데 16장 18절에서는 '교회'의 의미로, 18장 17절(두 번)에서는 '회집된 교회 모임'의 의미로 사용되었다.

둘째, 마태의 교회론적인 특징은 특히 8-9장에서 발견되는데, 여기에 수록된 열 개의 이적 기사들이 아주 기독론적으로 집중되어 있다는 것과 제자들에게 주님을 따를 것을 요구하는 추종 말씀은 마태복음이 심하게 교회론적으로 설정되어 있음을 보여 준다. 예컨대, 예수님의 '풍랑 진압' 기사는 마가의 경우 예수님의 하나님 아들 되심을 보여 주는 '이적 기사'(막 4:35-41)이나, 마태의 경우 하나님의 아들 되신 예수님께서 자신을 따를 것을 요구하는 '추종 기사' 내지는 '제자도 기사'이다.[6]

셋째, 마태복음에서만 발견되는 '곡식 중에 자라는 가라지' 비유(마 13:24-30)와 그 비유에 대한 해석(마 13:36-43)은 마태의 교회론적인 특징을 분명하게 보여 준다. 마태복음의 일차적 수신자인 마태 공동체는 '곡식'으로 비유된 의인과 '가라지'로 비유된 불의한 자가 함께 섞여 살고 있는 '혼합 공동체'(corpus mixtum)[7]이다.

넷째, 마태복음에 '제자들'(μαθηταί) 용어가 빈번하게 사용되는데(5:1; 8:21, 23, 25 등),[8] 이 용어는 단지 '열둘'(δώδεκα)에 국한된 소

---

[6] Helmut Merkel, *Bibelkunde des Neuen Testaments*, 박창건 역, 『신약성서연구입문』(천안: 한국신학연구소, 1999), 54-55.
[7] Udo Schnelle, *Einleitung in das Neue Testament*(Göttingen: V. & R., ⁴2002), 268.
[8] '제자'(μαθητής) 용어는 신약성경에서 복음서와 사도행전에서만 나타나는데, 총 268번 사용되었는데, 그 중 마태복음에서 74번 사용되었고, 그것도 세 번(마 10:24, 25, 42)을 제외하고는 모두 복수인 '제자들'(μαθηταί)로 사용되었다. 그러므로 마태의 관심이 한 개인이 아니라 공동체에 있음을 알 수 있다. 단수로 사용되었을 때조차 내용적으로 '제자들'을 의미하는 일반

수의 제자들뿐 아니라 한정되지 않은 모든 제자를 의미한다.9) 마태에 의하면 모든 그리스도인은 그리스도를 따르는 제자이어야 하며, 나아가 다른 사람들을 제자로 삼는 자여야 한다(마 10:42; 28:19 참조).

다섯째, '제자'(μαθητής) 용어와 관련하여 '사도'(ἀπόστολος) 용어를 살펴보면, 마태복음에서는 단지 한 번 '사도' 용어가 사용되는데(마 10:2),10) 그것도 '열둘'(δώδεκα)과 함께 사용되었다.

여섯째, 제자들의 과제는 옛 것과 새 것을 곳간에서 가지고 오는 집 주인의 과제와 같다(마 13:52). 그러므로 제자들은 구약성경뿐 아니라 예수님의 말씀에 귀를 기울여야 한다.

일곱째, 예수님은 권세 있게 가르치시는 스승이시다(마 7:29). 그것은 제자들을 가르치기 위해 말씀하신 다섯 편의 설교 말씀에서 분명하게 드러난다. 또한 교회의 유일한 교사는 예수님이시다(마 23:8). 그것은 '배우라'(μάθετε)11)라고 명령하신 예수님의 말씀에서도 잘 나

적인 용법으로 나타난다.

9) 복음서에서 '제자'(μαθητής) 용어는 마태의 경우 74번, 마가의 경우 45번, 누가의 경우 38번, 요한의 경우 81번 사용된 반면, '열둘'(δώδεκα) 용어는 마태의 경우 13번, 마가의 경우 14번, 누가의 경우 13번, 요한의 경우 6번 사용되었다. 두 용어를 비교하면 마태나 누가, 그리고 요한의 경우 마가보다 '열둘'이 적게 사용되었으며, 그 대신 '제자' 용어가 열두 제자에 국한되지 않고 모든 그리스도인에게 확대되는 폭넓은 의미로 사용되었다.

10) '사도'(ἀπόστολος) 용어는 신약성경 전체에서 모두 81번 사용되었으나, 복음서에서는 '사도' 대신 '제자' 용어가 즐겨 사용되었으므로 단지 9번만 나타난다(마태 1번, 마가 1번, 누가 6번, 요한 1번).

11) '배우다'(μανθάνειν) 용어는 복음서에서 6번 나타나는데, 마태의 경우 3번(마 9:13; 11:29; 24:32), 마가의 경우 1번(막 13:28과 마 24:32), 누가의 경우에는 나타나지 않으며, 요한의 경우 2번(요 6:45; 7:15) 사용되었다. 주목할 만한 것은 마태의 경우는 모두 예수님의 입에서 나온 명령어로 사용되었으며, 그것도 2인칭 복수 명령형(μάθετε)으로 사용되었다. 그러므로 이 명령을 받는 자는 예수님을 따르는 신앙 공동체이며, 마태복음을 읽고 듣고

타난다(마 9:13; 11:29; 24:32). 마태복음에서 예수님이야말로 제자들이 배워야 할 본이시다(마 11:29).

여덟째, 마태에 의하면 하나님 나라를 물려받을 '백성'(λαός)은 혈통적인 이스라엘이 아니라 그 나라의 열매를 맺는, 유대인과 이방인으로 구성된 하나님의 백성이다(마 21:43). 이 '백성'은 마태의 경우 '오클로스'(ὄχλος),12) '라오스'(λαός),13) '에트노스'(ἔθνος)14) 등 다양한 용어로 나타난다. 이 세 용어 모두에서 교회론적인 요소를 찾아볼 수 있는데, 무엇보다도 중요한 것은 하나님 나라를 물려받을 백성은 혈통적인 아브라함의 자손들이 아니라 이방인이라 할지라도 '열매 맺는 백성'이다. 왜냐하면 하나님은 돌들로도 '아브라함의 자손'이 되게 하실 수 있으며(마 3:9), 이방인이라 하더라도 믿고(마 8:11) 그 나라의 열매를 맺는 자들은 참된 하나님의 백성이기 때문이다(마 21:43).

아홉째, 마태의 경우 그 밖에 많은 교회론적인 용어들, 예를 들면 '성도', '참 이스라엘', '부름 받은 자', '택함 받은 자' 같은 용어들은 나타나지 않는다. 그렇기는 하나 '형제'(ἀδελφός) 용어는 교회론적으로 형제와 자매에 대한 총칭어로 사용된다(마 5:21-26, 47; 7:1-6; 18:15, 21, 35 등).

있는 마태의 교회이다. '제자'(μαθητής) 용어는 바로 이 '배우다'(μανθάνειν)라는 동사에서 파생된 명사로 '배우는 사람'이라는 뜻이다.

12) 이 용어는 마태복음에서 50번 나타나는데, 그 중 8번은 '사람'의 뜻으로(마 7:28; 9:23, 25; 12:23, 46; 14:13; 21:26; 27:15), 그 외에는 모두 '많은 무리'의 뜻으로 사용되었다(마 4:25; 5:1; 8:1 등).
13) 이 용어는 대부분 부정적으로 사용되나(마 2:4; 13:15; 21:23; 26:3, 47; 27:1, 25 등), 긍정적으로 사용되기도 한다(마 1:21; 2:6; 4:16; 21:43). 하나님 나라는 그 나라의 열매를 맺는 백성이 받을 것이다(마 21:43).
14) 이 용어는 마태복음에서 15번 나타나는데, 그 중 8번은 '이방' 또는 '이방인'의 뜻으로(마 4:15; 6:32; 10:5, 18; 12:18, 21; 20:19, 25), 나머지 7번은 '나라' 또는 '민족'의 뜻으로 사용되었다(마 21:43; 24:7, 9, 14; 25:32; 28:19).

마지막으로, 마태복음의 마지막 단락인 '지상명령' 말씀(마 28:18-20)에서, 부활하신 주님께서 세상에 있는 교회에게 당부하신 위임 과제 말씀에서 마태의 교회론을 엿볼 수 있다. 마태에 의하면 교회란 예수 그리스도를 믿지 않는 사람들을 그리스도의 제자로 삼는 곳 외에 다른 것이 아니다. 이를 위해 교회는 세상을 향하여 '가서', 성삼위의 이름으로 '세례를 베풀고', 주님께서 당부하신 모든 것을 '지키도록 가르쳐야' 한다.

IV. 본문의 짜임새

본문은 스승이신 예수님과 그 제자인 베드로와의 '사제 대화'[15]로 세부적으로는 다음과 같이 나눌 수 있다.

1. 베드로의 신앙고백(13-16절)
   (1) 본문의 배경과 예수님의 질문(13절)
   (2) 무리들의 대답을 옮긴 베드로의 답변(14절)
   (3) 예수님의 질문과 베드로의 대답(15-16절)
2. 예수님의 약속 말씀(17-19절)
   (1) 첫째 말씀(17절)
   (2) 둘째 말씀(18절)
   (3) 셋째 말씀(19절)

---

15) 불트만은 공관복음 내 예수님의 전승 자료를 분석하면서 이를 '말씀 전승'과 '이야기 전승'으로 분류하고, 다시 그 말씀 전승을 예수님의 말씀을 단락 중심에 가지고 있는 짧은 이야기인 '아포프테그마'(Apophthegma)와 주님의 말씀으로 나누었다. '논쟁 대화'와 '사제 대화'는 바로 그 아포프테그마에 속한다. Rudolf Bultmann, *Die Geschichte der synoptischen Tradition* (Göttingen: V. & R., 1921)을 참조.

3. 예수님의 제자들에 대한 경계의 말씀(20절)

V. 본문 풀이

1. 베드로의 신앙고백(13-16절)

(1) 본문의 배경과 예수님의 질문(13절)

[13절] 예수께서 빌립의 가이사랴 지방에 이르러 그의 제자들에게 물어 이르시기를, "사람들이 인자를 누구라고 말하느냐?" (Ἐλθὼν δὲ ὁ Ἰησοῦς εἰς τὰ μέρη Καισαρείας τῆς Φιλίππου ἠρώτα τοὺς μαθητὰς αὐτοῦ λέγων· τίνα λέγουσιν οἱ ἄνθρωποι εἶναι τὸν υἱὸν τοῦ ἀνθρώπου;)

이 단락은 본문의 지리적 배경을 알려 주는, "빌립의 가이사랴 지방에"라는 장소 제시어와 함께 시작된다. 마태는 이 제시어를 마가로부터 전해 받았을 것이다(막 8:27). 그러나 누가는 이 장소 제시어를 언급함이 없이, 단지 "예수님께서 따로 기도하실 때"라는 시간 제시어로 대체한다(눅 9:18).

'빌립의 가이사랴' 지방이라고 표현된 곳은 헤롯의 아들 빌립이 로마의 황제(가이사) 아구스도(Augustus)가 자신에게 하사한 영토에 그것을 기념하기 위해 세운, 헤르몬 산 남쪽 기슭에 위치한 휴양도시로 헬라 시대부터 여기에 있었던 '판'(Pan)이라는 신을 위한 사당과 요단강의 원천인 파네아스의 암굴이 있어 나중에 '바니아스'로 불렸다. 이런 휴양 도시에서 예수님께서 제자들에게 던진 질문은 결코 사소한 질문이 아니라 제자들에게 있어서 본질적으로 중요한 질문이었다. 이 곳에 널려 있는 반석은 아마 예수님께서 시몬에게 명명한 '게바'(헬라어로 '베드로[Πέτρος])와 관련될 수 있을 것이다.[16]

사제 간의 대화는 "사람들이 인자를 누구라고 말하느냐?"는 예수님의 질문으로 시작된다. 이 질문 안에 벌써 예수님 신분의 별스러움이 나타난다. 예수님의 자기 호칭인 '인자'(υἱὸς τοῦ ἀνθρώπου)는 '사람들'(ἄνθρωποι)과는 차이가 난다.

(2) 무리들의 대답을 옮긴 베드로의 답변(14절)

[14절] 이르기를, "더러는 세례 요한, 더러는 엘리야, 어떤 이는 예레미야, 다른 이는 선지자 중의 하나라고 말합니다." (οἱ δὲ εἶπαν· οἱ μὲν Ἰωάννην τὸν βαπτιστήν, ἄλλοι δὲ Ἡλίαν, ἕτεροι δὲ Ἰερεμίαν ἢ ἕνα τῶν προφητῶν.)

대답은 당시 사람들이 예수님의 정체에 대해 나누어진 의견을 가졌다는 것을 반영하고 있다. 헤롯 안티파스는 예수님을 자신에 의해 목 베임을 당했다가 다시 살아난 세례자 요한으로 여겼다(마 14:1-2 참조). 소생한 엘리야라는 생각은 말라기 4장 5절에서 비롯되었을 것인데, 메시아 대망에서 이것이 가지고 있는 의미는 엘리야가 왔으나 사람들이 함부로 대우하였다는 예수님의 말씀에 나타난다(막 9:11-13). 어떤 사람들은 예레미야가 다시 왔다고 생각하였다(미 2:17; 27:9 참조). 다른 사람들은 선지자 중의 한 사람이라고 생각하였다.

(3) 예수님의 질문과 베드로의 대답(15-16절)

[15절] 이르시기를, "너희는 나를 누구라고 말하느냐?" (λέγει αὐτοῖς· ὑμεῖς δὲ τίνα με λέγετε εἶναι;)

"너희는(ὑμεῖς, 강조형) 나를 누구라고 말하느냐?"고 다시 묻는 예수님의 질문에 사람들의 대답과는 다른 대답을 제자들에게서 바라는 예수님의 기대가 암시되어 있다.

---

16) '게바'는 '돌'을 뜻하는 히브리어 '케프'(כֵּף)에서 유래하였으며, 이에 상응한 헬라어 '페트라'(πέτρα)는 '반석'을 의미한다.

[16절] 시몬 베드로가 대답하여 이르기를, "당신은 그리스도시요, 살아 계신 하나님의 아들이십니이다." (ἀποκριθεὶς δὲ Σίμων Πέτρος εἶπεν· σὺ εἶ ὁ χριστὸς ὁ υἱὸς τοῦ θεοῦ τοῦ ζῶντος.)

예수님께서 제자들에게 "너희는 나를 누구라 하느냐?"라고 물었는데 대답은 베드로가 한다. 즉 마태의 교회 안에서 베드로의 수위(首位)성이 인정되고 있다. 여기서 베드로는 요한의 경우 자주 나타나나 공관복음서(막 3:16 참조)에서 드물게 나타나는 이중 이름인 '시몬 베드로'로 표현되었다. '시몬 베드로'란 이름은 마태복음에서 처음으로 등장한다. 물론 4장 18절과 10장 2절에서 '베드로(별명)라 하는 시몬(호적상의 이름)'이 사용되었으나, 여기서는 '베드로'라는 별명이 단지 간접적으로만 사용된다. 이로써 마태의 의도가 드러난다. 마태는 자신의 공동체가 베드로와 그의 신앙고백에 주목하기를 원한다.

베드로의 대답은 두 가지 기독론적인 칭호가 서로 결합되어 있는 신앙고백이다. '그리스도'(ὁ χριστός)는 이스라엘의 메시아를 나타낸다(마 1:17; 2:4; 11:2; 22:42; 26:63 참조). 그리고 "살아 계신 하나님의 아들"(ὁ υἱὸς τοῦ θεοῦ τοῦ ζῶντος)은 예수님께서 세례 받으셨을 때나 모습이 변하셨을 때 알려진 "하나님의 사랑하는 아들"(마 3:17; 17:5) 칭호의 확대된 양식의 칭호[17]이다. 이를 "그리스도이십니다"(막 8:29) 또는 "하나님의 그리스도이십니다"(눅 9:20)라는 공관복음의 다른 평행 구절들과 비교해 보면, 마태의 경우 가장 잘 표현된 신앙고백을 보여 준다.

"살아 계신 하나님"이란 구약성경에서 유래된 하나님의 칭호인데,[18] 이 칭호는 그리스어를 말하는 헬라적 유대교에서 그리고 신약

---
17) 이 칭호는 신약성경에서 단지 여기서만 나타난다.
18) 이 칭호는 구약성경의 "사시는(חי) 하나님" 칭호에서 유래되었다(신 5:26; 수 3:10; 삼상 17:26, 36; 대하 19:25; 시 42:2; 사 37:4, 17; 렘 10:10;

성경에서, 특히 전도 설교에서 사용된 짧은 호칭으로서 믿는 자에게 중요한 의미를 가졌던 하나님 칭호이다(행 14:15). 곧 이것은 죽은 우상과 달리 실제로 역사 안에서 행동하시는 하나님을 의미한다. 예수님의 질문(13절)과 베드로의 대답(16절)에서 마태의 공동체에서 결정적 의미를 지녔던 기독론적인 칭호가 함께 만난다. 곧 '인자'는 '그리스도'(메시아)이며, '하나님의 아들'이다.

2. 예수님의 약속(17-19절)

이 단락은 세 개의 짧은 예수님의 어록 말씀(logia)으로 구성되어 있는데, 이들은 서로 유사성을 지니고 있다. 또 여기에 사용된 동사들은 모두 대화형인 2인칭 단수 형태로 표현되어 있어 예수님과 베드로의 문답에 복음서 저자 마태의 관심이 집중되어 있음을 나타낸다.

(1) 첫째 말씀(17절)

[17절] 예수께서 대답하여 이르시기를, "바요나 시몬아, 네가 복이 있도다. 이를 네게 알게 한 이는 육과 혈이 아니요, 하늘에 계신 내 아버지시니라." (ἀποκριθεὶς δὲ ὁ Ἰησοῦς εἶπεν αὐτῷ· μακάριος εἶ, Σίμων Βαριωνᾶ, ὅτι σὰρξ καὶ αἷμα οὐκ ἀπεκάλυψέν σοι ἀλλ' ὁ πατήρ μου ὁ ἐν τοῖς οὐρανοῖς.)

마가나 누가의 경우처럼 "아무에게도 말하지 말라"는 예수님의 신앙고백 전파 금지가 뒤따르는 것이 아니라(막 8:30; 눅 9:21), 마태에게서는 오히려 예수님께서 베드로에게 말씀하신 약속이 그 뒤를 잇는다. 이 약속은 복음서 중 마태복음에서만 발견되는 말씀이다.

'육과 혈'과 같은 셈어의 화법과 대립 명제적인 진술 구조는 구약

23:36; 단 6:20 등 참조).

의 복 선언 양식을 생각나게 한다.19) 이 약속은 한 제자에게 개인적으로 주어지는데, 이런 종류로는 복음서에서 유일한 구절이다. 베드로의 부친의 이름에서 유래된 '바요나'20)는 직역하면 '요한의 아들'이다(요 1:42; 21:17 참조). 이 때 '요나'는 아마 '요한'의 축약형일 것이다. "(네가) 복이 있도다"(μακάριος εἶ)란 믿음으로 아는 신앙 인식의 주체는 인간이 아니라 하나님이라는 것을 알게 한다(고후 4:6 참조). 또 '육과 혈'은 그 존재가 한정되어 있는 인간의 한계성을 의미한다. 인간(시락서 14:27; 고전 15:50; 갈 1:16; 엡 6:12 참조)은 자신의 능력으로 스스로 그것을 알 수 없다. 그것은 '하늘에 계신 아버지'에 의해서만 가능하다.

(2) 둘째 말씀(18절)

[18절] 또 내가 네게 이르니, "너는 베드로다. 내가 이 반석 위에 내 교회를 세울 것이니 음부의 문들이 이기지 못할 것이다. (κἀγὼ δέ σοι λέγω ὅτι σὺ εἶ Πέτρος, καὶ ἐπὶ ταύτῃ τῇ πέτρᾳ οἰκοδομήσω μου τὴν ἐκκλησίαν καὶ πύλαι ᾅδου οὐ κατισχύσουσιν αὐτῆς.)

'너는'(σύ)은 강조형으로 사용된 주어이다. 그러므로 그 뜻은 '네가 바로'이다. 예수님께서 하신 약속 말씀에 의하면 "네가 바로 베드로이다." '베드로'(Πέτρος)라는 이름은 그리스식 이름이다. 따라서 기독교 이전 시기에는 '베드로'라는 이름은 발견되지 않고 단지 아람어 이름인 '게바'(כֵּיפָא)만 발견될 뿐이다. '게바'는 '돌'이라는 뜻의 아람어 '케프'(כֵּיף)에서 유래되었는데, 그리스어로 '반석'의 뜻인 '페트라'(πέτρα)에 해당해서, 여기서 그리스식 이름인 '베드로'(Πέτρος)가 나왔

---

19) W. Wiefel, *Matthäusevangelium*, 298-99.
20) 열심당원들이 '바요나'로 불린다는 것은 단지 예수님 당시에는 입증되지 않고, 나중에 입증되었다. W. Wiefel, *Matthäusevangelium*, 299 참조.

다. 따라서 그리스어 '베드로'와 '페트라'라는 두 단어의 사용은 언어 유희(wordplay)임이 분명하다.21)

그런데 이 '베드로'라는 이름은 예수님의 부활 이후 교회에 의해 비로소 시몬에게 부여된 것이 아니라 예수님께서 부여하신 이름이다. 왜냐하면 '반석'에 해당하는 그리스어 '페트라'는 '게바'라는 셈어와 내용적으로 일치하기 때문이다. 그 이름의 의미는 '세울 것이다'(οἰκο-δομήσω)와 '이기지 못할 것이다'(οὐ κατισχύσουσιν)라는 두 번의 미래 시제 동사에 암시되어 있는 약속 말씀에서 나타난다. 이것은 예수님의 부활과 재림 사이의 중간 시간을 보여 준다. 부활과 재림 사이에 교회 시대가 있다. 예수님께서 베드로에게 말씀하신 약속은 예수님의 부활 이후에 이루어질 것이다. 기초가 되는 초석이란 의미의 '반석'은 이 곳 외에 다른 신약성경에서도 나타나지만, 그것이 구체적인 어떤 인물과 관련되어 있지는 않다.22)

이 반석의 터 위에 세워진 것은 어떤 건물이 아니라, 비유적인 의미로 사용된 '교회'(ἐκκλησία)이다. 그것도 주님의 교회이다. 그래서 초기의 교회에서 교회는 '그리스도의 교회'(ἐκκλησία τοῦ Χριστοῦ)이다(롬 16:16 참조). 이 점에서 교회론과 기독론이 결합되어 있다.

이 '교회'는 하나님의 구속사적인 약속의 관점에서 볼 때 구약의 '카할'(קָהָל)에서 유래되었을 것이다. 곧 교회는 새로운 하나님 백성이다. 그들은 바로 예수님을 그리스도와 살아 계신 하나님의 아들로 믿고 고백하는 공동체이다. 이 교회는 단수로 표현되어 있는데, 그것은 수리아에 있던, 마태와 관련된 개(個) 교회뿐 아니라 전체 교회를

---

21) Ulrich Luz, *Das Evangelium nach Matthäus(Mt 8-17)*, Evangelisch-Katholischer Kommentar zum Neuen Testament I/2(Neukirchen-Vluyn: Neukirchener Verlag, 1990), 457.
22) W. Wiefel, *Matthäusevangelium*, 299-300 참조.

가리킨다. 또 "이 반석 위에 내 교회를 세울 것이니"라는 표현에 교회의 '건물' 표상이 나타난다. 그 배후에 하나님의 백성과 이스라엘의 집에 관한 언어 용례가 함께 자리하고 있다. 특히 쿰란 문서에서 의의 교사가 세운 신앙 공동체가 '성전'이나 '거룩한 집'으로 자주 언급되었다.[23]

음부의 문(πύλαι ἄδου)은 인간 세계로 향한 음부(ἄδης), 곧 죽은 자들의 나라 권세를 의미한다. 여기서 음부는 죽음의 나라가 아니라 오히려 하늘에 있는 하나님나라와 대립되어 있는 죽음의 나라에 속해 있는 하나님을 거스르는 권세이다. 이 권세가 부활하신 주님의 교회를 파괴할 수 없다. 그것을 '이기지 못하리라'(οὐ κατισχύσουσιν)는 어구가 말해 준다. 이 말씀은 하나님을 거스르는 권세로부터 자신을 보호해야 하는 투쟁 상황에 놓여 있는 마태와 관련되어 있었던 교회에게는 의미 있는 말씀이었다. 반석 위에 세워진 교회는 종말론적인 환난에 직면하게 될지라도 결국 승리할 것이다.

(3) 셋째 말씀(19절)

[19절] 내가 천국 열쇠를 네게 줄 것이니, 네가 땅에서 무엇이든지 매면 하늘에서도 매일 것이요, 네가 땅에서 무엇이든지 풀면 하늘에서도 풀릴 것이니라" 하시고, (δώσω σοι τὰς κλεῖδας τῆς βασιλείας τῶν οὐρανῶν, καὶ ὃ ἐὰν δήσῃς ἐπὶ τῆς γῆς ἔσται δεδεμένον ἐν τοῖς οὐρανοῖς, καὶ ὃ ἐὰν λύσῃς ἐπὶ τῆς γῆς ἔσται λελυμένον ἐν τοῖς οὐρανοῖς.)

세 번째 약속 말씀에서 반석인 베드로에게 한 권세가 약속된다.

---

23) 이에 대하여 쿰란 공동체 규정 8:5-9; 9:6; 쿰란 찬송 두루마리 6:26; 7:9 등을 참조하라. Rudolf Schnackenburg, *Matthäusevangelium 1:1-16:20*, Die Neue Echter Bibel Neues Testament I/1(Würzburg: Echter Verlag, [2]1991), 151-52 참조.

곧 천국 열쇠를 가지는 권세가 그에게 주어진다. '열쇠'(κλείς)와 '천국'(ἡ βασιλεία τῶν οὐρανῶν)이 서로 결합됨으로써 종말론적인 차원이 나타난다. 천국 열쇠를 베드로에게 주는 것은 종말론적인 하나님의 나라에 참여하게 하는, 곧 구원하시는 하나님의 권한을 그에게 전적으로 위임함을 의미한다. 서기관들과 바리새인들은 사람들 앞에서 천국의 문을 닫고, 자신들도 그 천국으로 들어가지 않으며, 거기로 들어가려 하는 자들도 들어가지 못하게 한다(23:13). 그러나 베드로는 예수님 안에서 그리고 그와 함께 시작된 하나님 나라에 입장하는 문을 열고 닫을 수 있는 권세를 부여받는다. 그에 대한 구약성경의 선례는 예언자가 엘리아김에게 알려 준 다윗의 집의 열쇠에 관한 말씀에서 찾아볼 수 있으며(사 22:22), 또 그것이 마태 이후에 영향을 주었던 신약성경의 예는 빌라델비아 교회에게 보낸 말씀에서 발견할 수 있다(계 3:7).

천국 열쇠를 약속받은 베드로에게 '매고 푸는' 권세가 주어진다. 대체로 '매다'(δεῖν)와 '풀다'(λύειν)는 세 가지 의미로 사용되었다. 첫째, 그것은 (귀신이) '결박하다'(막 3:27)와 '놓아 주다'는 용례로 사용되었다. 둘째, 이는 히브리어로는 '아사르'(אָסַר)와 '히티르'(הִתִּיר), 그리고 아람어로는 '아사르'(אֲסַר)와 '쉐라'(שְׁרָא)라는 랍비적인 짝말로 율법을 해석할 때 랍비들이 결정하는 '금지'와 '허락'을 의미하였다.24) 셋째, 이 용어들은 심판적 행위를 묘사하는데, '매다'는 사슬을 채워 가두는 것을 의미하며, '풀다'는 그 사슬을 풀어 주어 사면함을 뜻한다.

이와 같이 '매다'와 '풀다'는 짝말이지만, '매다'와 '풀다'에 관한 말씀에서는 동일한 내용을 다르게 표현한 한 단위의 은유적 표현이다.

---

24) U. Luz, *Matthäusevangelium*(Mt 8-17), 465.

여기서는 "무엇이든지 너희가 땅에서 매면 하늘에서도 매일 것이요 무엇이든지 땅에서 풀면 하늘에서도 풀리리라"는 마태복음 18장 18절 말씀과 관련해서 생각한다면 세 번째 심판적인 의미로 해석하는 것이 적절할 것이다. 그렇기는 하나 마태복음 18장 18절 말씀에서 죄를 범한 형제에 대한 단계적 조치와 관련하여 결정하는 훈육의 권세가 제자들에게 전제되어 있는 것과 달리 여기서는 훈육의 권세뿐 아니라 가르치는 교수의 권세가 베드로에게 약속된다.

3. 제자들에 대한 예수님의 경고 말씀(20절)

[20절] 그 때 제자들을 경고하여 자기가 그리스도인 것을 아무에게도 이르지 말라 하셨다. (τότε διεστείλατο τοῖς μαθηταῖς ἵνα μηδενὶ εἴπωσιν ὅτι αὐτός ἐστιν ὁ χριστός.)

이제 예수님께서 베드로에게 이르신 약속의 말씀을 이어서 자신이 그리스도인 것을 아무에게도 알리지 말라고 제자들에게 함구령을 내린 경고의 말씀이 베드로의 신앙고백 단락의 끝을 맺는다. 예수님의 약속의 말씀은 올바른 신앙고백을 한 베드로에게 주어지나, 침묵명령을 담은 그분의 경고의 말씀은 베드로만이 아니라 그 말씀을 함께 들은 제자들에게도 주어진다. 제자들이 십자가와 부활 사건 이전에는 예수님의 정체에 대해 올바르게 알 수 없었다는 것을 보여 주고자 한 마가복음의 '메시아 비밀론'과 다르게, 마태복음의 경우에는 예수님의 정체에 대한 무리들의 이해(13-14절)와 제자들의 이해(16절)가 서로 달랐다는 것을 강조한다. 마태복음에서는 단지 제자들만이 예수님께서 그리스도이시라는 것을 알고 있다. 무리들이 아니라 바로 그들이 세상에 교회를 세우고 하늘의 권세를 위임받은 이들이다.

VI. 본문이 전하는 말씀

첫째, 그리스도의 제자들은 예수님에 대한 신앙고백, 즉 예수님을 누구라고 고백하느냐에 따라 무리들과 구분된다(13-15절). 그러므로 예수님의 제자들에게는 그분에 대한 올바른 신앙고백이 요구된다.

둘째, 예수님에 대해 제자들이 고백해야 할 신앙고백의 핵심은 예수님이 그리스도이시며, 살아 계신 하나님의 아들이라는 사실이다(16절).

셋째, 예수님께서 그리스도시요, 하나님의 아들이심을 알게 하는 분은 바로 하늘에 계신 아버지 하나님이시다(17절).

넷째, 하늘에 계신 아버지 하나님에 의해서만 가능한 신앙고백 위에 세워지는 교회는 바로 예수 그리스도에게 속한 주님의 교회이다(18절).

다섯째, 예수님에 대한 올바른 신앙고백은 교회가 세워지는 반석이다(18절). 교회는 바로 이 신앙고백 위에 세워진다.

여섯째, 올바른 신앙고백 위에 세워진 교회에 음부의 권세가 이기지 못하는 천국 열쇠가 주어진다(18절).

일곱째, 천국 열쇠를 받은 교회는 이 땅에서 하나님의 전권을 위임받은 교회이다(19절).

여덟째, 교회가 땅에서 매고 푸는 대로 하늘에서도 매이고 풀리게 될 것이다(19절).

VII. 나가는 말

본문은 복음서에서 기독론과 교회론이 밀접하게 결합되어 있는 표준 단락이다. 교회의 설립 기초는 바로 예수님에 대한 올바른 신앙고백이다. 예수님은 그리스도시요, 살아 계신 하나님의 아들이라는 신앙고백이 바로 교회가 세워지는 초석이다. 게다가 교회는 하나님 나라 그 자체는 아니지만 세상에 있는 하나님 나라의 '그림자'이다. 교회는 장차 하나님의 심판에서 음부의 권세가 이기지 못하는 천국 열쇠를 부여받았으며, 동시에 땅에서 매고 푸는 대로 하늘에서도 매이고 풀리게 되는, 하나님의 전권을 위임받았다. 그러므로 그리스도의 제자들에게 교회 중심적인 신앙생활이 요구된다.

본문 말씀대로 오늘의 한국 교회는 주님의 교회인가? 과연 천국 열쇠를 쥐고 있는 하나님 나라의 모형인가? 그리고 교회 중심적인 삶을 영위하고 있는가? 주님과 베드로의 대화는 이런 질문들에 대해 선뜻 대답하지 못하는 오늘의 교회와 그리스도인들에게 다시 한 번 기독론과 교회론의 기초를 돌아보게 한다. 교회는 주님의 교회요, 그 주님 되신 예수님은 그리스도시요 살아계신 하나님의 아들이시다.

제8장

용서를 가르치시는 예수님
(마태복음 18장 21-35절)

I. 들어가는 말

예수 그리스도의 몸 된 교회 안에서 형제자매가 죄를 범하였을 때, 곧 유혹에 걸려 넘어졌을 때 그 형제자매에 대하여 어떻게 해야 하는가? 또 그 형제자매를 몇 번이나 용서해야 하는가? 그리고 '용서한다'는 것은 무엇을 의미하는가? 바리새인과 서기관보다 더 나은 의를 행해야 하는 그리스도의 제자들은 용서와 관련하여 어떻게 행해야 하는가? 그리스도인이 용서받았다는 것은 무엇을 의미하는가? 하나님의 용서의 참뜻은 무엇인가?

이런 질문들과 관련하여 마태복음에 기록된 다섯 개의 긴 말씀 강화(講話) 가운데 네 번째 강화인 '교회 규정 설교'(18장)의 마지막 열다섯 절, 곧 '용서하지 않은 용서받은 종'의 비유 단락(18:21-35)에서 마태가 그 당시 자신의 공동체가 걸어가야 할 방향을 잡는 데 도움을 주고자 한 '방향 설정 도움'은 무엇이며, 그것은 오늘날의 그리스도인에게 어떤 의미가 있으며, 또 그 관련 의미가 오늘의 교회에 어떻게 옮겨질 수 있는가?

이를 위해 먼저 본문을 우리말로 옮기고(II), 그것이 마태복음의 전체 본문과 18장에서 차지하는 자리를 매겨 보고(III), 그 짜임새를 살펴본 후(IV), 각 절을 풀이한 다음(V), 본문을 현실로 옮겨 그리스도인의 삶에 적용할 수 있는 신학적인 메시지(VI)를 찾고자 한다.

II. 본문 옮기기

²¹그 때 베드로가 나아와 그분에게 "주님, 내 형제가 내게 죄를 범한다면(미래, 코이네에서 능동태로) (도입의 그러면) 내가 몇 번이나 그를 용서할까요? 일곱 번까지 [할까요]?"라고 말하였다.

²²예수께서 그에게 "내가 네게 이르나니 일곱 번까지가 아니라 일곱을 일흔 번까지 [하라]"고 말씀하셨다.

²³그러므로 천국은 그 종들과 결산하려 하던 어떤 임금과 같다.

²⁴그가 결산을 시작할 때 어떤 만 탈란트 빚진 사람이 그에게 끌려왔다.

²⁵그가 갚을 것을 가지고 있지 않아 주인이 그에게 아내와 자식들과 그가 가지고 있는 모든 것을 팔아 갚으라고 명하였다.

²⁶그러므로 그 종이 엎드려 절하며 말하기를, "내게 참아 기다려 주십시오. 그러면 내가 당신께 다 갚을 것입니다." 하였다.

²⁷그 종의 주인이 불쌍히 여겨 그를 놓아 주며 그에게 그 빚을 탕감하여 주었다.

²⁸그 종이 나가서 자기에게 백 데나리온 빚진 동료 종 한 사람을 발견하고 그를 붙들어 목을 조르며 말하기를, "네가 빚진 것을 갚으라" 하였다.

²⁹그러므로 그의 동료 종이 엎드려 그에게 간구하여 "내게 참아 기다

리면, 내가 당신께 갚을 것입니다." 하였다.
³⁰그러나 그는 [그렇게] 하기를 원치 아니하고 가서 그 빚진 것을 갚을 때까지 그를 옥에 가두었다.
³¹그러자 그의 동료 종들이 그 일어난 일을 보고 몹시 마음 아파하며 그들의 주인에게 가서 일어난 모든 일을 소상하게 보고하였다.
³²이에 그의 주인이 그를 불러 그에게 이르기를, "악한 종아, 네가 내게 간청하여 내가 그 모든 빚을 네게 탕감하여 주었는데,
³³내가 너를 불쌍히 여긴 것같이 너도 네 동료 종을 불쌍히 여겨야 하지 않느냐?" 하고
³⁴그의 주인이 노하여 모든 빚진 것을 갚기까지 그를 옥졸들에게 넘겨주었다
³⁵너희가 각각 너희 마음으로부터 그 형제를 용서하지 아니하면 내 하늘 아버지께서도 너희에게 이와 같이 하실 것이다.

III. 본문의 자리 매김

'용서하지 않은 용서받은 종'의 비유 단락이 들어 있는 18장은 '산상설교'(5-7장), '제자 파송 설교'(10장), '천국 비유 설교'(13장)에 이어 마태복음에서 네 번째로 등장하는 설교 말씀이다. 이 설교말씀의 내용은 신앙 공동체, 즉 교회에 관한 규정이다. 이런 이유로 18장을 '신앙 공동체(교회) 설교'[1]라고 부른다.

이 설교 말씀에 대해 신약학자들은 그 제목을 다양하게 붙였다. 즉 18장을 '신앙 공동체 규정',[2] '하나님의 집 규정',[3] '교회에서의 형

---

[1] Rudolf Schnackenburg, *Matthäusevangelium 16:21-28:20*, Die Neue Echter Bibel 1/2(Würzburg: Echter, ²1994), 167.
[2] Walter Grundmann, *Das Evangelium nach Matthäus*, Theologischer Handkommentar zum Neuen Testament 1(Berlin: Evangelische Verlagsanstalt, ⁷1990), 411.
[3] Wolfgang Trilling, *Das wahre Israel: Studien zur Theologie des Matthäus-*

제애',4) '공동체성에 관한 말씀'5) 등의 제목을 붙여 주석하였다. 이 장의 제목을 다양하게 선정할 수 있겠으나, 본문의 주제를 고려해 볼 때 '교회의 공동체성을 위한 규정 설교'가 제목에 가장 적절할 것이다. 그것을 줄여서 표현하면 '교회 규정 설교'이다.

18장은 교회 구성원들이 지켜야 할 모든 규정을 다루는 것이 아니라 교회의 하나 됨, 곧 공동체성을 위한 규정을 다루고 있다. 18장 전체 본문을 단락 구분에 도움을 주는 공동체 구성원, 곧 "어린아이"(παιδία, 2-5절), "소자들"(μικροί, 6-14절), "형제들"(ἀδελποί, 15-35절)을 따라 구분해 보면 다음과 같이 다섯 단락으로 나눌 수 있다.

1. '낮추라'는 말씀(1-5절): 공동체 내 신앙생활의 기본 원칙
2. '실족하게 하지 말라'는 말씀(6-9절)
3. '잃은 자를 찾으라'는 말씀(10-14절)
4. '기도하라'는 말씀(15-20절)
5. '용서하라'는 말씀(21-35절)

본문 단락 바로 앞에 위치해 있는 신앙 공동체 안에서 죄를 범한 형제자매에 대한 '치리 규정' 단락(15-20절)은 누가복음과 비교해 볼 때, 누가의 경우 이 말씀은 단지 "너희는 스스로 조심하라 만일 네 형제가 죄를 범하거든 경계하고 회개하거든 용서하라"(17:3)로 짧게 서술되어 있는 반면, 마태는 이 주제에 대해 훨씬 자세하게 묘사하고 있

Evangeliums, Studien zum Alten und Neuen Testament X (München: Kösel-Verlag, 1964), 106.

4) Robert H. Gundry, *Matthew: A Commentary on His Handbook for a Mixed Church under Persecution*(Grands Rapids: Eerdmans, ²1994), 358.

5) Ulrich Luz, *Das Evangelium nach Matthäus* III (Mt 18-25), EKK I/3 (Neukirchen-Vluyn: Neukirchener Verlag, 1990), 5.

다.

특히, 15-17절 본문에는 형제자매에 대해 죄를 범한 자에 대한 지침이 단계적으로 언급된다. 그러니까 그 신앙 공동체 지침은 형제자매가 죄를 범하면, 우선 그 형제자매에게 가서 단지 그와 상대하여 권고하고(1단계), 그렇게 하여도 듣지 아니하면 한두 사람을 데리고 가서 권고하며(2단계), 그럼에도 불구하고 듣지 아니하면 교회에 말하고(3단계), 그렇게 하여도 듣지 아니하면 비로소 이방인과 세리와 같이 여기라(4단계)는 것이다.

교회 안에서 죄를 범한 형제자매를 치리할 경우 단계적으로 권고하고, 그리고 나서 그를 위해 기도하라(18-20절)는 말씀 뒤에, 용서에 대한 가르침으로서 '용서하지 않은 용서받은 종'의 비유(21-35절)가 뒤따르는 것은 교회의 치리에 신중을 기해야 하는 것과, 바리새인과 서기관보다 더 나은 의를 추구하는 그리스도의 제자가 실천해야 하는 형제자매 사랑에 있어서 죄를 범한 형제자매에 대한 용서함의 중요성을 보여 준다.

IV. 본문의 짜임새

'용서하지 않은 용서받은 종'의 비유를 진술하는 본문의 구성은 다음과 같다.

1. 비유의 서론 : 형제가 형제에게 범하는 죄에 대한 베드로와 예수님의 대화(21-22절)
2. 본래의 비유 : '용서하지 않은 용서받은 종'의 비유(23-34절)
본래의 비유 부분은 크로산(J. D. Crossan)이 제시한 것처럼 세 장면으로 구성되어 있으며, 각 장면은 장면 묘사 '서술'(narrative)과 이를 뒤따르는 '대화'(dialogue), 그리고 종결적인 '행동'(action)으

로 구성되어 있다.6) 이러한 삼중 구조를 따라 비유 단락을 세분해 보면 다음과 같다.7)

 (1) 첫째 장면(23-27절) : 임금과 만 탈란트 빚진 종
  ① 장면 묘사(23-25절)
  ② 대화(26절)
  ③ 종결 행동(27절)
 (2) 둘째 장면(28-30절) : 빚을 탕감받은 종과 그에게 백 데나리온 빚진 동료 종
  ① 장면 묘사(28절)
  ② 대화(29절)
  ③ 종결 행동(30절)
 (3) 셋째 장면(31-34절) : 주인, 종, 동료 종 그리고 다른 동료 종들
  ① 장면 묘사(31절)
  ② 대화(32-33절)
  ③ 종결 행동(34절)
3. 비유의 종결 교훈(35절)

V. 본문 풀이

1. 비유의 서론 : 형제가 형제에게 범하는 죄에 대한 베드로와 예수님의 대화(21-22절)

[21절] 그 때 베드로가 나아와 그분에게 "주님, 내 형제가 내게 죄를 범한다면(도입의 그러면) 내가 몇 번이나 그를 용서할까요? 일곱 번까지 [할까

---

6) Dominic J. Crossan, *In Parables: The Challenge of the Historical Jesus* (New York: Harper & Row, 1973), 105-7 참조.
7) John R. Donahue, *The Gospel in Parable*(Minneapolis: Fortress, 1988), 74.

요]?"라고 말하였다. (Τότε προσελθὼν ὁ Πέτρος εἶπεν αὐτῷ· κύριε, ποσάκις ἁμαρτήσει εἰς ἐμὲ ὁ ἀδελφός μου καὶ ἀφήσω αὐτῷ; ἕως ἑπτάκις;)

"그 때"(τότε)라는 시간 지시어로써 마태복음에서 네 번째로 나타나는 설교 말씀인 '교회 규정 설교'의 후반부(15-35절)는 교회 안에서 다른 성도에 대하여 죄를 범한 자에 대한 '치리 규정' 단락(15-20절)과 용서의 교훈을 가르쳐 주는 '용서함을 받았으나 그 자비를 베풀지 못한 종'의 비유 단락(21-35절)으로 나누어진다.

베드로가 예수께 나아와 묻는다. 여기서도 마태복음의 다른 곳(16:16-19; 17:24-27 참조)에서 베드로가 제자들을 대표한 것처럼 베드로가 예수님께 묻는다. "내 형제가 내게"(εἰς ἐμὲ ὁ ἀδελφός μου)라는 어구에서 신앙 공동체 안에서 형제가 형제에 대한 범죄가 문제 됨을 알 수 있다. 형제의 범죄에 대하여 몇 번이나 용서해야 하는가를 묻는 베드로의 질문에서 베드로가 형제의 범죄에 대해 용서할 준비가 되어 있음이 나타난다. 또한 '일곱 번까지'(ἕως ἑπτάκις)라는 어구에서 베드로는 용서를 양적(量的)인 횟수의 문제로 생각하고 있음이 드러난다. 그것은 용서가 양적인 문제가 아니라 질적인 마음의 문제임을 보여주는 예수님의 가르침과 대조된다(35절). 예수께 용서의 횟수를 문의한 베드로의 질문에서 교회 안에서 성도들 상호간의 죄 용서 의무에 대한 마태 공동체의 질문을 읽어 낼 수 있다.

[22절] 예수께서 그에게 "내가 네게 이르나니 일곱 번까지가 아니라 일곱을 일흔 번까지 [하라]."고 말씀하셨다. (λέγει αὐτῷ ὁ Ἰησοῦς· οὐ λέγω σοι ἕως ἑπτάκις ἀλλὰ ἕως ἑβδομηκοντάκις ἑπτά.)

이 절에서 '일곱 번씩 일흔 번'으로 옮긴 'ἑβδομηκοντάκις ἑπτά'의 번역이 문제가 된다. 왜냐하면 이는 두 가지로 번역될 수 있기 때문이다. 하나는 "일흔 일곱 번"[8], 다른 하나는 "일곱 번씩 일흔 번"[9]이다.

그런데 전자는 언어적으로 완전히 옳지 않다. 그것은 횟수를 나타내는 헬라어 어미(語尾) '-άκις'가 두 자리 수를 나타낼 경우 항상 마지막 단어에 붙기 때문이다. 그러므로 "일흔 일곱 번"으로 옮기려 한다면 'ἑβδομήκοντα ἑπτάκις'로 표기되어야 한다. '후자'의 경우는 언어적으로 또 앞 절인 베드로의 질문과 관련한 맥락적인 의미에서도 전자보다 더 나은 번역이다.

이 때 "일곱 번씩 일흔 번"이란 용서 횟수의 최고치를 말하는 것이 아니라 용서의 횟수 제한을 철폐하는 무제한적인 용서를 말한다. 곧 용서는 조건이 구비되었을 때 하는 것이 아니라 조건에 상관없이 하는 것이며, 횟수를 정해 놓고 하는 양적인 것이 아니라 마음의 문제라는 것이다. 그러므로 용서의 유일한 조건은 '돌이키는 것', 즉 회개이다. 이 구절은 형제의 범죄에 대한 교회의 단계적 조치를 말하는 15-17절 단락과 관련되어 있다. 신앙 공동체 안에서 자신의 잘못을 깨닫고 돌이키는 사람을 조건 없이 받아들여야 한다. 이것이 '산상설교'의 주제가 되는 바리새인과 서기관보다 더 나은 의(5:20)를 실천하는 것이다. 마태에 의하면 제자들에게 요구되는 바리새인과 서기관보다 더 나은 의는 원수에까지 이르는 이웃을 사랑하는 것으로(5:43-47), 이 이웃 사랑 내지는 원수 사랑은 바로 용서에서 실현되며(18:21-35), 이웃을 대접하는 '황금률'에서 그 절정에 이른다(7:12).

---

8) 루츠는 칠십인역(LXX)이 라멕의 노래(창 4:23-24)의 '칠십칠 배'를 'ἑβδομηκοντάκις ἑπτά'(24절)로 표기한 경우를 들어 이를 '일흔 일곱 번'으로 번역한다. U. Luz, *Matthäusevangelium* III, 61, 각주 1을 참조.
9) 이런 입장으로는 Hermann L. Strack & Paul Billerbeck, *Kommentar zum Neuen Testament aus Talmud und Midrasch* I(München: C. H. Beck, [7]1978), 797; Wolfgang Wiefel, *Das Evangelium nach Matthäus*, ThHNT 1(Leipzig: Evangelische Verlagsanstalt, 1998), 326을 참조하라.

2. '용서하지 않은 용서받은 종'의 비유(23-34절)

(1) 첫째 장면(23-27절): 임금과 만 탈란트 빚을 진 종

① 장면 묘사(23-25절)

[23절] 그러므로 천국은 그 종들과 결산하려 하던 어떤 임금과 같다. (διὰ τοῦτο ὡμοιώθη ἡ βασιλεία τῶν οὐρανῶν ἀνθρώπῳ βασιλεῖ, ὃς ἠθέλησεν συνᾶραι λόγον μετὰ τῶν δούλων αὐτοῦ.)

양식적으로 이 비유[10]는 '비교'에 해당하는데, 비교 중 일상생활에서 흔히 일어나지 않는 이야기로 '우화'(Parabel)에 해당한다. 이 비유의 '내용 부분'(Sachhälfte)에 해당하는 것은 마태의 특징어인 '천국'(ἡ βασιλεία τῶν οὐρανῶν)[11]이다. 따라서 이 비유는 천국 비유이다. 그리고 천국을 빗대어 말하는 '비유 부분'(Bildhälfte)으로는 그 종들과 결산하려 하던 '어떤 임금'(ἄνθρωπος βασιλεύς)이 소개된다. 유대교에서 '임금'은 '잔치 초대'의 비유(마 22:2-14)에서처럼 하나님에 대한 상징어로 사용되었다.[12] 이 비유에서 '임금'과 '종'의 관계는 바로 하나님과 인간의 관계이다. 뒤따르는 구절에서 '종'(δοῦλος)은 '종'으로 불리는 반면, '임금'은 25절에서 '주인'(κύριος)으로 불린다.

[24절] 그가 결산을 시작할 때 어떤 만 탈란트 빚진 사람이 그에게 끌려왔

---

10) 비유 양식에 대한 해설로는 제6장 "천국을 전하시는 예수님" V. 1. (1) 부분을 참조하라.
11) 이 용어는 공관복음에서 총 32번 등장하는데, 그것도 단지 마태복음에서만 나타난다. Ulrich Luz, *Das Evangelium nach Matthäus* I(Mt 1-7), EKK I/1 (Neukirchen-Vluyn: Neukirchener Verlag, ²1989), 37.
12) R. Schnackenburg, *Matthäusevangelium* II, 176.

다. (ἀρξαμένου δὲ αὐτοῦ συναίρειν προσηνέχθη αὐτῷ εἷς ὀφειλέτης μυρίων ταλάντων.)

주인이 그 종과 '결산을 시작할 때'라는 어구가 알려 주는 것처럼 결산은 주인과 한 종 사이에서가 아니라 주인과 여러 종들 사이에서 일어난다. 이 절에서 소개되는 '어떤 만 탈란트 빚진 사람'은 주인과 종 사이에 일어날 결산을 가장 먼저 하는 사람에 불과하다. 이로써 하나님과 모든 인간 사이에 결산이 있을 것임이 암시된다. '결산하다' (συναίρειν)13)는 단지 마태복음에서만, 그것도 심판과 관련되어 있는 마태복음의 특징을 나타내는 용어이다. '만 탈란트'(μυριάδες τάλαντα)는 엄청나게 큰 돈이다. '탈란트'(τάλαντον)14)는 금화로 무게를 달아 값을 치르는 헬라 화폐 단위이다. 한 탈란트는 대략 만 데나리온 정도의 가치에 해당한다.15) 한 데나리온이 노동자의 하루 품삯(마 20:1-15

---

13) 이 용어는 신약성경에서 마태복음에서만 세 번 나타난다(18:23, 24; '탈란트' 비유 가운데 25:19). J. B. Smith, *Greek-English Concordance to the New Testament*(Scottdale: Herald, 1955), 331.
14) 신약 시대에 사용된 화폐 단위는 일반적으로 사용된 주조 화폐와, 고액의 화폐인 무게 측정 화폐(탈란트, 므나)로 구분된다. 당시 팔레스틴은 로마 제국의 지배를 받았으나 문화적으로 여전히 헬라 문화권의 영향 아래 있었기 때문에 헬라 화폐(금화로는 '탈란트', '므나', 은화로는 '스타테르'[한글 개역판에서는 '세겔'로 번역], '드라크마', 동전으로는 '렙돈')와 로마 화폐(은전으로는 '데나리온', 동전으로는 '앗사리온'과 '고드란트')가 함께 사용되었다. 이에 대하여 *Stuttgarter Erklärungsbibel* (Stuttgart: Deutsche Bibelgesellschaft, 1992)의 부록 4를 참조.
15) Joachim Jeremias, *Die Gleichnisse Jesu* (Göttingen: V. & R., ^{10}1984), 26 참조. 고대의 다른 문헌들과 비교해 보면, 안티오쿠스는 성전에서 1800탈란트를 약탈했으며(마카비 2서 5:21), 폼페이우스는 성전에서 2000 탈란트를 발견하였고(요세푸스의 고대사기 14:72), 분봉왕 빌립과 헤롯 안티파스, 아켈라오가 백성들로부터 받은 일년 세금은 각각 100, 200, 600탈란트였으며(요세푸스의 고대사기 17:318-320), 당시 그리스에서 최고 갑부로 알려진 알렉산더의 재산도 200여 탈란트에 불과했다(Polyb 21:36). 더 자세하게는

참조)이라면 만 탈란트는 일억 데나리온에 해당함으로 이는 일꾼 천 명의 274년 정도의 품삯에 상당하는 큰 돈이다.

[25절] 그가 갚을 것을 가지고 있지 않아 주인이 그에게 아내와 자식들과 그가 가지고 있는 모든 것을 팔아 갚으라고 명하였다. (μὴ ἔχοντος δὲ αὐτοῦ ἀποδοῦναι ἐκέλευσεν αὐτὸν ὁ κύριος πραθῆναι καὶ τὴν γυναῖκα καὶ τὰ τέκνα καὶ πάντα ὅσα ἔχει, καὶ ἀποδοθῆναι.)

일만 탈란트는 실제로 인간 사이에서 빌려주고 빌릴 수 없는, 설사 빌렸다 하더라도 갚을 수 없는 큰 돈이다. 그러니 종이 갚을 돈을 가지고 있지 않은 것은 자명하다. 그런데 주인은 만 탈란트 빚진 종에게 아내와 자식들과 그가 가지고 있는 모든 것을 팔아 갚으라고 명한다. 사실 빚을 갚는 것은 불가능하다. 왜냐하면 아무리 큰 부자라 하더라도 한 가정의 재산으로는 그 큰 빚을 갚기에 턱없이 부족하기 때문이다. 당시 종이 매매될 때 거래되는 가격은 평균적으로 500에서 2,000데나리온이었다.16) 그러므로 가족을 노예로 판다고 하더라도 빚을 갚을 방도는 없었다. 아내도 판매의 대상으로 언급되는 것으로 보아 비유에서 임금과 종이 각각 이방인임을 가정할 수 있다. 왜냐하면 유대인의 경우 아내를 종 매매의 대상으로 삼지 않기 때문이다.17) 주인은 종에게 도저히 갚을 수 없는 그 큰 빚을 갚으라고 명한다.

② 대화(26절)

U. Luz, *Matthäusevangelium* III, 69, 각주 32를 참조하라.
16) W. Wiefel, *Matthäusevangelium*, 329을 참조.
17) 할라카에는 이런 규정이 나타나지 않는다. 유대교의 규정에서 이스라엘인은 도적질한 경우에만 종으로 팔려 갈 수 있었으나, 아내의 경우 결코 종 거래의 대상이 되지 않았다(토셉타 소타 2:9; 3:8 참조). H. L. Strack & P. Billerbeck, *Kommentar* I, 798.

[26절] 그러므로 그 종이 엎드려 절하며 말하기를, "내게 참아 기다려 주십시오. 그러면 내가 당신께 다 갚을 것입니다" 하였다. (πεσὼν οὖν ὁ δοῦλος προσεκύνει αὐτῷ λέγων· μακροθύμησον ἐπ' ἐμοί, καὶ πάντα ἀποδώσω σοι.)

이에 종은 공손하게 간청하는 자세로 "엎드려 절하며"(πεσὼν προσεκύνει), 주인에게 빚을 갚을 수 있도록 시간을 달라고 말한다. 그것도 절대로 갚을 수 없는 엄청난 빚임을 알면서도 다 갚을 것이라고 과장하여 말한다.

종이 주인에게 빚을 갚을 시간을 달라고 말하나 빚을 갚는 것 자체가 불가능하기 때문에 비유의 핵심인 '비교 일치점'(tertium comparationis)을 '시간'에 두는 것은 적절한 해석이 아니다. 그러므로 이 비유에서 종이 주인에게 단지 채무 이행 기간의 연장을 요청한다고 말할 수 없다. 왜냐하면 종이 진 빚은 채무 이행 기간을 연장한다고 청산될 수 있는 빚이 아니었기 때문이다. 이런 관점에서 26절을 볼 때 종의 말은 그가 갚을 수 없는 빚진 종으로서 주인에게 감히 요청할 수밖에 없는 완곡한 표현일 뿐이다.

③ 종결 행동(27절)

[27절] 그 종의 주인이 불쌍히 여겨 그를 놓아 주며 그에게 그 빚을 탕감하여 주었다. (σπλαγχνισθεὶς δὲ ὁ κύριος τοῦ δούλου ἐκείνου ἀπέλυσεν αὐτὸν καὶ τὸ δάνειον ἀφῆκεν αὐτῷ.)

주인은 간청하는 종을 "불쌍히 여겨"(σπλαγχνισθεὶς) 그를 놓아 주었다. '불쌍히 여기다'(σπλαγχνίζεσθαι)[18]는 마태복음에서 이 구절

---

18) 이 용어는 신약성경 전체에서 단지 공관복음에서만 12번 등장하는데(마태 5번, 마가 4번, 누가 3번), 마태의 경우 이 구절을 제외하고는 모두 예수님께서 무리를 보시고 여기신 마음을 표현하는 용어이다(9:36; 14:14; 15:32;

을 제외하고는 모두 예수님께서 자신을 따르는 무리를 보시며 여기신 마음을 나타낼 때 사용되었다. 여기서도 용서하시는 자비로운 하나님의 마음이 얼비쳐 있다. 주인은 종을 불쌍히 여겨 그를 놓아 주며 그 빚을 탕감해 준다.

여기서 '빚'(δάνειον)이란 "고대 재정 기관의 전문 술어로 대부나 부채"[19]를 의미한다. 이는 32절에 사용된 '빚'(ὀφειλή)과 동일하며, 이미 주기도의 다섯 번째 간구(마 6:12)에서 '죄'의 신앙적인 의미로 사용된 '빚'(ὀφείλημα)과 내용적으로 같다.[20] 또 '탕감하다'(ἀφεῖναι)란 6장 12절과 이 비유의 종결절인 35절에서처럼 '사(赦)하다', 곧 '용서하다'라는 말과 동일한 뜻을 가진 용어이다. 이로써 인간의 모든 행동을 앞서는 하나님의 선행(先行)적인 은혜의 행동이 드러난다.

(2) 둘째 장면(28-30절): 빚을 탕감 받은 종과 그에게 빚진 동료 종

① 장면 묘사(28절)

[28절] 그 종이 나가서 자기에게 백 데나리온 빚진 동료 종 한 사람을 발견하고 그를 붙들어 목을 조르며 말하기를, "네가 빚진 것을 갚으라"고 하였

20:34). '불쌍히 여기다'(σπλαγχνίζεσθαι)는 '내장', '애타는 마음' 또는 '자비로운 마음'을 나타내는 명사 'σπλάγχνον'에서 유래된 동사이다.
19) W. Wiefel, Matthäusevangelium, 329-30.
20) 아람어를 아는 마태의 독자나 청중들은 '호바'(חוֹבָא)가 금전 부채뿐 아니라 죄를 의미함을 알고 있었을 것이며, 헬라어를 아는 마태의 독자나 청중들은 주기도문(마 6:12)에서 '빚'이 '죄'라는 것과 '탕감받는 것'이 '용서받는 것'임을 알고 있었다. U. Luz, Matthäusevangelium III, 69 참조. 'ἀφεῖναι'는 성경적으로 뿐 아니라 그리스어로도 죄를 사하는 것을 의미한다. 이에 대하여 W. Bauer, Wörterbuch zum Neuen Testament (Berlin: deGruyter, [6]1988), 252-53 참조.

다. (ἐξελθὼν δὲ ὁ δοῦλος ἐκεῖνος εὗρεν ἕνα τῶν συνδούλων αὐτοῦ, ὃς ὤφειλεν αὐτῷ ἑκατὸν δηνάρια, καὶ κρατήσας αὐτὸν ἔπνιγεν λέγων· ἀπόδος εἴ τι ὀφείλεις.)

탕감 받은 종은 주인을 나가서 자기에게 '백 데나리온'(ἑκατὸν δηνάρια) 빚진 '동료 종'(σύνδουλος) 한 사람을 발견하였다. '백 데나리온'은 품꾼의 백일 정도의 품삯에 해당하는 액수로 '만 탈란트'에 비하면 비교되지 않는 적은 액수의 금액이다. 빚의 액수의 많고 적음에서 놀라운 대조가 나타난다. 이러한 대조는 이 종이 동료 종에게 행한 행동에서도 분명하게 보인다. 자신이 많은 빚을 졌으나 주인이 베풀어 준 은혜로 탕감 받은 종이 그 주인에게 간청할 때 그는 "엎드려 절하며"(26절) 말하였으나, 자신에게 적은 빚을 진 '동료 종'에게는 "붙들어 목을 조르며"(κρατήσας ἔπνιγεν) 그 빚을 갚으라고 말하였다.

'동료 종'은 동료 노예나 같이 종이 된 자로 요한계시록에서는 동료 그리스도인을 가리킨다(계 6:11). 탕감 받은 빚은 갚을 수 없는 엄청난 것이었으나 탕감 받은 자가 자신에게 빚을 진 동료에게 갚으라고 요구하는 빚은 그것에 비하면 너무나 적은 것이었다. 그럼에도 불구하고 그 종은 동료 종과의 수평적인 만남에서 주인과 종의 수직적인 대면에서와는 극명하게 차이가 나는 태도를 보여 준다. 이제 하나님과 인간의 문제는 이를 뒤로 한 채, 그리고 이를 전제로 하고 인간과 인간의 관계 문제로 전이(轉移)된다.

② 대화(29절)

[29절] 그러므로 그의 동료 종이 엎드려 그에게 간구하여 "내게 참아 기다리면, 내가 당신께 갚을 것입니다" 하였다. (πεσὼν οὖν ὁ σύνδουλος αὐτοῦ παρεκάλει αὐτὸν λέγων· μακροθύμησον ἐπ' ἐμοί, καὶ ἀποδώσω σοι.)

종이 주인에게 청원한 말이 담겨 있는 26절과 동료 종이 그 종에게 부탁하는 말이 들어 있는 29절을 비교해 보면, 29절에서 '종'(δοῦλος)은 '동료 종'(σύνδουλος)으로, '말하기를'(λέγων)은 '간구하여'(παρεκάλει)로, '엎드려 절하며'(πεσὼν προσεκύνει)는 '엎드려'(πεσὼν)로 바뀌었으며, '다'(πάντα)는 빠져 있다. 그 외 나머지는 거의 자구적으로 일치한다. 이 두 절의 중요한 차이는 26절에서 종이 주인에게 갚을 수 없는 많은 빚을 다 갚겠다고 말하는 반면, 29절의 경우 동료 종은 주인에게 빚을 탕감 받은 그 종에게 갚을 수 있는 빚을 갚을 수 있도록 시간을 달라고 말한다는 점이다.

③ 종결 행동(30절)

[30절] 그러나 그는 [그렇게] 하기를 원치 아니하고 가서 그 빚진 것을 갚을 때까지 그를 옥에 가두었다. (ὁ δὲ οὐκ ἤθελεν ἀλλὰ ἀπελθὼν ἔβαλεν αὐτὸν εἰς φυλακὴν ἕως ἀποδῷ τὸ ὀφειλόμενον.)

갚을 수 없는 만 탈란트의 빚을 탕감 받은 종은 부채 상환 시간만 연장해 주면 자신에게 갚을 수 있는 백 데나리온의 빚을 진 동료 종의 청원을 거절하고, 도리어 그를 옥에 가두었다. 이러한 행동을 종을 불쌍히 여겨 빚을 탕감하고 그를 놓아 준 주인의 종에 대한 행동(27절)과 비교해 보면 너무나 대조적이라는 것을 알 수 있다.

(3) 셋째 장면(31-34절): 주인, 종, 동료 종, 그리고 다른 동료 종들

이제 '주인과 종'이 등장하던 장면, '종과 동료 종'이 등장하던 장면이 바뀌어, 주인과 첫 번째 종('큰 자')과 두 번째 동료 종('작은 자'), 그리고 다른 동료 종들이 모두 등장인물로 나타난다.

① 장면 묘사(31절)

[31절] 그러자 그의 동료 종들이 그 일어난 일을 보고 몹시 마음 아파하며 그들의 주인에게 가서 일어난 모든 일을 소상하게 보고하였다. (ἰδόντες οὖν οἱ σύνδουλοι αὐτοῦ τὰ γενόμενα ἐλυπήθησαν σφόδρα καὶ ἐλθόντες διεσάφησαν τῷ κυρίῳ ἑαυτῶν πάντα τὰ γενόμενα.)

이 모든 일을 다른 동료 종들이 보고, 되어진 일에 몹시 마음아파 하였다. 그래서 그들은 주인에게 가서 일어난 모든 일을 자세하게 보고하였다. 이로써 이제 세 번째 장면은 극적으로 준비되었다.

② 대화(32-33절)

[32-33절] 이에 그의 주인이 그를 불러 그에게 이르기를, "악한 종아, 네가 내게 간청하여 내가 그 모든 빚을 네게 탕감하여 주었는데, 내가 너를 불쌍히 여긴 것같이 너도 네 동료 종을 불쌍히 여겨야 하지 않느냐?" 하고 (τότε προσαλεσάμενος αὐτὸν ὁ κύριος αὐτοῦ λέγει αὐτῷ· δοῦλε πονηρέ, πᾶσαν τὴν ὀφειλὴν ἐκείνην ἀφῆκά σοι, ἐπεὶ παρεκάλεσάς με· οὐκ ἔδει καὶ σὲ ἐλεῆσαι τὸν σύνδουλόν σου, ὡς κἀγὼ σὲ ἠλέησα;)

이제 주인은 그 종을 불러 그를 책망한다. 주인은 그를 '악한 종아'(δοῦλε πονηρέ)21)라고 부른다. 주인은 종이 간청하였기에 그의 '모든 빚'(πᾶσαν τὴν ὀφειλήν)을 탕감해 주었다. 그러나 그 종은 자신의 동료 종에게 주인이 종에게 행한 것같이 행하지 않았다. 그것은 "하지 않느냐"(οὐκ ἔδει)는 표현에 잘 나타난다. 이 표현은 "이루어지지 않은 의무"22)를 나타낼 때 사용되었다.

33절에서 "세속적인 용어인 '스플랑크니조마이'(σπλαγχνίζομαι)는 성경 용어인 '엘레에오'(ἐλεέω)로 대체된다."23) '엘레에오'24) 뒤에 하

---

21) 이는 아람어로는 '압다 비샤'(עַבְדָּא בִישָׁא)이다. 이에 대하여 H. L. Strack & P. Billerbeck, *Kommentar* I, 800을 참조.
22) W. Wiefel, *Matthäusevangelium*, 330.
23) U. Luz, *Matthäusevangelium* III, 73.
24) 이 용어는 신약성경 전체에서 총 31번 나타나며, 복음서에서는 15번 등장한다. 마태의 경우에는 8번(5:7; 9:27; 15:22; 17:15; 18:33상, 33하; 20:30,

나님의 자비하심이 보인다. 마태복음의 독자 내지 청중은 여기서 "긍휼히 여기는 자가 복이 있다"는 산상설교의 다섯 번째 '복 선언'을 회상하게 된다.

③ 종결 행동(34절)

[34절] 그의 주인이 노하여 모든 빚진 것을 갚기까지 그를 옥졸들에게 넘겨주었다. (καὶ ὀργισθεὶς ὁ κύριος αὐτοῦ παρέδωκεν αὐτὸν τοῖς βασανισταῖς ἕως οὗ ἀποδῷ πᾶν τὸ ὀφειλόμενον.)

주인은 분노하여 그 빚을 탕감하여 준 것을 무효화시켜 그 악한 종이 "모든 빚진 것"(πᾶν τὸ ὀφειλόμε- νον), 곧 만 탈란트를 갚기까지, 다시 말하면 '영원토록' 그를 '옥'(φυλακή)을 지키는 '옥졸'(βασανισμός)25)에게 넘겨주었다. 왜냐하면 그는 죽을 때까지라도 그 많은 빚을 갚을 수 없기 때문이다.

이 비유의 핵심은 어디에 있는가? 그것은 바로 '작은 자'(두 번째 '동료 종')에 대한 '큰 자'(첫 번째 '종')의 자세에 있으며, 그에 대한 주님의 평가에 있다.26) 오직 하나님의 용서가 '큰 자'의 악한 행위를 드러낸다. 하나님의 용서는 죄인의 죄를 사하는 외적인 선포일 뿐 아니라 그 죄인을 온전하게 변화시키며, "새로운 삶을 가능하게 하는 하나님의 능력"27)이다.

---

31), 마가의 경우 3번, 누가의 경우 4번 나타나나, 요한의 경우 한 번도 나타나지 않는 이 용어는 마태복음의 특징을 나타내는 마태의 특징어이다. J. B. Smith, *Concordance*, 120.

25) 이 용어는 '고문하다', 또는 '고통을 주다'라는 뜻을 가진 동사 βασανίζειν 에서 유래하였다.

26) U. Luz, *Matthäusevangelium* III, 73.

27) Dan O. Via, *Self-Deception and Wholeness in Paul and Matthew* III(Minneapolis: Fortress, 1990), 131

3. 비유의 종결 교훈(35절)

[35절] 너희가 각각 너희 마음으로부터 그 형제를 용서하지 아니하면 내 하늘 아버지께서도 너희에게 이와 같이 하실 것이다. (οὕτως καὶ ὁ πατήρ μου ὁ οὐράνιος ποιήσει ὑμῖν, ἐὰν μὴ ἀφῆτε ἕκαστος τῷ ἀδελφῷ αὐτοῦ ἀπὸ τῶν καρδιῶν ὑμῶν.)

이 종결절에 마태가 이 비유를 기록하고자 하는 의도가 보인다. 마태는 자신의 복음서에서 '마음'(καρδία)을 힘주어 언급한다(6:21; 11:29; 12:34; 15:8 참조). 참된 용서는 입술에 달려 있지 않다. 그것은 구약 예언의 회개 요구(사 29:13 참조)에서처럼 마음으로부터 나오는 것이다.

이 구절은 주기도의 다섯 번째 간구(6:12)와 관련되어 있으며, 그에 대한 해설(6:14-15)과 언어적으로 또 내용적으로 일치한다. 죽을 수밖에 없는 죄를 용서받은 자가 용서할 수 있는 다른 형제자매의 조그마한 잘못을 용서하지 못하는 것은 변화시키는 하나님의 능력인 용서를 진정으로 경험하지 못한 자의 행위이다. 그러므로 하나님으로부터 참된 용서함을 받은 사람이라면 형제자매의 죄를 용서해야 한다. 그러해야 그가 받은 용서가 참된 용서인 것이다.

VI. 본문이 전하는 말씀

첫째, 신앙 공동체 안에서 죄를 범한 형제자매가 돌아올 때 조건 없이 받아들일 수 있어야 한다(21-22절). 왜냐하면 용서함에서 문제는 용서의 횟수가 아니라 용서의 횟수 제한을 철폐하는 무제한적인 것이기 때문이다.

둘째, 교회 안에 있는 성도들은 모두 값을 수 없는 '만 탈란트' 빚을 '탕감'받은 자들이다. 곧 그들은 스스로 해결할 수 없는 죄에 대하여 예수 그리스도로 말미암아 하나님에 의해 용서함을 받은 자들이다(23-27절).

셋째, 하나님께서 죄인에게 베푸신 용서하심의 근거는 그 죄인에 대한 하나님의 불쌍히 여기심이다(27절).

넷째, 빚을 탕감 받은 종이 그에게 빚진 동료 종의 빚을 탕감해 주지 않은 행위는 주인의 빚 탕감과 비교해 볼 때 매우 대조적이다(28-30절). 불쌍히 여김을 받은 종은 동료 종에게 자비를 베풀지 않았다. 그러한 종은 주인으로부터 '악한 종'으로 책망 받는다(32절).

다섯째, 갚을 수 없는 빚을 탕감 받은 종이 갚을 수 있는 동료 종의 빚을 탕감해 주지 않음으로 인해 자신이 이미 받은 빚 탕감이 무효가 되고 결국 그는 옥졸에게 넘겨졌다(34절).

여섯째, 용서는 단지 입술이 아니라 마음으로부터 나오는 것이다(35절). 곧 용서하는 자의 한 지체가 아니라 전인(全人)이 문제가 된다. 용서에서 문제는 용서받은 자의 조건 구비나 조건 충족이 아니라 용서할 자의 받아들이는 마음, 곧 변화된 전(全)인격의 문제이다.

일곱째, 죄인들에 대한 하나님의 용서는 용서받은 죄인의 전인격을 변화시킨다(35절).

여덟째, 형제자매를 용서해야 함의 근거는 용서할 자가 하나님께 용서받았음이다(35절).

VII. 나가는 말

예수님을 믿고 따르는 그리스도인을 세상 사람과 비교해볼 때, 그리스도의 제자가 세상 사람보다 나은 것이 무엇인가? 그리스도의 제자가 세상 사람보다 나은 것이 있다면 자기에게 잘못한 사람이라도 용서하고 받아들이며 변화된 그리스도인의 전 인격으로 살아가도록 서로 사랑하고 돕는 것이 아닌가? 그리스도인이 형제자매의 범죄에 대하여 그 죄를 용서해야 함의 근거와 전제는 그가 하나님께 용서받음이다. 그 때 그 하나님의 용서는 단순한 죄 용서의 선포가 아니라, 용서받은 자의 전 인격을 변화시키는 하나님의 능력이다. 그리스도인이 변화된 전 인격으로서 신앙 공동체 내 형제자매의 범죄에 대하여 그 죄를 용서하는 것이 곧 용서받은 자의 변화된 삶이며, 하나님의 용서의 역동성을 경험하는 것이다. 이것은 형제자매의 범죄에 대한 바리새인과 서기관의 분리하고 정죄하는 태도와는 정반대되는 것이다.

그리스도인 예수님을 믿어 변화된 새로움이 무엇인가? 의를 추구하되 바리새인과 서기관과 동일한 의를 추구하지는 않는가? 예수님께서 가르쳐 주신 의는 형제자매를 사랑하는 의요, 남을 돕는 의이며, 그것이 곧 바리새인과 서기관보다 나은 의요 새로운 의이다. 형언할 수 없는 큰 죄의 빚을 탕감 받은 자신 안에서 하나님께서 베푸신 용서의 역동성을 경험하지 않은 자는 결코 형제자매의 죄를 용서할 수 없다. 하나님의 용서를 온몸으로 경험한 자만이 온몸으로 형제자매의 잘못을 용서하고 그를 받아들일 수 있다. '용서'는 기독교인의 전 인격을 변화시키는 하나님의 능력이다.

제9장

종말을 말씀하시는 예수님

(마태복음 25장 31-46절)

I. 들어가는 말

    그리스도인들 중에도 어떤 이는 마치 종말이 없는 것처럼 살거나 종말이 있다 생각하더라도 그와 무관한 것처럼 살아가며, 어떤 이는 종말에 지나치게 집착하여 시한부(時限附) 종말론과 같은 잘못된 종말론을 신봉하며 왜곡된 신앙의 삶을 살고 있다. 종말과 무관한 삶을 살아가거나 종말에 지나치게 집착하는 삶의 태도는 성경적 삶의 태도가 아니다. 진정 그리스도인이라면 성경이 말씀하시는 종말에 관한 바른 이해를 가지고 이 시대를 향하신 하나님의 뜻을 이 땅에서 이루어가는 삶을 살아야 할 것이다. 그렇다면 성경은 종말에 대해 어떻게 말하는가? 예수님께서도 종말에 관하여 말씀하셨는데, 그것을 말씀하시는 예수님의 의도는 무엇인가? 종말에 심판이 일어나는가? 종말 심판은 누구에 의해 일어나는가? 마지막 때 누가 심판을 받는가? 심판은 어떻게 일어나는가? 심판에서 중요한 판정 기준은 무엇인가? 오늘날의 그리스도인은 종말과 관련하여 어떤 자세로 기독교적인 삶을 영위할 수 있는가?

이런 질문과 관련하여 마태복음에 기록된 다섯 개의 긴 말씀 강화(講話) 가운데 다섯 번째이자 마지막 강화인 '종말 심판 설교'(24-25장)의 말미에 자리 잡고 있는, 25장의 마지막 열여섯 절, 곧 '종말 심판' 비유 단락(25:31-46)에서 복음서 저자 마태가 그 당시 자신의 공동체가 걸어가야 할 방향을 제시하는 데 도움을 주고자 한 메시지는 무엇이며, 그것은 오늘날의 그리스도인에게 어떤 의미가 있으며, 그러한 관련 의미는 오늘의 교회에 어떻게 중개될 수 있는가?

이를 살펴보기 위해 먼저 선정된 본문 단락을 우리말로 옮기고(II), 그것을 전후 맥락을 살펴 그 맥락 속에서 차지하는 자리를 매긴 다음(III), 본문의 짜임새를 조사하고(IV), 본문 각 절을 풀이한 후(V), 현실에 적용할 수 있는 본문이 전하는 메시지를 찾아보기로 한다(VI).

II. 본문 옮기기

^{31}인자가 자기의 영광으로 오고 모든 (거룩한) 천사들이 그와 함께 올 때, 그 때 자기 영광의 보좌에 앉을 것이다.

^{32}그리고 모든 민족이 그의 앞에 모일 것이며, 그분이 그들을 서로 구분하기를 목자가 양을 염소로부터 구분하는 것같이 하여,

^{33}양은 그의 오른편에 염소는 왼편에 둘 것이다.

^{34}그 때 임금이 그 오른편에 있는 자들에게 이르시기를, "내 아버지의 복 받은 자들이여! 나아와 창세로부터 너희를 위하여 예비된 나라를 상속받으라.

^{35}내가 주릴 때 너희는 내게 먹을 것을 주었고, 목마를 때 나로 마시게 하였으며, 나그네 되었을 때 나를 영접하였고,

^{36}헐벗었을 때 내게 옷을 입혔으며, 병들었을 때 나를 돌보았고, 옥에

갇혀 있을 때 내게 찾아왔다!"라고 할 것이다.

^{37}그 때 의인들이 그에게 대답하여 이르기를, "주여! 우리가 언제 당신께서 주리실 때 음식을 대접하였으며, 목마르실 때 마시게 하였습니까?

^{38}우리가 언제 당신께서 나그네 되신 것을 보고 당신을 영접하였으며, 헐벗으신 것을 보고 옷 입혔습니까?

^{39}그리고 언제 우리가 당신께서 병드신 것이나 옥에 갇히신 것을 보고 당신께 찾아갔습니까?" 할 것이다.

^{40}임금이 그들에게 대답하여 이르기를, "진실로 내가 너희에게 이르니, 너희가 지극히 작은 내 형제 중 이 한 사람에게 행한 것이 그만큼 내게 행한 것이다." 하시고

^{41}그 때 왼편에 있는 자들에게도 이르기를, "너희 저주를 받은 자들아! 나를 떠나 마귀와 그 사자들에게 예비된 영원한 불에 들어가라.

^{42}이는 내가 주릴 때 너희는 먹을 것을 내게 주지 아니하였고, 목마를 때 나로 마시게 아니하였으며,

^{43}나그네 되었을 때 나를 영접하지 아니하였고, 헐벗었을 때 옷 입히지 아니하였으며, 병들었을 때와 옥에 갇혀 있을 때 내게 찾아오지 않았다!" 하시니

^{44}그 때 그들도 대답하여 이르기를, "주여! 우리가 언제 당신께서 주리신 것이나 목마른 것이나 나그네 되신 것이나 헐벗으신 것이나 병드신 것이나 옥에 갇혀 계신 것을 보고 섬기지 아니하였습니까?"라고 할 것이다.

^{45}그 때 그가[임금이] 대답하여 이르기를, "진실로 내가 너희에게 이르니, 지극히 작은 자들 중 이 한 사람에게 하지 아니한 것이 그만큼, 내게 하지 아니한 것이다.

^{46}그리고 이 사람들은 영벌로, 그러나 의인들은 영생으로 들어갈 것이다."라고 할 것이다.

III. 본문의 자리 매김

본문 단락은 마태복음 전체 본문을 살펴볼 때 예수님께서 제자들을 가르치셨던 다섯 번째 설교인 '종말 심판 설교'의 마지막 부분이자, 동시에 '수난사'(26-28장)가 시작되기 직전 그 이전까지의 본문의 마지막 단락이다. 그러므로 이 단락은 마태복음에서 아주 의미심장한 단락이다. 다시 말하면, 본문 단락은 '종말 심판 설교'(24-25장)의 말미에 놓여 있는 세상 심판 비유로, '수난사'(26-27장)의 바로 직전의 위치에서 '종말 심판 예고'와 '수난'의 유관성(有關性)을 드러내는 '종말 심판 설교'의 절정(climax) 단락이다. 특히 '양과 염소' 단락은 예수님께서 공생애 기간 중 마지막으로 예루살렘에 입성하셔서 거기서 행하시고 논쟁하시고 가르치신 말씀(21-25장)의 끝에 놓여 있다.

21-25장의 단락을 세분해 보면 다음과 같다.

1. 예루살렘 입성(21:1-11)
2. 유대인과 대립(21:12-22:46)
   (1) 성전 정화 및 어린이의 찬미(21:12-17)
   (2) 무화과나무 저주(21:18-22)
   (3) 예수님의 권위에 대한 적대자(대제사장과 장로)의 질문에 대한 대답(21:23-27)
   (4) 예수님을 거절하는 유대인 비난과 관련된 비유(21:28-22:14)
      ① 두 아들 비유(21:28-32, 마태복음에만 나타남)
      ② 악한 포도원 일꾼의 비유(21:33-46)
      ③ 혼인 잔치를 베푼 임금 비유(22:1-14)
   (5) 예수님의 적대자와의 논쟁(22:15-46)
      ① 바리새인과 세금에 대한 논쟁(22:15-22)

② 사두개인과 부활에 대한 논쟁(22:23-33)
③ 율법사와 최고 계명에 대한 논쟁(22:34-40)
④ 바리새인과 다윗의 자손에 대한 논쟁(22:41-46)
  3. 종말에 관한 말씀(23-25장)
    (1) 서기관과 바리새인에 대한 화 말씀(23:1-36)
      ① 서기관과 바리새인의 위선(23:1-4)
      ② 일곱 번의 화(禍) 선포(23:5-36, 마태복음에만 나타남)
    (2) 예루살렘에 대한 탄식(23:37-39)
    (3) 종말 심판 설교(24-25장)
      ① 성전 파괴 예고(24:1-2)
      ② 재난의 시작(24:3-14)
      ③ 큰 환난(24:15-28)
      ④ 인자의 오심(24:29-31)
      ⑤ 깨어 있으라는 권고(24:32-44)
      ⑥ 청지기의 비유(24:45-51)
      ⑦ 열 처녀 비유(25:1-13, 마태복음에만 나타남)
      ⑧ 탈란트 비유(25:14-30)
      ⑨ 최후 심판 비유(25:31-46, 마태복음에만 나타남)

위의 구분을 고려하여 보면, 본문 단락은 한편으로는 예루살렘에서 유대인 적대자들과 대치된 상황에서 예수님의 활동을 묘사하는 21-25장의 대미(大尾)를 장식하며, 다른 한편으로는 26-27장의 수난사와 연결하는 고리 역할을 한다. 이로써 예수님의 수난이 종말 때의 심판과 자연스럽게 결합된다.

IV. 본문의 짜임새

본문 단락은 양식적으로는 '비유'로 마지막 때 세상의 심판에 대해 다루는 '세상 종말 비유'[1]이다. 그러나 이 단락은 흔히 말하는 의미에서 비유가 아니다. 그러니까 목자·양·염소라는 용어가 나타나는 32절 하반절과 33절만이 본래의 비유에 해당한다. 대부분은 '심판 대화'(34-40, 41-45절)로 구성되어 있는 '심판 서술'로 어떤 묵시적 환상을 보여 주는 '환상 보고'[2]가 아니다. 또한 권고의 대상자가 직접 언급되지 않기 때문에 이 단락에서 권고적 의미를 배제할 수 없으나 전적으로 '심판 권고'[3]로 볼 수도 없다.[4]

본문 단락을 전개 과정에 따라 분류해 보면 다음과 같이 도입부, 중심부, 종결절로 나눌 수 있을 것이다. 이 때 본문 단락에서 34, 37, 41, 44절 서두에 각각 나타나는 '그 때'(τότε)는 작은 단락들을 나누는 역할을 한다. 다시 말하면 '그 때'는 임금이 의인과 악인에 대하여 판결할 때 각각 문두(文頭)에 언급되며(34, 41절), 또한 그 판결에 대하여 의인과 악인이 반응하며 임금에게 말하는 질문의 각각 첫 자리에서 언급된다(37, 44절).

1. 도입부(31-33절) : 심판 상면 묘사
2. 중심부(34-45절) : 판결 언도와 임금(심판자)과 그 앞에 선 자의 대화
   (1) 지극히 작은 형제에게 사랑을 베푼, 오른편에 있는 의인에 대한 판결(34-40절)

---

[1] 알란트(K. Aland)의 공관복음 대조서의 이 본문 단락에 붙인 제목을 참조하라. Kurt Aland(Ed.), *Synopsis Quattuor Evangeliorum* (Stuttgart: Deutsche Bibelgesellschaft, 1976), 416-18.
[2] Klaus Berger, *Einführung in die Formgeschichte*, UTB 1444(Tübingen: Francke, 1987), 78.
[3] Egon Brandenburger, *Das Recht des Weltenrichters: Untersuchungen zu Matthäus 25:31-46*, SBS 99(Stuttgart: Katholisches Bibelwerk, 1980), 110.
[4] Ulrich Luz, *Das Evangelium nach Matthäus(Mt 18-25)*, EKK I/3(Neukirchen: Neukirchener Verlag, 1997), 517.

① 판결 언도(34절) : 예비된 나라를 상속받음
② 판결 이유(35-36절) : 지극히 작은 형제에게 베푼 여섯 가지 사랑 행위
③ 의인의 질문(37-39절) : 의식하지 못하는 사랑 행위
④ 임금의 대답(40절) : 임금과 지극히 작은 형제의 동일시
 (2) 지극히 작은 형제에게 사랑을 베풀지 않은, 왼편에 있는 악인에 대한 판결(41-45절)
① 판결 언도(41절) : 예비된 영원한 불에 들어감
② 판결 이유(42-43절) : 아주 작은 형제에게 사랑을 베풀지 않은, 여섯 가지 무자비함의 행위
③ 피고의 질문(44절) : 의식하지 못하는 사랑을 베풀지 않은 행위
④ 임금의 대답(45절) : 임금과 지극히 작은 자의 동일시
3. 종결절(46절) : 판결의 집행, 사랑 없는 자와 의인의 최종 운명

V. 본문 풀이

1. 도입부(31-33절) : 심판 장면 묘사

마지막 때 일어날 종말 심판 장면이 비교적 자세하게 묘사된다. 흔히 '양과 염소' 비유로 알려져 있는 선정된 본문 단락은 32절 하반절과 33절만이 본래의 비유에 해당한다. 곧 세상을 심판하실 인자는 '목자'에, 그리고 심판을 받을 모든 민족은 '양'과 '염소'에 비유된다.

[31절] 인자가 자기의 영광으로 오고 모든 (거룩한)[5] 천사들이 그와 함께 올 때, 그 때 자기 영광의 보좌에 앉을 것이다. ("Ὅταν δὲ ἔλθῃ ὁ υἱὸς τοῦ ἀνθρώπου ἐν τῇ δόξῃ αὐτοῦ καὶ πάντες οἱ ἄγγελοι μετ' αὐτοῦ, τότε

---

5) '거룩한'이라는 용어가 5세기의 알렉산드리아(A) 사본에는 들어 있으나, 4세기의 시내(ℵ) 사본이나 바티칸(B) 사본에는 나타나지 않는다.

καθίσει ἐπὶ θρόνου δόξης αὐτοῦ·)

공관복음서에 사용된 '인자' 용어를 조사해 보면, 이 절에서 사용된 '인자'는 지상에서 활동하는 인자와 고난 받는 인자 외에 마지막 때 심판을 위해 세상에 다시 오실 인자이다. 세상에 심판자로 오실 인자는 묵시적 종말 심판의 특징을 나타낸다. 이 절에서 인자와 관련하여 '영광' 용어가 두 가지 표현으로 묘사된다. 즉 인자가 재림하실 때 "자기의 영광으로"(ἐν τῇ δόξῃ αὐτοῦ) 임하실 것이며, "자기의 영광의 보좌에"(ἐπὶ θρόνου δόξης αὐτοῦ) 앉을 것이다. 인자는 세상의 모든 족속을 심판하기 위하여 "천사들"(οἱ ἄγγελοι)[6]과 함께 오실 것이다(마 24:31 참조). 하나님께서 심판을 위해 천사들과 함께 이 세상에 오리라는 진술은 초기 유대교 묵시문헌(에디오피아어 에녹서 1:3 이하 단락)에서도 찾아볼 수 있으나, 심판을 위해 메시아가 천사들과 함께 오리라는 사상은 초기 유대교 묵시문헌에서는 나타나지 않는다. 그런데 그것이 신약성경에서 나타난다(마 16:27; 24:31; 살전 3:13; 살후 1:7 참조). 또한 인자가 천사들과 함께 세상에 올 때 "자신의 영광의 보좌에" 앉을 것이다(마 19:28 참조).[7] 이런 표현은 오직 마태복음에서만 발견된다. 그 영광의 보좌는 곧 하나님의 보좌이다. 그것은 요한계시록에서도 찾아볼 수 있다. 즉 요한계시록 4장에서는 하나님이 "보좌에 앉아 계신 분"(4:9, 10)이시며, 5장에서는 어린 양이 보좌와 네 생물 사이에 있으며(5:6), 심판이 흰 보좌에 앉으신 하나님께 있다.

---

[6] 24장 31절에서는 인자가 마지막 심판을 위해 '그의 천사들'을 보내신다.
[7] 메시아가 하나님의 영광의 보좌에 앉을 것이라는 비유 말씀은 기독교 이전 시대의 에녹서(45:3; 51:3; 55:4; 61:8; 62:2)에서만 찾을 수 있는 말씀이다. 이에 대하여 Hermann L. Strack & Paul Billerbeck, *Kommentar zum Neuen Testament aus Talmud und Midrasch* I (München: C. H. Beck, [7]1978), 978.

[32절] 그리고 모든 민족이 그의 앞에 모일 것이며, 그분이 그들을 서로 구분하기를 목자가 양을 염소로부터 구분하는 것같이 하여, (καὶ συναχθήσονται ἔμπροσθεν αὐτοῦ πάντα τὰ ἔθνη, καὶ ἀφορίσει αὐτοὺς ἀπ' ἀλλήλων, ὥσπερ ὁ ποιμὴν ἀφορίζει τὰ πρόβατα ἀπὸ τῶν ἐρίφων,)

'영광의 보좌'(θρόνος δόξης) 앞에 '모든 민족'(πάντα τὰ ἔθνη)이 모일 것이다. 이 때 '모일 것이다'(συναχθήσονται)는 모이게 하는 분이 하나님이신 '신적 수동태'(passivum divinum)이다. 다시 말하면 인자가 심판하는 동안에 하나님은 심판을 위해 모든 민족을 모으신다. 그렇다면 여기서 '모든 민족'은 누구인가?

이에 대하여 세 가지 해석 유형[8]이 있다. 먼저, '모든 민족'을 비기독교인 뿐만 아니라 기독교인을 포함하는 이 땅에 사는 모든 인간으로 여기는 '보편적인 해석 유형'을 들 수 있다. 둘째, 이를 모든 기독교인으로 보는 18세기까지 일반적으로 지지를 받던 '전통적인 해석 유형'이 있다. 끝으로, 이를 모든 민족이 아니라 '모든 이방인'으로 생각한 18세기 이후 종종 주장되어 온 '배타적 해석 유형'이 있다. 이 셋 가운데 어떤 것이 올바른 해석인가?

마태의 경우 '민족들'(ἔθνη)은 대개 유대인과 기독교인을 제외한 '이방인'을 의미한다. 선교적인 관점에서 볼 때 특히 28장 19절의 경우 '모든 민족'(πάντα τὰ ἔθνη)은 '모든 이방인'일 수 있다. 그러나 여기서는 사정이 다른데, 문학적이고 신학적인 이유에서 '모든 민족'을 모든 이방인이라고 생각하기에는 어려움이 있다.[9] 우선, 문학적으로는 24장 32절에서 25장 30절까지의 본문의 앞 단락에서 신앙 공동체를 향해 경고한 다음에 이방인뿐 아니라 그리스도인에게도 해당되는

---

[8] 이에 대하여는 U. Luz, *Matthäusevangelium* I/3, 521-30을 참조하라.
[9] Ulrich Luz, *Die Jesusgeschichte des Matthäus*, 박정수 역, 『마태 공동체의 예수 이야기』(서울: 대한기독교서회, 2002), 170.

보편적 심판이 언급되어야 문맥상 논리적이다. 그리고 신학적으로 보면 마태의 경우 자신의 복음서 다른 곳(13:40-43, 49-50)에서처럼 종말 심판 때 교회는 세상의 심판에서 포함되어 있다. 이런 두 가지 이유에서 '모든 민족'은 단지 모든 이방인만일 수 없으며 유대인과 기독교인, 그리고 이방인을 포함하는 모든 인간을 가리킨다.

인자는 하늘과 땅의 모든 권세를 가지고 하늘 보좌에 계신 분으로 모든 민족을 나눈다. '나누다'(ἀφορίζειν)[10]란 '목자'(ποιμήν)가 '양'(πρόβατα)과 '염소'(ἐρίφοι)를 구분하는 것처럼 인자가 의인과 악인을 분별하는 심판 행위를 의미한다. 이러한 은유적인 표상은 "나의 양 떼 너희여, 내가 양과 양 사이와 숫양과 숫염소 사이에서 심판하노라"(겔 34:17)는 구약의 말씀에서도 그 전례를 찾아볼 수 있다. 팔레스틴의 목자는 낮 동안 함께 방목하던 양과 염소를 저녁에는 잠자리를 위해 따로 나눈다. 왜냐하면 염소는 양보다 따뜻한 잠자리가 필요하기 때문이다.[11] 몸 색깔이 흰 양과 검거나 흑갈색인 염소는 쉽게 구분된다. 심판이 대개 악인에 대한 형벌로서 묘사되기는 하지만 심판 때 의인과 악인을 나눈다는 것은 유대인들의 경우 낯선 생각이 아니었다.[12] 세상의 심판자는 의인과 악인을 나눌 것이다. 그것은 단순하게 양자를 구분하는 분류 행위가 아니라 그들을 평가하는 심판 행위이다.

[33절] 양은 그의 오른편에 염소는 왼편에 둘 것이다. (καὶ στήσει τὰ μὲν

---

10) 이 용어는 '각종 물고기를 모는 그물' 비유(마 13:47-50)에서 의인 중에서 악인을 갈라 낼 때도 사용된 표현이다(마 13:49).
11) Rudolf Schnackenburg, *Matthäusevangelium 16:21-28:20*, Die Neue Echter Bibel 1/2 (Würzburg: Echter, ²1994), 249.
12) 희년서 5:10-16; 에디오피아어 에녹서 1:7-9; 레위의 유언서 4; 베냐민의 유언서 10:8-9; 제4에스라서 7:33-38; 시리아어 바룩의 묵시서 54:21-22 참조.

πρόβατα ἐκ δεξιῶν αὐτοῦ, τὰ δὲ ἐρίφια ἐξ εὐωνύμων.)

　　양은 인자의 오른편에, 그리고 염소는 그 왼편에 놓일 것이다. 유대교뿐 아니라 고대 세계에서 '오른편'(δεξιός)은 좋은 자리요 복 받은 자의 자리로서 사람들이 선호(選好)하는 자리이며, '왼편'(εὐώνυμος)은 나쁜 자리요, 저주를 가지고 오는 자리로서 사람들이 회피하는 자리이다.13) 오른편에 앉을 자는 의인이며(37절), 왼편에 앉을 자는 저주받은 악인이다(41절). 이 자리에 앉는 것은 심판을 예시하는 사건이며, 심판을 선취(先取)하는 사건이다.

2. 중심부(34-45절): 판결 언도 및 임금(심판자)과 그 앞에 서 있는 자의 대화

　　(1) 지극히 작은 형제에게 사랑을 베푼 오른편에 있는 의인에 대한 판결(34-40절)

　　① 판결 언도(34절): 예비된 나라를 상속받음

　[34절] 그 때 임금이 그 오른편에 있는 자들에게 이르시기를, "내 아버지의 복 받은 자들이여! 나아와 창세로부터 너희를 위하여 예비된 나라를 상속받으라. (τότε ἐρεῖ ὁ βασιλεὺς τοῖς ἐκ δεξιῶν αὐτοῦ· δεῦτε οἱ εὐλογημένοι τοῦ πατρός μου, κληρονομήσατε τὴν ἡτοιμασμένην ὑμῖν βασιλείαν ἀπὸ καταβολῆς κόσμου.)

　　문두(文頭)에 사용된 '그 때'로써 도입부인 심판 장면 묘사 단락(31-33절)과 단락 중심부인 판결 언도 단락(34-45절)이 구분된다. 심판자이신 예수 그리스도가 '임금'의 표상으로 표현된다. 마태복음에서 여기 외에 다른 곳에서는 그것이 하나님을 상징하는 용어이다(5:35;

---

13) H. L. Strack & P. Billerbeck, *Kommentar* I, 980-81.

18:23; 22:2 참조). 인자를 임금과 동일시하는 것은 예수 그리스도에 대한 기독교적인 명칭에서 설명될 수 있을 것이다(21:5; 27:37, 42; 요 18:37; 계 17:14; 19:16 참조). 또 여기서 인자가 '임금'(βασιλεύς)으로 묘사된 것은 복을 받은 오른편에 있는 자들이 물려받을 인자의 '나라'(βασιλεία)와 관련되었기 때문이다. 그 나라는 세상이 시작되었을 때부터 택함 받은 자들을 위하여 준비되어 있었다(13:41; 16:28; 20:21 참조). 그 나라는 구원의 나라이다. 유대교 문헌에 의하면 에덴동산은 세상이 창조되기 전에 선재(先在)해 있던 곳이다.[14]

여기서 '창세'(καταβολὴ κόσμου)는 세상의 시작과 기원을 의미하는 말이나 동시에 '약속의 확실함'[15]을 나타내는 용어이기도 하다. 오른편에 있는 자들은 "내 아버지의 복 받은 자들"(οἱ εὐλογημένοι τοῦ πατρός μου)이다. 이런 표현은 마태복음에서 말씀하시는 예수님의 어투로(5:5; 19:29 참조), 당시 유대교에서는 별다른 설명 없이도 자명하게 여겨져 왔던 예정 사상을 암시하고 있다.[16]

② 판결 이유(35-36절): 지극히 작은 형제에게 베푼 여섯 가지 사랑 행위

이 두 구절에 판결의 근거로 여섯 가지 선행(善行)이 열거된다. 이로써 모든 선한 행위가 나열되는 것은 아니다. 이 자선(慈善) 행위는 다만 선행에 대한 예시(例示)적인 표현이다. 이러한 사랑 행위는 그리스도인에게서만 찾아볼 수 있는 독특한 기독교적인 행위가 아니었다.

---

14) H. L. Strack & P. Billerbeck, *Kommentar* I, 974-75, 983.
15) Wolfgang Wiefel, *Das Evangelium nach Matthäus, Theologischer Handkommentar zum Neuen Testament* 1(Leipzig: Evangelische Verlagsanstalt, 1998), 436.
16) H. L. Strack & P. Billerbeck, *Kommentar* III, 266-72.

이 행위는 구약의 예언서에서 요구되었던 것이며, 유대교의 경건한 신앙생활에서도 중요한 것이었다. 후기의 랍비적 유대교에서는 이 모든 '선행'(מַעֲשִׂים טוֹבִים)을 '사랑 행위'(גְּמִילוּת חֲסָדִים)로 말하고 '구제'(צְדָקָה)와 구별했는데, 유대인들에게 사랑 행위는 매우 중요했으며 성전 파괴 이후에는 그 전보다 더욱 중요한 의미를 지니고 있었다.17) 이 행위에서 특별히 기독교적인 것은 그것이 예수 그리스도와 관련되어 있다는 점에 있다. 35-36절은 임금이 오른편에 있는 자들에게 말하는 대화의 내용이다.

[35절] 내가 주릴 때 너희는 내게 먹을 것을 주었고, 목마를 때 나로 마시게 하였으며 나그네 되었을 때 나를 영접하였고, (ἐπείνασα γὰρ καὶ ἐδώκατέ μοι φαγεῖν, ἐδίψησα καὶ ἐποτίσατέ με, ξένος ἤμην καὶ συνηγάγετέ με,)

여섯 가지의 자선 행위가 교리 문답적인 목록의 형태로 언급된다.18) 이는 자신의 공동체에게 제자도를 가르치려는 마태의 복음에 어울린다. 이로써 본문은 간접적으로 권고적인 성격을 가지게 된다.19) 35절에서 먼저 첫 번째 세 가지 자선 행위가 열거된다. 주린 자에게 먹을 것을 주는 것은 구약의 예언서에서 이미 요구되었던 것이다(사 58:7; 겔 18:7 참조). 첫 번째 자선 행위와 밀접하게 연관되어 있는 두

---

17) U. Luz, *Matthäusevangelium* I/3, 536.
18) 구약성경과 유대교 문헌에서 선행의 대상과 관련된 목록은 사 58:7(주린 자, 집 없는 자, 벗은 자); 겔 18:7, 16(빚진 자, 주린 자, 벗은 자); 욥 22:6-7(벗은 자, 목마른 자, 주린 자); 욥 31:17, 19, 32(고아, 벗은 자, 가난한 자, 나그네); 토빗서 1:16-17(주린 자, 벗은 자, 죽은 자); 토빗서 4:16(주린 자, 벗은 자); 예수 시락서 7:34-35(애통하는 자, 병든 자); 에녹서 9:1(주린 자, 벗은 자, 넘어진 자, 병든 자, 고아); 에녹서 42:8; 63:1(벗은 자, 주린 자) 등의 구절을 참조하라. U. Luz, *Matthäusevangelium* I/3, 535 각주 132 참조.
19) U. Luz, *Matthäusevangelium* I/3, 535.

번째 선행인 목마를 때 마실 것을 주는 행위는 제자의 이름으로 지극히 작은 자에게 냉수 한 그릇을 주는 자에 대한 보상을 언급하는 구절(막 9:41과 마 10:42)에서도 복음서 저자의 신앙 공동체 구성원에게 강하게 요구되었던 것이다. 또 고대 근동 세계에서 특히 귀하게 여겨졌던 '나그네 접대'는 구약에서도 언급되었던 선행이다(창 18:1-8; 사 58:7 참조).

[36절] 헐벗었을 때 내게 옷을 입혔으며, 병들었을 때 나를 돌보았고, 옥에 갇혀 있을 때 내게 찾아왔다!"라고 할 것이다. (γυμνὸς καὶ περιεβάλετέ με, ἠσθένησα καὶ ἐπεσκέψασθέ με, ἐν φυλακῇ ἤμην καὶ ἤλθατε πρός με.)

이제 두 번째 세 가지 선행이 열거된다. 벗은 자에게 옷을 입히는 것은 주린 자를 먹이는 것과 자주 같이 나타난다(사 58:7; 겔 18:7, 10).[20] 이어서 병든 자를 돌보는 선행이 뒤따른다(시락서 7:35 참조). 마지막으로 옥에 갇혀 있는 자를 면회하는 선행이 언급된다. 옥에 갇혀 있는 자는 아마 신앙으로 인해 박해받는 자를 의미할 것이다.

③ 의인의 질문(37-39절): 의식하지 못하는 사랑 행위

이어지는 세 절 말씀은 임금의 판결에 대해 버거워하는 오른편에 있는 자들이 질문의 형식으로 응답하는 것이다. 이들은 자신이 행한 사랑의 행위를 의식하지 못한다. 그것은 세 번이나 반복되는 '언제'(πότε)라는 표현에 잘 나타난다.

[37절] 그 때 의인들이 그에게 대답하여 이르기를, "주여! 우리가 언제 당신께서 주리실 때 음식을 대접하였으며 목마르실 때 마시게 하였습니까? (τότε

---

20) 35절의 각주를 참조하라.

ἀποκριθήσονται αὐτῷ οἱ δίκαιοι λέγοντες· κύριε, πότε σε εἴδομεν πεινῶντα καὶ ἐθρέψαμεν, ἢ διψῶντα καὶ ἐποτίσαμεν;)

임금의 판결 이유 진술은 37절의 문두에 사용된 '그 때'(τότε)로써 이 판결에 대한 오른편에 있는 자들의 응답 진술과 나누어진다. 34절에서 "내 아버지의 복 받은 자들"로 표현된 오른편에 있는 자들은 여기서 '의인들'(οἱ δίκαιοι)로 묘사된다. 이 표현은 마지막 절인 46절에서 다시 나타난다. 그러므로 이 절에서 '의인'은 이 단락의 종결절인 46절의 '의인'에 대한 예시(豫示)적 성격을 띠고 있다. 의인들은 세상을 심판하러 다시 오실 인자이신 예수님을 '주'(κύριος)라고 부른다.

그리고 "주여"라는 부름말 뒤에 세 번 등장하는 '언제'(πότε) 진술이 뒤따른다. 각각의 '언제' 진술은 앞에서 열거된 여섯 가지의 선행을 차례로 둘씩 묶어 언급한다. 의인은 자신들이 언제 주님이 주리실 때 음식을 대접했고, 주님이 목마르실 때 마시게 했는가라는 반문(反問)으로 대답한다. 이와 가장 유사한 평행절은 "내 자녀들아, 너희가 가난한 자들에게 먹을 것을 주었다면 내가 너희들이 내게 먹을 것을 준 것처럼 여기겠노라"[21]라는 신명기 15장 9절을 해설하는 미드라쉬(Mid- rasch) 규정에서 찾을 수 있다. 그러나 후대의 이 본문에서조차 본문에서 강조하는 '주님과 어려움을 겪는 자를 동일시'하는 것을 발견할 수 없다. 이러한 철저한 동일시는 오직 예수님의 말씀에서만 찾을 수 있다.

[38절] 우리가 언제 당신께서 나그네 되신 것을 보고 당신을 영접하였으며, 헐벗으신 것을 보고 옷 입혔습니까? (πότε δέ σε εἴδομεν ξένον καὶ συνηγάγομεν, ἢ γυμνὸν καὶ περιεβάλομεν;)

---

21) Joachim Jeremias, *Die Gleichnisse Jesu* (Göttingen: V. & R., [3]1959), 146.

두 번째 '언제' 진술은 나그네 영접과 벗은 자에게 옷을 입힘에 대해서 말한다. 의인이 자신이 행한 선행을 의식하지 못함은 37절 하반절과 마찬가지로 '언제'로 시작되는 의문문으로 표현된다.

[39절] 그리고 언제 우리가 당신께서 병드신 것이나 옥에 갇히신 것을 보고 당신께 찾아갔습니까?" 할 것이다. (πότε δέ σε εἴδομεν ἀσθενοῦντα ἢ ἐν φυλακῇ καὶ ἤλθομεν πρός σε;)

이어서 세 번째 '언제' 진술이 뒤따른다. 그것은 여섯 가지 선행 목록의 마지막 두 가지 선한 행실인 병든 자를 돌봄과 옥에 갇힌 자를 찾아봄을 다룬다. 37-38절에 언급된 사랑의 행위와 비교해 보면 이 절에 언급된 두 가지 선행은 "우리가 당신께 갔습니까"(ἤλθομεν πρός σε)로써 앞의 네 가지 선행들과 구별된다(43절 참조).

④ 임금의 대답(40절):임금과 지극히 작은 형제의 동일시

[40절] 임금이 그들에게 대답하여 이르기를, "진실로 내가 너희에게 이르니, 너희가 지극히 작은 내 형제 중 이 한 사람에게 행한 것이 그만큼 내게 행한 것이다." 하시고 (καὶ ἀποκριθεὶς ὁ βασιλεὺς ἐρεῖ αὐτοῖς· ἀμὴν λέγω ὑμῖν, ἐφ' ὅσον ἐποιήσατε ἑνὶ τούτων τῶν ἀδελφῶν μου τῶν ἐλαχίστων, ἐμοὶ ἐποιήσατε.)

의인의 반문에 대하여 임금은 '진실로'로 시작되는 공식문인 "진실로 내가 너희에게 이르니"(ἀμὴν λέγω ὑμῖν)로써 대답한다. 이 정형화된 어투는 마태의 경우 다른 공관복음의 저자들보다 자주 사용되는 문체적인 특성을 보여 주는 상투적 표현이다.[22] 앞에서 여섯 가지로 표현된 어려움을 겪는 자들은 이제 "지극히 작은 내 형제 중 이 한 사

---

22) 이 표현은 마태의 경우 32번, 마가의 경우 15번, 그리고 누가의 경우 6번 나타난다. W. Wiefel, *Matthäusevangelium*, 436 참조.

람"(ἑνὶ τούτων τῶν ἀδελφῶν μου τῶν ἐλαχίστων)으로 단수로 표현되며 그는 임금과 동일시된다.

마태복음에서 예수님을 따르는 제자들, 곧 교회의 구성원들은 크신 하늘의 왕이시며 세상의 심판자이신 인자의 관점에서 볼 때 '가난한 사람'(5:3)이며, '어린아이'(11:25; 18:5)이며, '소자들'(μικροί)이다 (18:6, 10, 14). '지극히 작은 자'(ἐλάχιστος)는 10장 42절에서는 '제자'(μαθητής)와 동일시된다. 그러나 이 구절에서는 '지극히 작은 자'는 신앙 공동체 안에 있는 자신의 형제로 작은 자들 가운데 작은 자이다. 천국 복음을 전하기 위해 어려움을 당하는 자들에게 행한 것은 다름 아니라 바로 주님께 행한 것이다.

그리고 '지극히 작은 자'가 복수(複數)가 아닌 단수(單數)로 표현된 것은 행해진 사랑의 행위가 구체적임을 암시하고 있다. 또한 '지극히 작은 자'는 형제 중에 있는 사람으로 언급되었기 때문에 원래는 기독교인 중 어려움을 겪은 한 사람을 가리킨다. 그러나 '세상 심판'이라는 넓은 관점에서 보면 그는 단지 어려움을 당하는 기독교 선교사 내지는 성도일 뿐 아니라 어려움을 당하는 모든 사람들을 포함하는 포괄적인 의미로 해석될 수도 있다. 왜냐하면 마태 공동체는 이 본문을 통해서 어려움을 겪는 작은 자들을 도울 것을 간접적으로 요구받고 있기 때문이다.

(2) 지극히 작은 형제에게 사랑을 베풀지 않은 왼편에 있는 자에 대한 판결(41-45절)

① 판결 언도(41절):예비된 영원한 불에 들어감

[41절] 그 때 왼편에 있는 자들에게도 이르기를, "너희 저주를 받은 자들아! 나를 떠나 마귀와 그 사자들에게 예비된 영원한 불에 들어가라. (τότε ἐρεῖ καὶ τοῖς ἐξ εὐωνύμων· πορεύεσθε ἀπ' ἐμοῦ [οἱ] κατηραμένοι εἰς τὸ πῦρ τὸ αἰώνιον τὸ ἡτοιμασμένον τῷ διαβόλῳ καὶ τοῖς ἀγγέλοις αὐτοῦ.)

본문 단락에서 세 번째 문두에 등장하는 '그 때'(τότε)로서 심판은 '왼편에 있는 자들'(οἱ ἐξ εὐωνύμων)에게로 향한다. 41절을 34절과 비교해 볼 때 두 곳을 제외하고는 대칭이 되는 구절이다. 완전하게 대칭이 되지 않는 하나는 34절에서 오른편에 있는 자들을 가리켜 "내 아버지의 복 받은 자들이여!"(οἱ εὐλογημένοι τοῦ πατρός μου)라고 말하는 반면, 41절에서 "내 아버지의 저주를 받은 자들아!"(οἱ κατηραμένοι τοῦ πατρός μου)라고 말하지 않는다. 게다가 34절에서 오른편에 있는 자들에게는 "창세로부터 너희를 위하여 예비된 나라를 상속 받으라"(κληρονομήσατε τὴν ἡτοιμασμένην ὑμῖν βασιλείαν ἀπὸ καταβολῆς κόσμου)고 말하나, 41절에서 왼편에 있는 자들에게는 "창세로부터 마귀와 그 사자들에게 예비된 영원한 불에 들어가라"([οἱ] κατηραμένοι εἰς τὸ πῦρ τὸ αἰώνιον τὸ ἡτοιμασμένον τῷ διαβόλῳ καὶ τοῖς ἀγγέλοις αὐτοῦ ἀπὸ καταβολῆς κόσμου)고 말하지 않는다. 왜냐하면 하나님께서는 인간을 멸망하기 위해 창조하지 않으셨기 때문이다.23) 그런 반면에 초기 유대교는 에덴동산과 함께 게힌놈(גֵּי הִנֹּם)24)이 이미 선재(先在)해 있었다고 여긴다.25)

---

23) U. Luz, *Matthäusevangelium* I/3, 540.
24) 이는 아람어로는 '게힌남'(גֵּי הִנָּם)인데, 힌놈의 자녀의 골짜기라는 뜻으로 이는 예루살렘 남쪽에 있는 골짜기로 후대의 유대교 신앙에서 최후의 심판 때 영원한 형벌의 집행 장소로 여겨졌다. 이를 헬라어로 음역하면 '게엔나'(γέεννα)로 신약성경에서 총 12번 나타나는데 야고보서 3장 6절에서 한 번 사용된 것을 제외하면, 모두 공관복음서에서만 발견되며(마태 7번; 마가 3번; 누가 1번) 마태복음의 특징어로 볼 수 있다.
25) H. L. Strack & P. Billerbeck, *Kommentar* I, 974-75, 983 참조.

왼편에 있는 자들은 '저주를 받은 자들'(κατηραμένοι)이다. 그들에게 임금은 "나를 떠나라"(πορεύεσθε ἀπ' ἐμοῦ)라고 말한다. 이 표현은 예수님께서 수고하고 무거운 짐을 진자에게 "내게로 오라"(δεῦτε πρός με)고 한 표현과는 대조적이다(11:28). 공관복음서에서는 이 구절 외에 저주에 대해 말하지 않는다.26) 저주 받은 자는 마귀와 그 사자들에게 예비된 영원한 불에 들어가게 될 것이다. 고대의 셈어인 '사탄'에 해당하는 헬라어 '마귀'(διάβολος)는 마태의 경우 시험 기사(4:1-11)와 가라지 비유(13:39)에서도 발견된다. 그러나 '마귀의 사자들'은 마태복음에서 여기 외에는 언급되지 않는다.27)

② 판결 이유(42-43절): 지극히 작은 형제에게 사랑을 베풀지 않은, 여섯 가지 무자비함의 행위

[42-43절] "42이는 내가 주릴 때 너희는 먹을 것을 내게 주지 아니하였고, 목마를 때 나로 마시게 아니하였으며, 43나그네 되었을 때 나를 영접하지 아니하였고, 헐벗었을 때 옷 입히지 아니하였으며, 병들었을 때와 옥에 갇혀있을 때 내게 찾아오지 않았다!" 하시니 (42ἐπείνασα γὰρ καὶ οὐκ ἐδώκατέ μοι φαγεῖν, ἐδίψησα καὶ οὐκ ἐποτίσατέ με, 43ξένος ἤμην καὶ οὐ συνηγάγετέ με, γυμνὸς καὶ οὐ περιεβάλετέ με, ἀσθενὴς καὶ ἐν φυλακῇ καὶ οὐκ ἐπεσκέ- ψασθέ με.)

오른편에 있는 자들에게 예비된 나라를 상속받을 이유를 언급하는 35-36절과 대조적인 이 두 구절에 지극히 작은 한 형제에게 사랑을 베풀지 않은, 여섯 가지의 무자비한 행위가 언급된다.

---

26) 무화과나무를 저주하신 경우(막 11:21)와 원수 사랑에 관한 말씀에서 저주하는 자를 위한 기도하라는 말씀(눅 6:28)의 경우 다른 용례로 사용되었다.
27) 요한계시록 12장 7절에서는 하늘에서 일어날 전쟁에서 미가엘과 그의 사자들이 용과 그의 사자들과 싸운다.

③ 피고의 질문(44절): 의식하지 못하는 사랑을 베풀지 않은 행위

[44절] 그 때 그들도 대답하여 이르기를, "주여! 우리가 언제 당신께서 주리신 것이나 목마른 것이나 나그네 되신 것이나 헐벗으신 것이나 병드신 것이나 옥에 갇혀 계신 것을 보고 섬기지 아니하였습니까?" 할 것이다. (τότε ἀποκριθήσονται καὶ αὐτοὶ λέγοντες· κύριε, πότε σε εἴδομεν πεινῶντα ἢ διψῶντα ἢ ξένον ἢ γυμνὸν ἢ ἀσθενῆ ἢ ἐν φυλακῇ καὶ οὐ διηκονήσαμέν σοι;)

37-39절에서 오른편에 있는 자들이 의식하지 못하는 사랑의 행위에 대한 생각하지도 않은 판결에 대해 판결 언도를 과분하게 생각하는 반면, 이 구절에서 왼편에 있는 자들은 자신들에 대한 임금의 판결 근거를 부당하게 생각한다. 이 둘은 너무나 대조적이다. 여호와의 사자들이 아브라함에게 나타났을 때 아브라함이 "내가 떡을 조금 가져오리니"(창 18:5)라고 말하고 기름지고 좋은 송아지를 잡아 대접한 구절(창 18:7)에 대해 270년 랍비 엘리아살은 이로부터 의인은 적게 말하지만 많이 행하는 것을 배우게 된다고 해설하였다.[28] 그러나 악인은 많이 말하나 적은 것조차 행하지 않는다.

여기서 주목할 만한 것은 자비를 베푼 모든 행위가 '섬기다'(διακονεῖν)라는 용어로 요약되어 있다는 점이다. 악인은 여섯 가지 선행의 성격이 섬김이라는 것을 정확하게 알고 있었지만 그렇게 행치 아니하였다.

④ 임금의 대답(45절): 임금과 지극히 작은 자의 동일시

[45절] 그 때 그가[임금이] 대답하여 이르기를, "진실로 내가 너희에게 이르니, 지극히 작은 자들 중 이 한 사람에게 하지 아니한 것이 그 만큼, 내게

---

28) H. L. Strack & P. Billerbeck, *Kommentar* I, 983.

하지 아니한 것이다. (τότε ἀποκριθήσεται αὐτοῖς λέγων· ἀμὴν λέγω ὑμῖν, ἐφ᾽ ὅσον οὐκ ἐποιήσατε ἑνὶ τούτων τῶν ἐλαχίστων, οὐδὲ ἐμοὶ ἐποιήσατε.)

이 구절 역시 40절과 대구(對句)적으로 대조된다. 임금의 대답은 부정(否定)어(οὐκ, οὐδε)와 '내 형제'를 제외하고는 자구(字句)적으로 정확하게 일치한다. 이 구절에서 "지극히 작은 내 형제 중 이 한 사람"(ἑνὶ τούτων τῶν ἀδελφῶν μου τῶν ἐλαχίστων) 대신 "지극히 작은 자들 중 이 한 사람"(ἑνὶ τούτων τῶν ἐλαχίστων)으로 표현되었다. 이는 사랑의 행위의 대상으로 단지 교회 구성원 중 지극히 작은 자뿐 아니라 모든 인간 가운데 어려움을 겪는 자를 고려하는 데 그 원인을 찾을 수 있을 것이다. 45절에서도 40절과 마찬가지로 임금과 지극히 작은 자는 동일시된다. 주목할 점은 악인이 영원한 불로 들어가는 것은 악을 행했기 때문이 아니라 선(善)을 행하지 않았기 때문이라는 것이다. 사랑을 베풀지 않은 것이 최후 심판의 판결 기준이 된다. 그것은 마지막 때 "불법이 성하므로 많은 사람의 사랑이 식어지리라. 그러나 끝까지 견디는 자는 구원을 얻으리라."(24:12-13)는 말씀에서도 찾아볼 수 있다.

3. 종결절(46절) : 사랑 없는 자와 의인의 최종 운명

[46절] 그리고 이 사람들은 영벌로, 그러나 의인들은 영생으로 들어갈 것이다."라고 할 것이다. (καὶ ἀπελεύσονται οὗτοι εἰς κόλασιν αἰώνιον, οἱ δὲ δίκαιοι εἰς ζωὴν αἰώνιον.)

이 단락을 마감하는 종결절에서 심판은 '나눔'으로 끝이 난다. 곧 자비를 베풀지 않고 "네 이웃을 네 자신과 같이 사랑하라"는 이웃 사랑 계명(22:39)을 무시한 자는 그에게 내리는 화(禍)로 '영벌'(κόλασις αἰώνιον)로 들어갈 것이며, 반면에 이웃에게 자비를 베푼 의인은 그에게 내리는 복(福)인 '영생'(ζωὴ αἰώνιον)으로 들어갈 것이다. 양자 모두 '영원한'(αἰώνιον)이란 용어로써 최후 심판의 최종적인 효력을 나타내고 있다.

경고의 시간은 지나가고 더 이상 다른 가능성이 없는 두 길만이 존재할 뿐이다. 중요한 것은 종말 심판자이신 재림하실 인자가 지극히 작은 자와 동일시됨으로써 '자기 자신'처럼 실천해야 하는 이웃 사랑은 '주님'을 대하는 것처럼 그 사랑을 행해야 한다는 점이다. 이것이 이 단락이 지향하는 핵심 목표이다.

VI. 본문이 전하는 말씀

첫째, 본문 단락에서 가장 중요한 점은 종말 심판을 다루는 다른 단락과 마찬가지로 누가 마지막 때의 심판자인가를 보여주는 것이다. 그분은 바로 그 때 영광 가운데 다시 오실 인자이시다. 그분은 믿는 자와 함께 세상 끝 날까지 동행하실 '임마누엘'이시며(1:23; 28:20), 동시에 심판을 위해 다시 오실 인자이시다(31절). 그것은 미대복음에서 아버지 되신 하나님이 동시에 주님이신 것과 같다. 마태의 경우 심판과 은총은 변증법적으로 하나님과 그리스도에게 속해 있다.[29]

둘째, 종말 심판은 인자가 다시 오실 '그 때'에 행해진다(31절 하반절).

셋째, 종말 심판은 목자가 양과 염소를 구분하듯이 인자가 의인과 악인을 나누는 것이다(32-33, 46절).

넷째, 오른편에 있는 아버지로부터 복 받은 자는 자신의 사랑 행위를 의식하지 못하나 심판자는 알고 있으며(37-39절), 그 반면 왼편

---

29) U. Luz, 『마태 공동체의 예수 이야기』, 172.

에 있는 저주 받은 자는 자신의 사랑 없음 행위를 의식하지 못하나 심판자는 알고 있다(43-45절).

다섯째, 심판하시는 인자는 지극히 작은 자에게 행한 것을 자신에게 행한 것과 동일시한다(35-36, 42-43절). 마지막 심판에서 지극히 작은 자에게 행한 것이 곧 주님께 행한 것으로 여겨진다.

여섯째, 사랑의 행위는 구체적이다(36-39, 42-44절). 이는 사랑의 대상이 되는 '지극히 작은 자 중 하나'(단수!)라는 표현과 여섯 가지로 열거된 사랑 행위에서 잘 드러난다.

일곱째, 그 '지극히 작은 자'는 교회의 형제뿐 아니라 모든 사람 가운데에서도 있을 수 있다(40, 45절).

여덟째, 마지막 심판에서 '영벌' 판결 기준은 어떤 악을 행했는가가 아니라 선(善)을 행했는가, 행하지 않았는가이다(45절). 여기서 악과 선이 이분법적으로 이해되지 않는다. 곧 선을 행하지 않는 모든 것이 악이다. 사랑을 베풀지 않은 것이 최후 심판에서 '영벌'을 받는 결정적인 이유이다.

아홉째, 종말 심판자이신 재림하실 인자가 지극히 작은 자와 동일시됨으로써 '자기 자신'처럼 실천해야 하는 이웃 사랑은 '주님'을 대하는 것처럼 행해져야 한다(45절).

열 번째, 마지막 심판 때는 판결이 번복될 수 없다(46절). 오직 의인은 '영생'을, 그리고 악인은 '영벌'을 받을 뿐이다.

VII. 나가는 말

위에서 살펴본 '종말 심판' 비유는 마지막 때 '행위에 따른 심판'을 말씀함으로써 믿음과 행함이 어떤 관계에 있어야 하는지를 보여준다. 마지막 때 심판하실 인자는 믿는 자에게 '너희가 믿느냐?'를 묻지 않을 것이다. 그것은 마태복음을 받는 독자들은 이미 그분을 믿고 있기 때문이다. 오히려 심판자는 그를 믿는 자에게 '너희가 무엇을 행하였느냐?'를 물을 것이다. 다시 말하면 '믿는 너희가 그 믿음에 부합되게 어떻게 행하고 살았느냐?'는 질문을 던질 것이다. 초기 교회 이래로 지금까지 교회는 '믿음 없는 행함'과 그와 마찬가지로 '행함이 없는 믿음'에 대항하여 싸워 왔다.30) 이 땅에 사는 그리스도인이 '믿음 없는 행위자'가 되지 않고 '행함이 없는 신자'가 되지 않으려면 신자는 믿음에 합당하게 행하여야 한다. 또한 행위자는 심판하는 분이 하나님이시며 다시 오실 인자이신 예수 그리스도임을 기억하고 자기의 의를 주장하지 않고 그 주님을 믿고 따라야 할 것이다.

이처럼 마태복음은 '믿음의 은총'과 함께 '행함의 심판'을 보여 줌으로써 이 양자의 관계를 변증법적으로 보여 준다. 이것은 마태복음뿐 아니라 신약성경 전체를 관통하는 믿음과 행함의 난제적인 관계를 적절하게 정립하는 해결책이 될 수 있을 것이다. 마태에 의하면 산상에서 팔복을 말씀하시며 은혜의 복을 선포하신 예수님은(5:3-12) 마지막 심판 때 사랑의 행위를 요구하시는 분이시며(25:31-46), 그러한 선행을 할 수 있도록 세상 끝 날까지 믿는 자와 함께 동행 하시는 분이다(28:20). 그리고 마지막 때 모든 사람을 선악 간에 심판하실 우주의 통치자 하나님은 은밀한 중에 행한 것을 갚아 주시며(6:4, 6, 18) 구하기 전에 있어야 할 것을 아시는(6:18) 아버지이시다. 구세주이시며 심판자이신 주님을 함께 바라볼 때 '믿음'과 '행함' 사이에 존재하는 긴장이 해소될 수 있으며, 믿음과 행함의 나누어질 수 없는 공속성(共屬性)과 역동성을 경험하게 될 것이다.

---

30) Wolfgang Schrage, *Ethik des Neuen Testaments*, NTD Erg. R. 4 (Göttingen: V. & R., ²1989), 9 참조.

제10장

최후의 만찬을 베푸시는 예수님

(마태복음 26장 17-29절)

I. 들어가는 말

'십자가'는 기독교의 상징으로 세상의 모든 사람들에게 알려져 있다. 그것은 하나님의 아들 예수 그리스도께서 십자가에 달리시고 못 박히시고 피 흘려 죽으심이 기독교의 핵심 교리와 직결되어 있기 때문이다. 그렇다면 신약성경은 예수 그리스도가 지신 십자가에 대해 어떻게 말하는가? 십자가를 지신 예수님의 의도는 무엇인가? 예수님은 왜 모든 것을 알면서도 그 십자가를 지셨는가? 예수님께서 못 박히시고 피 흘려 죽으셨던 십자가는 오늘날의 그리스도인과 관련하여 어떤 의미가 있는가? 오늘의 그리스도인은 예수님께서 지신 이 십자가에 대해 어떤 자세로 기독교적인 삶을 영위해야 하는가?

이런 질문들과 관련하여 마태복음의 마지막 세 장(26-28장)에 기록된 수난사 가운데 수난을 준비하는 한 단락인 '최후의 만찬' 단락(26:17-29)은 오늘을 사는 그리스도인들에게 심장한 의미를 보여 준다. 그렇다면 이 단락에서 복음서 저자 마태가 그 당시 자신의 공동체가 걸어가야 할 방향을 제시하는 데 도움을 주고자 한 메시지는 무엇이며, 그것은 현대 그리스도인에게 어떤 관련 의미가 있으며, 그러한 의미가 오늘의 교회에 어떻게 적용될 수 있는가?

이를 살펴보기 위해 먼저 선정된 본문 단락을 우리말로 옮기고(II), 그 단락의 마태복음의 전체 본문과 전후 맥락을 살펴 그 맥락 속에서 위치해 있는 자리를 매긴 다음(III), 본문의 짜임새를 조사하고(IV), 본문 각 절을 풀이한 후(V), 현실에 적용할 수 있는 본문이 전하는 메시지를 찾아보기로 한다(VI).

II. 본문 옮기기

[17]무교절의 첫날에 제자들이 예수께 나아와 "유월절 음식 잡수실 것을 우리가 어디서 준비하기를 원하십니까?" 하고 말하였다.

[18]그분이 말씀하시기를 "성 안으로 아무에게 가서 그에게 '선생님 말씀이 내 때가 가까이 왔으니 내 제자들과 함께 유월절을 네 집에서 행하겠다.'고 말하라" 하시니,

[19]제자들이 예수께서 자신들에게 명하신 대로 하여 유월절을 준비하였다.

[20]저녁때 그분이 열둘과 함께 앉으셨는데,

[21]그들이 먹을 때 말씀하시기를, "진실로 내가 너희에게 이르나니 너희 중 한 사람이 나를 넘겨주리라" 하셨다.

[22]그들이 몹시 근심하여, 한 사람씩 "나는 아니지요, 주님?" 하고 말하기 시작하였다.

[23]그분이 대답하여 말씀하시기를, "나와 함께 그릇에 손을 넣는 자, 바로 그자가 나를 넘겨 줄 것이다.

[24]인자는 자신에 대하여 기록된 대로 갈 것이지만, 인자를 넘겨 주는 그 사람에게는 화가 있을 것이다. 그 사람은 차라리 태어나지 아니

하였더라면 자신에게 좋을 뻔하였다."
²⁵예수를 넘겨 줄 유다가 대답하여 "랍비여, 나는 아니지요?"라고 말하자, 그분은 "바로 네가 말하였다."고 말씀하셨다.
²⁶그들이 먹을 때 예수께서 떡을 가지고 축복하시며, 떼어 제자들에게 주시면서 말씀하시기를 "받아서 먹으라. 이것은 내 몸이다" 하시고
²⁷또 잔을 가지고 감사 기도하시며, 그들에게 주시면서 말씀하시기를 "이것을 모두 마시라.
²⁸왜냐하면 이것은 죄 사함을 받게 하려고 많은 사람을 위하여 흘리는 내 언약의 피이기 때문이다.
²⁹그러나 내가 너희에게 이르나니 포도나무에서 난 것을 이제부터 내 아버지의 나라에서 새 것으로 너희와 함께 마시는 그 날까지 결코 마시지 아니할 것이다." 하셨다.

III. 본문의 자리 매김

마태복음 26장 이후 마지막 장까지의 기사는 예수님께서 '모든 말씀'(πάντας τοὺς λόγους)을, 곧 제자들을 가르치기 위하여 행하신 ① 산상설교(5-7장), ② 제자 파송 설교(10장), ③ 천국 비유 설교(13장), ④ 교회 규정 설교(18장), ⑤ 종말 심판 설교(23-25장)의 말씀을 마치셨을 때 일어난 일, 다시 말하면 예수님 생애의 마지막 때 일어난 일을 다루고 있다.¹⁾ 그러니까 마태는 자신의 복음서 마지막 세 장(26-28장)에서 예수님 이야기의 마지막 부분이면서 그 절정에 해당하는 예

---

1) 마태복음에서 예수님의 긴 설교 말씀이 끝날 때마다 마태는 동일한 어투의 공식문인 "예수께서 이 말씀을 마치셨을 때 (어떤 일이) 일어났다(Καὶ ἐγένετο ὅτε ἐτέλεσεν ὁ Ἰησοῦς τοὺς λόγους τούτους)"는 어구를 사용하는데, '말씀'(λόγοι, 7:28; 19:1) 대신 '명하기'(διατάσσειν, 11:1)나 '비유'(παραβολαί, 13:53)를 사용하기도 한다. 여기서는 말씀에 '모든'(πάντας)이란 부가어가 덧붙었다.

수님의 수난 이야기를 묘사하는데, 그것도 두 가지 관점에서 그렇게 한다. 즉 마태는 한편으로는 예수님의 수난사에서 그분이 이스라엘로부터 거절당하였다는 점을 강조하며, 다른 한편으로는 그분이 이방인을 향해 나아가야 할 제자도를 제시하였다는 점을 보여 준다.2)

예수님께서는 제자들에게 모든 말씀을 가르치고 난 후 이제 자신의 지상 사역에 있어서 그 절정에서 기다리고 있는 십자가를 향하여 나아간다. 마태가 기술한 수난사의 특징을 찾아보기 위해서 마태에 의해 서술된 예수님의 수난사를 마가의 그것과 비교하면서 일별해 보면 다음과 같다.

1. 예수님의 수난 준비 기사(26:1-46)

마 26:1-5	제사장과 장로들의 예수님 살해 음모	막 14:1-2
마 26:6-13	베다니에서 예수님께 향유 부은 여인	막 14:3-9
마 26:14-16	가룟 유다의 배신	막 4:10-11
마 26:17-19	유월절 만찬 준비	막 14:12-16
마 26:20-25	유다의 배신 예언	막 14:17-21
마 26:26-29	최후의 만찬	막 14:22-25
마 26:30-35	베드로의 배신 예언	막 14:26-31
마 26:36-46	겟세마네 동산에서 기도	막 14:32-42

2. 예수님의 수난 기사(26:47-27:56)

마 26:47-56	체포되시는 예수님	막 14:43-52
마 26:57-68	공회 앞에 서신 예수님	막 14:53-65
마 26:69-75	베드로가 예수님을 부인함	막 14:66-72
마 27:1-2	빌라도에게 넘겨짐	막 15:1
마 27:3-10	가룟 유다의 최후(복음서에서 마태복음에만 나타남)	
마 27:11-14	빌라도 총독의 심문	막 15: 2-5

---

2) Ulrich Luz, *Die Jesusgeschichte des Matthäus*, 박정수 역, 『마태 공동체의 예수 이야기』(서울: 대한기독교서회, 2002), 174-83 참조.

마 27:15-26	바라바 석방과 예수님의 사형 언도	막 15:6-15
마 27:27-31상	로마 군인으로부터 조롱받으심	막 15:16-20상
마 27:31하-32	십자가 지심	막 15:20하-21
마 27:33-44	십자가에 못 박히심	막 15:22-32
마 27:45-56	십자가에서 죽으심	막 15:33-41

3. 예수님의 수난 이후 기사(27:57-28:20)

마 27:57-61	무덤에 묻히심	막 15:42-47
마 27:62-66	로마 군병의 무덤 파수(복음서에서 마태복음에만 나타남)	
마 28:1-10	다시 사신 예수님	막 16:1-8
마 28:11-15	로마 군병 매수(복음서에서 마태복음에만 나타남)	
마 28:16-20	부활하신 예수님의 선교 명령(복음서에서 마태복음에만 나타남)	

여기서 마태가 전하는 예수님의 수난 이야기를 살펴보면, 그것은 다음 몇 가지 특징을 가지고 있다.

첫째, 예수님께서 친히 자신의 수난에 대하여 말씀하신다(26:1-2).

둘째, 십자가형이 예수님께 천천히 다가온다. 이틀이 지나 유월절이 되면 인자가 십자가에 못 박히기 위해 팔릴 것이다(26:2).

셋째, 예수님의 십자가 죽으심은 유월절에 일어난다. 그러므로 최후의 만찬은 유월절 만찬으로 구원론적으로 심화되어 있다(26:2, 17).

넷째, "내 때가 가까이 왔으니"(ὁ καιρός μου ἐγγύς ἐστιν)라는 표현으로 기독론적으로 집중되어 있다(26:18).

다섯째, 예수님께서 제자들에게 떡을 주시는데, 이 때 좁은 의미의 제자단이 강조된다(26:26).

여섯째, "죄 사함을 받게 하려고"(εἰς ἄφεσιν ἁμαρτιῶν)라는 표현으로써 예수님의 십자가 죽음의 구원론적인 의미가 나타난다.

일곱째, 마가의 경우와 비교해 볼 때 마태의 경우 기도가 수난의 준비임이 더욱 강조되어 있다. 예컨대, 마태의 경우 예수님께서 겟세마네 동산에서 동일한 내용의 기도를 세 번이나 반복해서 말씀하신다(26:39, 42, 44).

여덟째, 수난을 당하실 때 예수님은 자신의 눈앞에 놓여 있는 고난에 대하여 자발적으로 그리고 담대하게 맞서신다(26:42, 52).

아홉째, 마태의 경우 특히 의미 있게 다루어진 주제(5:11; 7:15; 15:18, 19; 24:11, 24)인 '거짓 증거' 주제가 수난사에서도 나타난다(27:59, 60).

열째, 수난 이후에 일어날 인자의 보좌 등극이 묵시적 표상으로 언급된다(26:64).

열한째, 마태의 수난사에 다른 복음서의 수난사에서는 찾아볼 수 없는 빌라도의 아내가 꾼 꿈이 서술된다(27:19). '꿈'(ὄναρ)은 마태의 경우 하나님께서 세상사에 개입하시는 계시의 수단이다(1:20-23; 2:12, 13, 19).

열두째, 이방인인 총독 빌라도와 그 아내에게서 예수님께서 죄 없이 고난을 받으셨다는 변호론적인 관점이 나타난다(27:19, 24).

열세째, 복음서 저자 마태의 구약성경 예언에 대한 관심과 함께 예수님의 수난은 구약 예언의 성취라는 구속사적인 역사관이 나타난다(26:31, 54, 56; 27:9-10).

열네째, 마태는 예수님께서 십자가에 달려 못 박혀 죽으실 때 땅이 진동하고 바위가 갈라진 '지진'(σεισμός)이 일어남을 묘사함으로써 십자가 사건이 우주적 사건임을 보여 준다(27:51-54). 그뿐만 아니라 십자가 사건처럼 부활 사건 역시 우주적 의미를 가진다(28:2).

열다섯째, 두 아들이 주님의 나라에서 그분의 좌우편에 앉기를 간구했던 야고보와 요한의 어머니(20:20)는 갈릴리에서부터 예수님을 좇아 십자가 처형의 현장에 있었던 사람이었다(27:56). 이로써 마태는 예수님을 그리스도로 믿는 그리스도인에게 제자 됨의 의미를 간접적으로 알게 하고자 한다.

열여섯째, 마태의 수난사에서 예수님은 이스라엘에 의해 배척을 당하여 십자가에 못 박혀 죽으셨다는 것(26:3-4; 27:25, 62-66)과 구원의 문을 이방인에게도 열어 두셨다는 구원의 보편주의가 나타난다 (27:19, 26; 28:19).

위에 열거한 마태가 서술한 예수님 수난사의 특징을 요약하면 크게 두 가지를 지적할 수 있다. 하나는 마태가 예수님의 죽음이 지니고 있는 그 구원론적 의미를 묘사하는 마가의 수난사를 알고 있었다는 점이며, 다른 하나는 마태는 마가가 서술한 수난사를 자신의 구속사관에 따라서 해석하고 더욱 기독론적으로 강화하였다는 점이다.

다시 본문 단락의 자리 매김을 위하여 전체 수난사의 구성으로 눈을 돌려 보자. 위에서 살펴본 대로 예수님의 수난 이야기는 크게 셋으로 나누어진다. 첫째 단락은 '수난 이전 기사'(26:1-46)인데 예수님의 살해 음모 기사, 한 여인의 향유 부음 기사, 가룟 유다의 배신 예고 기사, 최후의 만찬 기사, 베드로의 배신 예언 기사, 겟세마네 기도 기사가 이 단락에 속해 있다. 둘째 단락은 '수난 기사'(26:47-27:56)로, 예수님의 체포 기사, 가야바 심문 기사, 베드로의 예수님 부인 기사, 빌라도 총독의 심문 기사, 예수님의 사형 언도 기사, 로마 군인의 예수님 조롱 기사, 십자가 처형 기사를 들 수 있다. 그리고 셋째 단락은 '수난 이후 기사'(27:57-28:20)로, 예수님의 무덤에 장사되심 기사, 무덤 경비 기사, 군병 매수 기사, 부활하신 예수님의 지상명령 기사로 이루어져 있다.

선정된 본문 단락은 첫 번째 수난사 단락인 '수난 준비 기사'에 속하는 단락으로 예수님의 수난 의미가 명시(明示)적으로 나타나는,

마태의 예수님 수난 이야기에서 핵심이 되는 단락이다. 곧 이 단락에서 자기 백성의 "죄 사함을 받게 하려고"(εἰς ἄφεσιν ἁμαρτιῶν, 26:28) 예수님께서 십자가에서 죽으셨다는 것이 확실하게 드러난다(1:21 참조).3) 그러므로 마태에 의하면 마가의 경우와 마찬가지로 예수님의 십자가 죽음은 구원론적인 의미를 가진다.

특히 마태는 '죄 사함'의 권능을 예수님께로 집중하게 한다. 그것은 세례 요한이 세례를 베푸는 기사(마 3:1-12과 막 1:1-8)에서 분명하게 나타난다. 이를 서술하는 마태의 본문을 마가의 그것과 비교해 보면, 마가의 경우 세례 요한이 전파한 세례는 "죄 사함을 받게 하는 회개의 세례"(βάπτισμα μετανοίας εἰς ἄφεσιν ἁμαρτιῶν, 막 1:4)이지만, 마태의 경우 요한이 베푼 세례에서 죄 사함이 직접 언급됨 없이 단지 여러 곳으로부터 모인 무리가 자신의 죄를 자복하고 요한에게 세례를 받았음을 말할 뿐이다(마 3:6).4) 또 마태의 경우 죄 사함은 유대교에서 하나님 한 분만이 행하실 수 있는 권세를 부여받은 하나님의 아들이신 인자의 권세에 속하는 것이다(9:6; 28:18 참조). 예수님은 세상에서 "죄를 사하는 권능"(ἐξουσίαν ἀφιέναι ἁμαρτίας, 9:6)을 가지고 계신 분이시다. 이런 맥락에서 죄 사함을 위해 흘리는 예수님의 피에 관한 말씀이 나타나는 '최후의 만찬' 기사는 마태복음에서 의미심장하며 비중 있는 위치를 차지하고 있다. 마태에 의하면 죄 사함은 단지 요한의 세례로 말미암는 것이 아니라 예수님의 죽음으로 말미암았는데, 그것을 기독교의 세례와 성만찬에서 확신할 수 있다(요 1:29 참조).5)

---

3) 이는 예수의 탄생 시의 이름 명명(命名) 기사에서도 알 수 있다. 예수는 "자기 백성을 그들의 죄에서 구원할 자"(1:21)이시다.
4) 이에 대하여 Helmut Merkel, *Bibelkunde des Neuen Testaments: Ein Arbeitsbuch*, 박창건 역, 『신약성서 연구입문』(천안: 한국신학연구소, ²1999), 51 참조.

IV. 본문의 짜임새

달(N. A. Dahl)은 자신의 논문 "마태의 수난사"[6]에서 마가가 보고한 예수님의 수난사가 마태가 서술한 예수님의 수난 이야기의 토대가 되었으며, 이 때 마태는 마가복음의 수난사 가운데 약 4분의 1을 간접 화법에서 직접 화법으로 바꾸어 서술하였다고 밝혔다. 또한 그에 의하면 마태는 마가의 본문 외에 자신만이 전해 받은 다른 문서 자료도 사용하였다. 예컨대, '가룟 유다 최후'의 기사(27:3-10)나 '로마 군병의 예수님 무덤 파수' 기사(27:62-66) 또 '부활하신 예수님의 선교 명령' 기사(28:16-20)가 그러한 전승 자료에 해당한다.

선정된 '최후의 만찬' 단락 본문의 구성을 살펴보면 "무교절의 첫날에"(17절), "저녁때"(20절), 그리고 "그들이 먹을 때"(26절) 라는 서로 다른 시간 제시어에 따라서 다음 세 단락으로 세분할 수 있다.

1. 유월절 준비(17-19절)
2. 예수님의 가룟 유다 배신 예고(20-25절)
3. 주님께서 베푸신 최후의 만찬(26-29절)

예수님께서 제자들에게 베푸신 '최후의 만찬'에 관한 복음서의 보고는 역사적으로 보면 매우 어려운 문제를 제기한다. 특히 최후의 만찬이 유월절 식사였던가 하는 점은 쉽게 대답하기 어려운 문제이다.

---

5) 이에 대하여 대한성서공회에서 번역한 『독일성서공회판 해설·관주 성경전서』(1997)의 마태복음 26장 26-29절 해설을 참조하라.
6) Nils A. Dahl, "Die Passionsgeschichte bei Matthäsus", *NTS* 2(1955-6): 17-32.

요한이 자신의 복음서에서 제시하는 연대기에 의하면 최후의 만찬이 유월절 식사가 아닐 수 있다는 문제가 제기된다. 유대인들이 유월절 식사를 먹기 전에 예수님께서 빌라도의 관정에 서셨고(요 18:28), 성전에서 유월절 양이 도살되기 전에 죽으셨기 때문이다(요 19: 31). 그래서 학자들 사이에서는 공관복음서에서 보고하는 수난 연대기를 따를 것인가, 아니면 요한복음에서 기술하는 연대기를 따를 것인가에 대해서 오늘날까지도 논의가 분분하다.[7]

이에 대하여 어떤 학자들은 유대인들이 성전에서 양을 잡은 후 그 유대인들과는 다르게 행한 엣센파의 방식으로 예수님께서 제자들과 함께 유월절을 지켰다고 생각한다. 다른 학자들은 예수님께서 베푸신 최후의 만찬이 유월절 만찬이 아니었으나 그렇게 생각하고 베푸셨다고 생각한다.

아무튼 마태의 '유월절 준비' 기사(마 26:17-19)를 마가의 그것(막 14:12-16)과 비교해 보면, 마태의 경우 마가의 본문이 축소되어 있다. 곧 마태의 경우 무교절의 첫날이 '유월절 양 잡는 날'이라는 표현이 빠져 있으며, '물동이를 가지고 가는 사람'에 대한 언급이나, '유월절을 먹을 객실' 또는 '큰 다락방'에 대하여도 언급되어 있지 않다. 또 본문은 유월절에 먹는 양에 대하여 언급하지 않는다. 그러나 저녁 식사를 위해 '함께 앉음'(20절), '그릇에 손을 넣음'(23절), '떡을 뗌'(26절), '잔을 마심'(27절), 그리고 '찬미함'(30절)이 진술되는데, 이것은 유월절 만찬의 순서와 일치한다. 이와 같이 마태가 마가의 본문을 축소하기는 하지만 공관복음서 저자들은 공통적으로 이 식사가 유월절 만찬이었음을 보고한다(마 26:17-19; 막 14:12-16; 눅 22:7-13). 게다

---

7) Rudolf Schnackenburg, *Matthäusevangelium 16:21-28:20*, Die Neue Echter Bibel I/2(Würzburg: Echter Verlag, ²1994), 257 참조.

가 바울도 그리스도께서 '우리의 유월절 양'으로서 희생되셨다고 진술한다(고전 5:7). 바울 서신의 진술과 공관복음의 보고에 의하면 예수님께서 베푸신 최후의 만찬은 유월절에 행하신 만찬임이 분명하다. 이런 관점에서 이제 본문의 각 절을 해설하기로 한다.

V. 본문 풀이

1. 유월절 준비(17-19절)

[17절] 무교절의 첫날에 제자들이 예수께 나아와 "유월절 음식 잡수실 것을 우리가 어디서 준비하기를 원하십니까?" 하고 말하였다. (Τῇ δὲ πρώτῃ τῶν ἀζύμων προσῆλθον οἱ μαθηταὶ τῷ Ἰησοῦ λέγοντες· ποῦ θέλεις ἑτοιμάσωμέν σοι φαγεῖν τὸ πάσχα;)

예수님께서 베푸신 최후의 만찬은 유월절에 이루어진다. 유대인들은 이 날 오후 일찍 성전에서 유월절 어린 양을 잡고 저녁 유월절 만찬 때 이를 먹었다. 유월절 만찬을 먹는 이 저녁부터 무교절이 칠일 동안 계속되는데(출 12:15), 누룩 없는 무교병을 먹어야 하는 이 절기는 유대력으로 정월, 곧 니산월 14일 저녁부터 21일 저녁까지 이어진다(출 12:18). 유대인의 하루 계산법에 의하면 저녁에서 저녁까지가 하루이므로 '무교절의 첫날에'(τῇ πρώτῃ τῶν ἀζύμων)란 유월절 만찬을 먹는 저녁이면서 동시에 유월절을 이어 칠일 동안 계속되는 무교절의 첫날이 된다. 그런데 이 절에서는 유월절 양을 잡는 날을 '무교절의 첫날'이라 하였다. 원래대로라면, 무교절은 유월절이 끝나고 비로소 시작되기 때문에 '무교절의 첫날' 대신 '유월절 양을 잡는 날'이라고 말해야 한다. 그렇기는 하지만 마태는 요세푸스처럼[8] 유월절을

---

8) 요세푸스의 『유대전쟁사』 V, 99와 『고대사기』 II, 317을 참조하라.

포함하여 무교절로 묘사한다. 그러므로 마태는 유월절 준비하는 시간을 무교절 첫날로 말하고, 이 때 제자들이 예수님께 나아와 유월절 음식 먹을 장소에 대하여 물었다고 묘사한다. 이로써 예수님은 열두 제자들을 위한 유월절 만찬을 주도하는 가장(家長)의 역할을 한다. 평행절인 마가의 본문과 비교해 보면, '유월절 양 잡을 때'(ὅτε τὸ πάσχα ἔθυον)라는 표현이 나타나지 않는다. 이것은 아마 마태 공동체가 더 이상 제사를 드리지 않았기 때문일 것이다.9)

[18절] 그분이 말씀하시기를 "성 안으로 아무에게 가서 그에게 '선생님 말씀이 내 때가 가까이 왔으니 내 제자들과 함께 유월절을 네 집에서 행하겠다.'고 말하라" 하시니, (ὁ δὲ εἶπεν· ὑπάγετε εἰς τὴν πόλιν πρὸς τὸν δεῖνα καὶ εἴπατε αὐτῷ· ὁ διδάσκαλος λέγει· ὁ καιρός μου ἐγγύς ἐστιν, πρὸς σὲ ποιῶ τὸ πάσχα μετὰ τῶν μαθητῶν μου.)

예수님께서 자신의 제자를 예루살렘 성 안으로 보낸다. 왜냐하면 예루살렘 성 안에서만 유월절을 먹을 수 있었기 때문이다(신 16:16). 마가 본문(막 14:13-15)과 비교해 보면 마태의 경우 석 절이 한 절로 축소되어 있는데, '물 한 동이를 지고 가는 사람'이나 '유월절을 먹을 객실', 그리고 '큰 다락방'에 대한 언급이 나타나지 않는다. 이것들에 대하여 마태는 관심이 없다. 단지 말씀하시는 '선생님'(διδάσκαλος)10)의 권위에만 마태는 관심을 기울인다.

---

9) Wolfgang Wiefel, *Das Evangelium nach Matthäus*, Theologischer Handkommentar zum Neuen Testament 1(Leipzig: Evangelische Verlagsanstalt, 1998), 448-49.
10) '선생'(διδάσκαλος)이라는 용어는 신약성경에서 총 58번 등장하는데, 대부분(48번) 복음서에서 나타난다(마태 11번; 마가 12번; 누가 17번; 요한 8번).

마가의 경우 예수님께서 성 안으로 보낸 제자가 '둘'이지만 마태의 경우 보낸 제자의 수를 말하지 않는다. 제자들이 가서 말해야 할 '아무'는 세속적인 헬라어인 코이네에서 관사와 함께(ὁ δεῖνα) 사용될 때 "아무에게 가서"라는 뜻을 가진다. 이는 불특정인인 '아무에게나 가서'라는 뜻이나 비밀스런 의미로 '어떤 사람에게 가서'라는 뜻이 아니라 라틴어의 'quidam'에 해당하는 특정인인 '누구에게 가서'라는 뜻이다.11) 그러니까 이 '어떤 사람'이란 이름을 말할 수 없거나 그렇게 말하기 원하지 않을 경우에 쓰는 말이다.

그에게 가서 해야 하는 말은 "내 때가 가까이 왔으니 내 제자들과 함께 유월절을 네 집에서 행하겠다."는 말이다. 마태의 경우 마가의 본문이 축소되어 있는 반면 마가에 나타나지 않는 이 구절이 등장한다. 이 구절은 하나님의 구속사에서 유월절의 시점이 결정적으로 중요한 의미를 지니고 있음을 암시한다. 곧 '내 때'(ὁ καιρός)는 결정적인 시점, 다시 말하면 하나님의 아들 예수 그리스도께서 수난의 절정인 죽음에 이르는 십자가를 지시는 때를 가리킨다. 이로써 마태의 경우 기독론에 대한 집중이 심화되어 있다.

'유월절을 행하다'(ποιεῖν τὸ πάσχα)라는 어구는 구약의 헬라어 역본인 칠십인역(LXX)의 표현과 동일하다(출 12:48; 민 9:2 등 참조).

[19절] 제자들이 예수께서 자신들에게 명하신 대로 하여 유월절을 준비하였다. (καὶ ἐποίησαν οἱ μαθηταὶ ὡς συνέταξεν αὐτοῖς ὁ Ἰησοῦς καὶ ἡτοίμασαν τὸ πάσχα.)

---

11) Ulrich Luz, *Das Evangelium nach Matthäus(Mt 26-28)*, Evangelisch-Katholischer Kommentar zum Neuen Testament I/4(Neukirchen-Vluyn: Neukirchener Verlag, 2002), 80-81.

마태는 '해설 양식'(Ausführungsformel)[12])으로써 제자들이 예수님께서 명하신 대로 유월절을 준비하였다고 보고한다. 마태의 경우 이러한 해설 양식은 여러 번 나타난다(1:20-25, 예수님의 탄생; 21:2-7, 예루살렘 입성; 28:15, 매수당한 군병 소문).

2. 예수님의 가룟 유다 배신 예고(20-25절)

[20절] 저녁때 그분이 그 열둘과 함께 앉으셨는데, (Ὀψίας δὲ γενομένης ἀνέκειτο μετὰ τῶν δώδεκα.)

'저녁때'(ὀψίας γενομένης)라는 '절대 속격'(genitivus absolutus)으로 표현된 시간 제시어로 새로운 소단락이 시작되는데, 이는 마가의 평행절(막 14:17)이 제시하는 시간 제시어와 동일하다. 예수님께서 그 제자들과 함께 식탁에 앉으셨다. 곧 제자들의 무리는 식탁 공동체로 묘사된다. 이 때 유월절 식사는 어둡기 전에 먹을 수 없으며, 밤 시간 동안 먹어야 한다(출 12:8).[13])

[21절] 그들이 먹을 때 말씀하시기를, "진실로 내가 너희에게 이르나니 너희 중 한 사람이 나를 넘겨주리라"하셨다. (καὶ ἐσθιόντων αὐτῶν εἶπεν· ἀμὴν λέγω ὑμῖν ὅτι εἷς ἐξ ὑμῶν παραδώσει με.)

제자들이 먹을 때 예수님께서 제자들 중 한 사람에게 하신 "진실로 내가 너희에게 이르나니 너희 중 한 사람이 나를 넘겨 주리라"는

---

12) 그닐카(J. Gnilka)에 의하면 이는 (대부분 모세나 하나님의) 명령, 스테레오 타입으로 공식화된 해설 양식, 그리고 위임 과제 해설 묘사로 구성되어 있다. U. Luz, *Matthäusevangelium* I/4, 82, 각주 31 참조.
13) '유월절'을 특주로 다루는 Hermann L. Strack & Paul Billerbeck, *Kommentar zum Neuen Testament aus Talmud und Midrasch* IV(München: C. H. Beck, [7]1978), 54-55의 할라카에 의하면 유월절은 자정 전에 끝나야 한다.

말씀은 유월절 식사와는 관련이 없다. 그 말씀은 "내가 신뢰하여 내 떡을 나눠 먹던 나의 가까운 친구도 나를 대적하여 그의 발꿈치를 들었나이다"라는 구약의 시편 41편 9절을 생각나게 한다.

[22절] 그들이 몹시 근심하여, 한 사람씩 "나는 아니지요, 주님?" 하고 말하기 시작하였다. (καὶ λυπούμενοι σφόδρα ἤρξαντο λέγειν αὐτῷ εἷς ἕκαστος· μήτι ἐγώ εἰμι, κύριε;)

예수님의 말씀을 인하여 제자들이 근심하였다. 제자들의 심리적인 동요는 '몹시'(σφόδρα)라는 수식어로써 강조된다. 이러한 근심에서 제자들은 '한 사람씩'(εἷς ἕκαστος) '주님'(κύριε)이라는 호칭과 함께 "나는 아니지요?"라고 묻기 시작했다. 바로 이 '주님' 진술에서 마태의 기독론적인 강세를 찾아볼 수 있다.

[23절] 그분이 대답하여 말씀하시기를, "나와 함께 그릇에 손을 넣는 자, 바로 그가 나를 넘겨줄 것이다. (ὁ δὲ ἀποκριθεὶς εἶπεν· ὁ ἐμβάψας μετ' ἐμοῦ τὴν χεῖρα ἐν τῷ τρυβλίῳ οὗτός με παραδώσει.)

제자들의 질문에 대해 예수님께서 "나와 함께 그릇에 손을 넣는 자, 바로 그가 나를 넘겨 줄 것이다"고 대답하신다. 여기서 '그릇'(τρύβλιον)은 간 무화과, 사과, 대추야자, 아몬드, 견과, 계피, 포도, 포도 식초로 만든 과일 잼을 담아 둔 접시(הַסֹּרֶת)를 가리킨다. 이때 표현은 완료형이 아니라 단순 과거형(aorist)이다. 다시 말하면 예수님을 배신할 사람은 그와 함께 그릇에 손을 넣었던 자가 아니라 식사할 때 예수님과 함께 그릇에 손을 '집어넣는 자'(ὁ ἐμβάψας)이다. 그가 스승을 넘겨줄 자이다. 이로써 예수님을 팔 유다가 바로 드러난다. 여기서 '넘겨주다'(παραδίδωμι)는 신약성경에서 예수님의 수난과 관련해서 가장 중요하게 사용되는 수난 용어이다.[14]

[24절] 인자는 자신에 대하여 기록된 대로 갈 것이지만, 인자를 넘겨 주는 그 사람에게는 화가 있을 것이다. 그 사람은 차라리 태어나지 아니하였더라면 자신에게 좋을 뻔하였다." (ὁ μὲν υἱὸς τοῦ ἀνθρώπου ὑπάγει καθὼς γέγραπται περὶ αὐτοῦ, οὐαὶ δὲ τῷ ἀνθρώπῳ ἐκείνῳ δι' οὗ ὁ υἱὸς τοῦ ἀνθρώπου παραδίδοται· καλὸν ἦν αὐτῷ εἰ οὐκ ἐγεννήθη ὁ ἄνθρωπος ἐκεῖνος.)

24절의 본문은 마가의 본문(14:21)과 자구적으로 동일하다. 이는 세 부분으로 구성되어 있다.

첫째 부분인 "인자는 자신에 대하여 기록된 대로 갈 것이지만"은 26장 2절에서 앞서 제시되었던 인자의 죽음 예고로서 메시아이신 인자의 수난은 구약 예언 기록의 성취라는 마태의 구속사관을 반영하고 있다. 예수님께서 성경에 '기록된 대로'(καθὼς γέγραπται) 죽으셨다는 것은 초기의 기독교 신앙에서 중요한 점이었다(고전 15:3-4 참조). 예수님께서 사람의 손에 넘겨지는 것은 하나님에 의해 이루어지는 일이며 성경에서 미리 예고된 일이고 인자가 가야 할 길에 놓여 있는 일이다. '가다'(ὑπάγειν)[15]는 공관복음서에서는 '죽다'의 의미로 흔치 않게 사용되었다. 둘째 부분은 "인자를 넘겨주는 그 사람에게는 화가 있을 것이다."는 '화'(禍) 말씀이다. 하나님은 배신한 자의 잘못을 간과하지 않는다. 셋째 부분은 "그 사람은 차라리 태어나지 아니하였더라면 자신에게 좋을 뻔하였다."는 말씀으로 히브리어적인 문체로 된 소위 '좋

---

14) 'Παραδίδωμι'라는 용어는 신약성경에서 모두 119번 나타나는데, 바울서신에서 19번 그리고 공동 서신에서 4번을 제외하면 주로(96번) 복음서(마태 31번; 마가 20번; 누가 17번; 요한 15번)와 사도행전(13번)에서 등장하며, 복음서에서 대부분 예수님의 수난과 관련하여 사용되었다. *EWNT* III (1983), s. v. "παραδίδωμι" by Wiard Popke, 42-48 참조.

15) 이 용어는 요한복음에서 비로소 신학적으로 심화된 의미로 사용되었다 (7:32; 8:14, 21, 22; 13:3, 33; 14:4-5; 16:5).

은(καλόν) 말씀'(טוב-말씀)이다(5:29-30; 18:8-9 참조). 이 말씀은 유다의 죄를 아주 강하게 지적한다. 유다는 예수님의 경고(18:7-9)를 무시하고 행하는 자의 본보기이다.

[25절] 예수를 넘겨 줄 유다가 대답하여 "랍비여, 나는 아니지요?"라고 말하자, 그분은 "바로 네가 말하였다."고 말씀하셨다. (ἀποκριθεὶς δὲ Ἰούδας ὁ παραδιδοὺς αὐτὸν εἶπεν· μήτι ἐγώ εἰμι, ῥαββί; λέγει αὐτῷ· σὺ εἶπας.)

마태는 만찬 장면에 관한 마가의 본문을 거의 자구적으로 전해 받았으나 이 전승에 한 가지를 더 부가하여 언급한다. 그것은 바로 예수님을 판 유다가 물은 "나는 아니지요?"(μήτι ἐγώ εἰμί;)라는 질문과 이에 대하여 "바로 네가 말하였다."(σὺ εἶπας)는 예수님의 대답이다. 이 구절은 공관복음에서 마태복음에서만 나타나는 말씀이다. 자신을 감추려는 유다와 그것을 우회적으로 드러내는 예수님이 대조적으로 묘사되어 있다. 유다는 겟세마네에서 예수님을 잡히게 할 때 그에게 "랍비여, 안녕하십니까?"(χαῖρε, ῥαββί)라고 말했던 것처럼(26:49) 여기서도 '랍비'라는 호칭을 사용한다. "친구여, 네가 무엇을 하려고 왔는지 행하라."는 예수님의 대답으로써 예수님은 자신의 정체를 드러내시고 이로써 배신자 유다는 자신이 목표하는 바를 이루게 된다(26:50). 이 구절에서 유다는 예수님께서 배신자를 예고할 때 "나는 아니지요?"라고 강조하여 부인한다. 그런 반면에 겟세마네 동산에서 예수님은 체포를 위한 표로 행한 인사 질문에 시인하며 수난을 피하지 않으시고 그 수난에 당당하게 맞서신다.

마태에 의하면 유다는 은 삼십에 눈먼 자이다(26:15). 그러나 마태는 복음서 저자 중 자신만이 전해 받았던 전승인 '가롯 유다의 최후'에 관한 일화(27:3-10)에서 유다로 하여금 "내가 무죄한 피를 팔고 죄를 범하였다."고 말하게 함으로써 유다를 무죄한 예수님의 죽음에 대한 증인으로 삼으며, 또한 유다가 뉘우쳐 예수님의 피값을 성소에 도로 집어넣었다는 것을 언급함으로써 그를 예수님께서 예고하신 성전 파괴를 암시하는 도구로 삼는다.16)

3. 주님께서 베푸신 최후의 만찬(26-29절)

예수님께서 제자들과 함께 드신 최후의 만찬에서 그 절정은 성찬을 친히 제정하신 것이다. 이 성찬은 기독교적인 새로운 유월절 식사이다. 즉 이 단락은 양식적으로 성찬의 기원을 알게 해 주는 '원인(原因)론적 제의전담(祭儀傳譚)'에 속한다. 이에 해당하는 단락으로는 공관복음(마 26:26-29; 막 14:22-25; 눅 22:15-20)과 바울서신(고전 11: 23-26)에서 찾아볼 수 있는데, 그 형태는 크게는 둘로 나누어진다. 곧 성찬에 대한 마태와 마가의 형태와 그것에 대한 누가와 바울의 형태17)이다. 여기서는 마가의 본문과 밀접하게 연관되어 있는 마태의 본문을 충실하게 다루기로 한다.

[26절] 그들이 먹을 때에 예수께서 떡을 가지고 축복하시며, 떼어 제자들에게 주시면서 말씀하시기를 "받아서 먹으라. 이것은 내 몸이다." 하시고 (Ἐσθιόντων δὲ αὐτῶν λαβὼν ὁ Ἰησοῦς ἄρτον καὶ εὐλογήσας ἔκλασεν καὶ

---

16) U. Luz, 『마태 공동체의 예수 이야기』, 174-75 참조.
17) 성찬 본문에 있어서 누가와 바울은 네 가지 공통점을 보여 주는데, 이는 성찬 본문이 내용적으로 분명히 관련되어 있음을 나타낸다. 곧 첫째, 떡 말씀에서 "너희를 위하여"(ὑπὲρ ὑμῶν)가 나타난다. 둘째, 떡 말씀에서 "이를 행하여 나를 기념하라."(τοῦτο ποιεῖτε εἰς τὴν ἐμὴν ἀνάμνησιν)는 반복 명령이 등장한다. 셋째, 잔 말씀에서 "새 언약"(ἡ καινὴ διαθήκη)이 언급된다. 마지막으로, 떡과 잔 말씀 사이에 "식후에"(μετὰ τὸ δειπνῆσαι)가 나타난다. Helmut Merkel, *Bibelkunde des Neuen Testaments: Ein Arbeitsbuch*, 박창건 역, 『신약성서연구입문』(서울: 한국신학연구소, 1989), 145-46 참조.

δοὺς τοῖς μαθηταῖς εἶπεν· λάβετε φάγετε, τοῦτό ἐστιν τὸ σῶμά μου.)

'그들이 먹을 때'(ἐσθιόντων αὐτῶν)는 21절에 이어 여기서도 언급되어 이중적으로 표현되었다. 이것은 이 어구가 역사적으로 전해 받았던 본래 전승 안에 처음부터 들어 있었기 때문이다. 예수님께서 떡을 가지고 축복하시며, 떼어 제자들에게 주신다. 이로써 예수님은 유월절 만찬을 주도하는 가장(家長)의 역할을 한다. 곧 유월절 식사에서 가장이 떡을 가지고 짧은 찬양 기도를 한 후 떡을 떼어 줌으로써 식사가 시작되고 포도주가 든 잔을 가지고 감사 기도를 한 후 그 잔을 돌려 마심으로써 식사가 끝난 것처럼 예수께서도 그렇게 하신다.18)

이 말씀에서 '가지고(λαβών) - 축복하며(εὐλογήσας) - 떼어(ἔκλασεν) - 주는 것(δούς)'은 성찬에서 분리될 수 없는 성례 행위이다.

여기서 주목할 점은 '떡을 뗌'으로서 이는 "이것은 내 몸이다." (τοῦτό ἐστιν τὸ σῶμά μου.)라는 말씀과 함께 중심적인 진술이다. 그러므로 초기의 기독교 공동체는 성찬을 '떡을 뗌'으로도 여겼다(행 2:42, 46 참조). 마태의 경우 마가에 비해 '받으라'(λάβετε) 이외에 '먹으라' (φάγετε)가 부연된다. 이로써 그것은 27절의 잔 말씀에서 '마시라' (πίετε)와 대구(對句)적인 표현이 된다. 떡을 먹음으로써 만찬에 참여한 자는 예수님의 몸에 참여하게 된다(고전 10:16 참조).

"이것은 내 몸이다"라는 말씀으로써 예수님의 죽음이 암시된다. 여기에서 '몸'(σῶμα)은 아람어 '구프'(גוף)의 등가어(等價語)로 인간의 신체성을 말하는 것이 아니라 전인(全人)을 의미한다. 이는 28절의 '피'(αἷμα)와 같이 인간의 신체의 일부를 말하는 것이 아니라 전체적

---

18) 독일성서공회가 출판하고 대한성서공회가 1997년 번역한 『독일성서공회판 해설 성경』(Stuttgarter Erklärungsbibel)의 부록 48-49의 '유월절'에 대한 용어 해설을 참조하라.

인간에 대한 다양한 표현이다. 교의학적인 성례론에서 중요한 '이다'(ἐστίν)에 상응하는 셈어적인 표현은 없다. 떡을 떼어 주는 것은 주님의 희생 행위를 의미한다.

[27절] 또 잔을 가지고 감사 기도하시며, 그들에게 주시면서 말씀하시기를 "이것을 모두 마시라. (καὶ λαβὼν ποτήριον καὶ εὐχαριστήσας ἔδωκεν αὐτοῖς λέγων· πίετε ἐξ αὐτοῦ πάντες,)

이어 잔 나눔이 계속된다. 물론 이 '잔'(ποτήριον)은 제자들 각자에게 나누어진 잔이 아니라 함께 마시는 하나의 잔이다. 이것은 당시 유월절 식사에서 유대인들이 각자 자신의 잔에 마셨을 것이라는 점을 고려한다면 성만찬의 차별성을 보여 준다. 예수님은 자신의 임박한 죽음을 앞에 두고 제자들에게 하나 됨의 공동체성을 강조한다.

또한 예수님께서 잔을 가지고 감사 기도를 하셨다. 이 구절에서 떡 말씀에서 언급된 '축복하다, 찬양하다'(εὐλογεῖν) 대신 '감사 기도하다'(εὐχαριστεῖν)가 사용된 것은 별다른 의미를 부여하지는 않는다. 왜냐하면 이 두 용어는 본래 동일한 의미를 가지고 있었으며, 게다가 누가와 바울의 본문에서는 '감사 기도하다'(εὐχαριστεῖν)[19]가 떡 말씀에서 사용되었기 때문이다. 오히려 의미 있는 것은 예수님께서 감사 기도하신 후에 하신 "이것을 모두 마시라"(πίετε ἐξ αὐτοῦ πάντες)는 명령이다. 그 이유는 다음 절에서 언급된다.

[28절] 왜냐하면 이것은 죄 사함을 받게 하려고 많은 사람을 위하여 흘리는 내 언약의 피기 때문이다. (τοῦτο γάρ ἐστιν τὸ αἷμά μου τῆς διαθήκης

---

19) 이 용어는 기독교 성찬식에서 '전문 술어'(terminus technicus)가 되었다(디다케 9장 1절 참조).

τὸ περὶ πολλῶν ἐκχυννόμενον εἰς ἄφεσιν ἁμαρτιῶν.)

잔을 모두 마셔야 할 이유를 진술하는 28절 말씀은 특히 중요한 의미를 가지고 있다. '잔'은 곧 "언약의 피"(τὸ αἷμά τῆς διαθήκης)이기 때문이다. 이 표현의 기원은 출애굽 당시로 거슬러 올라간다. '언약의 피'(דַּם־הַבְּרִית)라는 표현은 모세가 시내산에서 하나님의 말씀을 받은 후 그 산 아래에서 제단을 쌓고 제사를 드리고 나서 제물의 피를 백성에게 뿌리며 사용한 용어이다(출 24:4-8). 이제 언약 사상은 예수님의 피 흘리심으로 그 중심이 옮겨진다. 옛 언약이 언약 제물을 통하여 유효하게 된 것처럼 예수님의 죽으심을 통해서 새 언약이 세워진다.[20] 하나님은 그 아들의 피 흘리심을 통하여 이제 새롭고도 최종적으로 자기 백성과 언약을 맺으신다. 이런 사상은 초기 기독교의 여러 신앙 전승에서도 나타난다(행 20:28; 히 7:22; 8:6; 9:22, 26; 10:14; 12:24 참조). 옛 시내산 언약은 예수님의 피 흘리심에서 최종적으로 성취되며 '새 언약'에 관한 종말론적인 약속은 예수님의 피로 말미암아 실현된다(렘 31:31-34; 히 8:8-12; 10:16-17).

유월절 의식은 구원하는 피를 알게 한다. 그 피는 "많은 사람을 위하여 흘리는"(τὸ περὶ πολλῶν ἐκχυννόμενον) 언약의 피다. 속죄 사상은 대속(代贖)적으로 고난을 받으며 속죄하는 하나님의 종을 예언하는 이사야 53장과 관련되어 있는데, 예수님은 특히 "많은 사람의 죄를 친히 담당할 것이다"(사 53:11)라는 말씀을 자신에게 적용하여 "많은 사람을 위하여 흘리는"이란 어구로 표현한다. '많은 사람'이란 제한적인 의미에서 사용된 말이 아니라 초기 기독교의 표현 방식에 의

---

[20] 이런 점에서 언약 주제와 속죄 주제는 처음부터 불가분으로 결합되어 있었으며 서로 의존되어 있었다. W. Wiefel, *Matthäusevangelium*, 450, 각주 20 참조.

하면 모든 인류를 가리키는 표현이다(갈 3:13-14; 고후 5:14-15, 19; 딤전 2:5-6 참조).21)

마태는 마가나 누가와 달리 '~를 위하여'를 표현하기 위해 '휘페르'(ὑπέρ) 대신 '페리'(περί)를 사용한다. 이는 내용적인 신학적 강세 변화와 관련되어 있다. 곧 이것은 피 흘리심의 목적을 나타내는 "죄 사함을 받게 하려고"(εἰς ἄφεσιν ἁμαρτιῶν)는 어구와 관련되어 있다. 이 "죄 사함을 얻게 하려고"라는 구원론적 진술 표현으로써 하나님의 언약은 구속사 안으로 들어오게 된다. 피 흘리실 예수님은 자기 백성을 그들의 죄에서 구원하실 분이시다(마 1:21). 이 표현은 복음서의 주의 만찬 보고 가운데서 오직 마태복음에서만 나타난다. 마태에 의하면 죄 용서는 오직 하나님의 아들 예수님만이 하실 수 있다.

[29절] 그러나 내가 너희에게 이르노니 포도나무에서 난 것을 이제부터 내 아버지의 나라에서 새 것으로 너희와 함께 마시는 그 날까지 결코 마시지 아니할 것이다." 하셨다. (λέγω δὲ ὑμῖν, οὐ μὴ πίω ἀπ' ἄρτι ἐκ τούτου τοῦ γενήματος τῆς ἀμπέλου ἕως τῆς ἡμέρας ἐκείνης ὅταν αὐτὸ πίνω μεθ' ὑμῶν καινὸν ἐν τῇ βασιλείᾳ τοῦ πατρός μου.)

최후의 만찬에서 예수님은 장차 있을 하나님 나라의 공동체적인 식사를 예견하신다. 예수님의 자신의 죽음을 예견하는 종말론적인 말씀은 예수님의 자의식과 자기 이해에서 중요한 역할을 한다. 곧 예수님은 알고도 죽으려 하시는 것이다.

이 종결절에 예수님의 죽음 예고와 구속의 완성에 대한 예언이 서로 결합되어 있는데, 몇 가지를 제외하면 공관복음서의 평행진술과 별다른 차이가 없다. 마가의 본문과 비교해 보면 마태의 경우 '진실

---

21) R. Schnackenburg, *Matthäusevangelium* I/2, 261 참조.

로'(ἀμήν)와 '결코'(οὐκέτι)가 빠져 있음으로써 임박한 기다림이 뒤로 물러나 있다. 또 마가나 누가의 경우 사용된 '하나님의 나라'(막 14:25; 눅 22:18)가 마태의 경우 '내 아버지의 나라'로 묘사되었다. 대개 마태의 경우 '하나님의 나라'는 '하늘나라'로 사용되었지만, 여기서는 '아버지'(πατήρ)[22]의 나라로 사용되었다. 이는 초기 기독교의 성찬 예식에 깊이 관련되어 있는 표현이다.

"새 것으로 너희와 함께 마시는 그 날까지"라는 어구에 부합하셔서 하늘에 올리워 계신 주님과 부활할 성도들의 만남이 예시(豫示)되어 있다. 그 날까지 주님의 살과 피가 지닌 속죄 의미는 기억되어야 한다.

VI. 본문이 전하는 말씀

첫째, 예수님은 고난 받으실 것을 알고도 그 고난을 피하는 것이 아니라, 친히 그것을 준비하시며 제자들에게도 그 의미를 알게 하시며, 제자들도 이 길을 걸어가기를 원하신다(본문을 비롯한 수난 준비 기사 참조).

둘째, 예수님께서 베푸신 최후의 만찬은 유월절 만찬이다(17-19절). 그러므로 최후의 만찬은 구원론적인 의미를 지니고 있다.

셋째, "내 때가 가까이 왔으니"라는 표현에서 예수님께서 받으신 고난의 기독론적인 의미가 나타난다(18절). 예수님은 메시아, 곧 그리스도로서 고난을 받으신다. 그러므로 그리스도인도 이러한 주님의 자

---

[22] 공관복음서에서 '아버지'(πατήρ) 용어는 마태의 경우 가장 자주 나타난다 (마태 63번; 마가 19번; 누가 55번). J. B. Smith, *Greek-English Concordance to the New Testament* (Scottdale: Herald Press, 1955), 283.

세를 본받아야 한다.

넷째, 예수님은 죄가 없으신 데도 고난 받으신다(19, 24절). 이는 한편 예수님의 무죄한 고난 받으심을 알리는 변호론적인 관점을 보여주며, 다른 한편으로는 제자들도 무죄한 고난을 받을 수 있음을 알게 하며 그러한 고난을 감내할 것을 간접적으로 요구하는 권고적 기능도 암시하고 있다.

다섯째, 예수님은 자발적으로 당당하게 고난을 받으셨다(20-25절). 그러므로 예수님을 따르는 제자들도 자발적으로 당당하게 고난을 받을 수 있어야 한다.

여섯째, 예수님의 죽으심은 가룟 유다의 배신을 아시면서도 수난의 길을 걸어가신 죽으심이다(23, 25절). 그러므로 예수님을 따라가는 제자들 역시 하나님의 뜻을 이루기 위해서 때때로 인간의 배신을 알더라도 그 길을 따라갈 수 있어야 한다.

일곱째, 금전욕, 물욕이 스승이신 예수님을 배신하게 했다(26:15, 21, 25; 27:3-10). 그러므로 그리스도의 제자는 탐욕을 버려야 한다.

여덟째, 예수님의 죽으심은 구약성경의 말씀을 이루신 것이며(24절; 참조, 14, 34, 35, 43절), 새 언약의 피를 흘리신 죽음이다(28절). 그러므로 제자들은 구속사적인 역사관을 가지고 항상 세상에서 이루실 하나님의 뜻과 사역을 깊이 생각해야 한다.

아홉째, 예수님의 죽으심은 인간에게 죄 사함을 받게 하시기 위한 죽으심이다(28절). 그러므로 그리스도의 제자들도 예수 그리스도의 죄 용서함을 기억하고 전하며 실천하며 살아야 한다(6:14-15; 18:35).

열째, 예수님의 죽으심은 부활하여 하늘에 올리워 계신 주님과 다시 만나는 날을 기다리게 한다(28-30; 참조, 39-44절). 그러므로 제자는 그 주님을 다시 만나는 날까지 자신의 몸을 주시고 피를 흘리신 주님을 기억하며 전해야 한다.

VII. 나가는 말

　하나님의 아들 예수 그리스도께서 십자가를 지시고 거기에 못 박히시고 피 흘려 죽으셨다는 예수 그리스도의 수난은 구원론적, 기독론적, 변호론적, 교회론적, 종말론적, 성례론적, 윤리적인 의미를 지닌다. 마태는 예수 그리스도께서 '의의 길'을 가시기 위해 아시면서도 수난의 길을 걸어가셨다. 이를 위해 수난을 준비하시면서 목전에 놓여 있는 십자가를 향해 당당하게, 담대하게, 그리고 자발적으로 한 걸음 한 걸음 내딛으셨다.

　그리스도의 제자 역시 이 길을 걸어가야 할 사람이다. 예수 그리스도께서 그러하셨던 것처럼 그의 제자들도 준비함이 없이 이미 알고 있는 의의 길, 수난의 길을 걸어갈 수 없다. 그것은 이를 기록한 하나님의 말씀에 대한 순종과 예수님께서 친히 제정하신 성만찬을 통한 예수님의 죽음 기억과 부활의 그 날을 기다림 속에서 가능한 일이다. 고난 받음을 알고도 그 길을 가기가 쉽지 않으나 예수님께서 동일한 내용의 기도를 세 번이나 하신 것처럼 그를 따라가는 그리스도인도 기도하며(마 26:36-46), 자기를 쳐서 주신 말씀에 복종케 하며(고전 9:27), 그리스도의 남은 고난을 자신의 육체에 채우며 그 길을 따라가야 할 것이다(골 1:24).

제11장

마지막으로 당부하시는 예수님
(마태복음 28장 16-20절)

I. 들어가는 말

　예수님께서 죄 사함을 얻게 하려고 흘리신 보혈은 누구에게 효력이 있는가? 예수님을 믿고 그리스도인이 된다는 것이 어떤 의미가 있는가? 복음서 저자 마태가 자신이 서술한 예수님 이야기를 통해서 이 복음서의 독자 내지는 청중들에게 전하고자 한 메시지는 무엇인가? 부활하신 후 승천하기 직전 마지막으로 제자들에게 당부하시는 예수님의 '지상명령(至上命令)' 기사로써 자신의 복음서를 마감하는 마태가 이를 통해 자신의 공동체에게 전달하고자 한 교훈은 무엇인가? 그리고 마태가 자신의 복음서를 통해 그 수신자들에게 각인시키고자 한, 그리스도인이 갖추어야 할 관점은 또한 무엇인가?

　이런 질문에 대답하려면 전체 마태복음을 이해하는 '신학적이고 해석학적인 열쇠'[1]가 되는 마태복음의 종결 단락인 28장 16-20절을 살펴보는 것을 피할 수 없다. 왜냐하면 선정된 종결 본문 단락은 마태복음의 특징인 구원의 보편주의(universalism), 바리새인과 서기관 보다 나은 의를 가르치고 행하는 권세 있는 교사 예수님, 마태에게 있어서 그리스도인 됨의 의미, 부활하여 하늘에 계신 주님의 '늘 함께 하심'에 관한 약속 말씀을 보여 주며, 동시에 복음서 저자의 의도대로 전체 마태복음에 나타난 '예수님 이야기'를 "뒤에서부터"[2] 이해하게 하는 신학적·해석학적 관점을 제공하기 때문이다.

본문이 전하는 말씀을 오늘의 교회로 중개(仲介)하기 위해 먼저 선정된 본문 단락을 우리말로 옮기고(II), 본문의 전후(前後) 맥락을 살펴 본문이 그 맥락 안에서 차지하는 자리를 매긴 다음(III), 본문의 짜임새를 조사하고(IV), 본문 각 절을 풀이한 후(V), 현실에 적용할 수 있는 본문이 전하는 신학적인 메시지를 찾아보기로 한다(VI).

II. 본문 옮기기

[16]그리고 열한 제자가 갈릴리로 가서 예수께서 지시하셨던 산에 이르러,

[17]그분을 보고 경배하였으나, 어떤 사람들은 의심하였다.

[18]예수께서 그들에게 나아와 일러 말씀하시기를, "하늘과 땅에 있는 모든 권세가 나에게 주어졌으니,

[19-20상]그러므로 너희는 가서 아버지와 아들과 성령의 이름으로 세례를 베풀고 내가 너희에게 당부한 모든 것을 지키도록 가르치며 모든 민족을 제자로 삼으라.

[20하]그리고 보라! (바로) 내가 세상 끝 날까지 모든 날 동안 너희와 함

---

1) Udo Schnelle, *Einleitung in das Neue Testament*, UTB.W 1830(Göttingen: V. & R., ⁴2002), 274.
2) Otto Michel, "Der Abschluss des Matthäusevangeliums", *Evangelische Theologie* 10(1950): 16-26 참조, 21 인용.

께 있으리라." 하셨다.

III. 본문의 자리 매김

선정된 본문 단락은 한편으로는 마태가 전하는 수난사(26-28장)의 맥락에서, 다른 한편으로는 마태복음 전체와 관련해서 그 자리를 매길 수 있다.

우선, 마태 수난사의 맥락에서 본문 단락의 자리 매김을 주목하자. 마태복음의 수난사(26-28장)를 마가복음의 수난사(14-16장)와 비교해 보면, 마태의 경우 수난사는 마가보다 더 기독론적이며(26:17-18), 더 구원론적일 뿐만 아니라(26:28), 마태에서만 발견되는 전승도 보존되어 있으며(27:3-10; 27:62-66), 구약성경과도 밀접하게 관련되어 있다 (27:46-50). 공관복음서에 기술된 예수님의 수난사는 공통적으로 '수난 준비 기사'와 '수난 기사' 그리고 '수난 이후 기사'로 구성되어 있는데, 예수님께서 십자가에서 고난을 받으신 후 부활하시고 제자들 앞에 나타나신 '수난 이후 기사'는 수난이 예수님 이야기의 끝이 아님을 보여 준다. 마태의 경우 크게는 수난사의 틀 안에서(27:52-61, 62-66 참조) '빈 무덤 발견' 기사(28:1-10)와 그 다음에 마태복음에서만 나타나는 두 단락인 '군병 매수' 기사(28:11-15)와 '부활하신 예수님의 선교 명령' 기사(28:16-20)가 '수난 이후 기사'를 구성하고 있다. 그리고 이 단락들 안에 마태가 자신의 공동체에게 전하고자 한 메시지가 들어 있다. 무엇보다도 마태의 경우에는 요한의 경우(요 20:11-18)처럼 부활하신 예수님께서 제자들에게 나타나신 현현이 복음서를 마감하는 정점(頂點)이 아니라 '도중 현현'[3]이 이 복음서를 마감하는 정점이다.

---

3) O. Michel, *Abschuss*, 16.

곧 부활하신 예수님의 현현이 아니라 오히려 부활 이후 제자들에게 위탁하신 예수님의 선교 명령이 예수님의 수난 이후 일어난 모든 사건의 '피날레'를 장식한다.

또 한편 마태의 종결 단락은 단지 수난사의 끝을 마감할 뿐 아니라, 다른 한편으로는 전체 마태복음을 이해하는 신학적·해석학적인 틀을 제공하는 '전망대'이며, 마태 당시와 오늘의 교회 사이에 존재하는 시공(時空)의 간격을 극복하게 하고 이 둘을 묶는, 신학적인 연결 고리이다.4) 그것은 하나님의 아들 예수 그리스도의 권세, 제자 삼음, 구원의 보편주의, 종말론적인 약속 등의 주제에서 분명하게 드러난다.

요약하면, 마태복음의 마지막 단락은 단순한 수난사의 종결 이상으로 전체 마태복음을 입체적으로 조망하는 '소실점'(消失点)5)이며, 지상에서 활동하신 예수님과 마태의 독자, 그리고 오늘의 교회를 연결하는 '단자'(端子)이다.

IV. 본문의 짜임새

본문은 크게 두 단락으로 구성되어 있다. 앞부분인 16절에서 18절 상반절까지의 단락은 마태복음에서 최후로 묘사된 복음서 저자 마태의 보고이며, 뒷부분인 18절 하반절에서 20절까지의 단락은 마태복음을 마감하면서 동시에 모든 시대를 향해 열려 있는 예수 그리스도의

---

4) O. Michel, *Abschuss*, 16-26; Walter Grundmann, *Das Evangelium nach Matthäus*, ThHNT 1(Berlin: Evangelische Verlagsanstalt, [7]1990), 572-80; Wolfgang Wiefel, *Das Evangelium nach Matthäus*, ThHNT 1(Leipzig: Evangelische Verlagsanstalt, 1998), 493-97; U. Schnelle, *Einleitung*, 274-79; Peter Stuhlmacher, "Zur missions-geschichtlichen Bedeutung von Mt 28,16-20", *Evangelische Theologie* 59 (1999): 108-130 참조.
5) U. Schnelle, *Einleitung*, 274.

선교 지상 명령을 담고 있는 어록 말씀(Logion)이다. 그리고 전자는 후자에 대한 단순한 '준비' 단락6)이 아니라 마태의 마지막 '요약 보고'7)이다. 마태가 전승에서 전해 받은 주님의 말씀은 세부적으로는 '계시' 또는 '권세' 말씀(18절 하반절)과 '선교' 명령(19-20절 상반절), 그리고 '약속'(20절 하반절)으로 셋으로 구분될 수 있다.

종결 단락의 중심을 이루는 18절 하반절에서 20절까지 본문 단락의 양식(樣式)을 규정하는 것은 신약학자들 간에 조금씩 차이가 있다. 때때로 이 단락을 '제의(祭儀) 담론'(R. Bultmann)이나 마태의 공동체 안에 보존된 '예전 전승'(G. Strecker)으로 여기기도 하고, '신화적 계시 말씀'(M. Dibelius)이나 '현현 보고'(L. Brun), '소명 기사'(B. J. Hubbard)로 생각하기도 한다. 또 그것을 '보좌 등극 본문'(O. Michel)이나 "유대 기독교 교회 규정 단편"(H. J. Holtzmann) 또는 신명기적인 하나님의 설교 말씀(W. Trilling)으로 여기기도 한다.8) 물론 이 단락의 양식을 다양한 이유에서 다양하게 규정할 수 있겠으나, 16-20절의 종결 단락이 마태의 수난사뿐 아니라 전체 마태복음의 종결 기사라고 한다면, 그리고 그와 함께 본문을 공시적(公時的)으로뿐 아니라 통시적(通時的)으로 보아야 한다면 슈툴마허(P. Stuhlmacher)가 말한 것처럼 본문을 "사도적 세계 선교의 유대 기독교적인 원(原) 증거"9)로서 사도적 선교의 근거가 되는 '위탁 기사'10)로 규정할 수 있을 것이다.

---

6) Ernst Lohmeyer, "Mir ist gegeben alle Gewalt", Eine Exegese von Mt. 28, 18-20, *In memoriam Ernst Lohmeyer*, 1951, 22-49.
7) Hans W. Bartsch, "Die Passions und Ostergeschichten bei Matthäus", *Entmythologisierende Auslegung*, 1962, 65.
8) 이에 대하여 W. Grundmann, *Matthäusevangelium*, 574-75 참조.
9) P. Stuhlmacher, "Zur missionsgeschichtlichen Bedeutung von Mt 28,16-20", 119.
10) P. Stuhlmacher, "Zur missionsgeschichtlichen Bedeutung von Mt 28,16-20",

V. 본문 풀이

1. 마태의 최후 보고(16-17절)

[16절] 그리고 열한 제자가 갈릴리로 가서 예수께서 지시하셨던 산에 이르러, (Οἱ δὲ ἕνδεκα μαθηταὶ ἐπορεύθησαν εἰς τὴν Γαλιλαίαν εἰς τὸ ὄρος οὗ ἐτάξατο αὐτοῖς ὁ Ἰησοῦς,)

"… 후에 열두 제자에게와 그 후에 오백여 형제에게 일시에 보이셨나니 …"(고전 15:5하-6상)라는 고린도전서에 보존되어 있는 부활하신 예수님의 현현 신앙 공식문에서 완전수 열둘이 사용된 것과 달리 여기서는 '열한 제자'(οἱ ἕνδεκα μαθηταί)[11]로 표현되었다. 마태가 이렇게 나타낸 것은 열두 제자에서 예수님을 팔아넘긴 가룟 유다를 제외하였기 때문이다.

열한 제자들은 천사의 지시(28:7)대로, 예수님의 지시(28:10)를 따라서 갈릴리로 간다. 이로써 복음은 처음 선포되었던 지역으로 되돌아가는 것 같다(4:15-16). 그러나 사실 복음은 예수님의 부활 이후 모든 민족을 향하여 넓게 열린다. 마태의 경우 '갈릴리'(Γαλιλαία)는 '갈릴리-예루살렘' 대립 구도에서 이해되는 예루살렘의 적대 지역이 아니다. 갈릴리는 부활 이전 예수님의 공생애 활동의 주 사역지일 뿐 아니라, 부활 이후 예수 그리스도 안에서 일어난 하나님의 구원이 이방 민족을 포함한 열방을 향해 열리는 출발지이기도 하다.[12] 즉 마태의 경

115.

11) 복음서 저자들에 의하면 부활하신 예수님의 현현은 열둘이 아니라 '열한 사람'(ἕνδεκα) 앞에서 일어난 것이다(막 16:14; 눅 24:9, 33; 행 2:14). 이는 사도행전에서 '열한 사도들'(ἕνδεκα ἀποστόλοι) 앞에서 일어났다고 서술되기도 하였다(행 1:26).

우 예수님의 부활 이후 예수 그리스도의 제자단은 그들에 대해 적대적인 예루살렘에서 멀리 떨어져 있는 갈릴리에서 새롭게 구성된다.[13]

열한 제자가 갈릴리로 가서 예수님께서 지시하셨던 산에 이르렀다. '산'(ὄρος)은 누가의 경우는 기도하는 곳인 반면(눅 6:12; 9:28; 22:39 참조), 마태의 경우 하나님의 특별한 계시 사건이 일어나는 장소이다. 이 산은 구약 시대 출애굽한 하나님의 백성이 옛 언약을 받았던 시내산을 연상하게 하며(출 19:1-24:14), 예수님께서 바리새인과 서기관들이 추구하는 의보다 나은 의를 선포하신 산상설교를 행하신 산을 생각나게 한다(마 5:1). 산이 신적 계시 장소라는 점에서 마태에게 중요한 것은 예수님께서 복을 선포하시며 권세 있게 가르치신 산(5:1)이나 여러 병자들을 고치신 산(15:29) 또는 그 모습이 변하셨던 산(17:1)이 언급된 구절이 보여 주는 것처럼 그 산이 위치한 소재지가 아니라, 오히려 팔레스틴의 어느 한 곳에 국한될 수 없는 산, 곧 지상적 공간을 초월하는 계시의 장소라는 산의 상징성이다.[14]

[17절] 그분을 보고 경배하였으나, 어떤 사람들은 의심하였다. (καὶ ἰδόντες αὐτὸν προσεκύνησαν, οἱ δὲ ἐδίστασαν.)

부활하신 예수님과 제자들의 만남은 단지 "(그들이) 그분을 보고"(ἰδόντες αὐτόν)라는 짧은 분사 구문으로 기술되어 있어서 그 이상은 밝혀질 수 없다. 예수님께서 어떻게 제자들 앞에 나타나셨는지에 관한

---

12) 부활 이후 기사의 지리적 배경은 누가의 경우 갈릴리가 아니라 예루살렘이며(눅 24장), 요한복음의 경우 20장에서는 예루살렘이나 21장에서는 갈릴리이다.
13) W. Schmauch, *Orte der Offenbarung und der Offenbarungsorte im Neuen Testament*(Berlin, 1956), 48-50 참조.
14) Rudolf Schnackenburg, *Matthäusevangelium 16,21-28,20* (Würzburg: Echter, ²1994), 289.

그의 현현 방식에 대해서는 전혀 언급되지 않는다. 다만 자신들의 앞에 나타나신 예수님을 만난 제자들의 반응이 두 가지로 상반되어 나타난다.

먼저, 부활하신 예수님을 본 제자들의 반응은 경배하는 것이었다. '경배하다'(προσκύνειν)는 '앞을 향하여'(πρός)라는 전치사와 '입 맞추다'(κύνειν)라는 동사를 결합한 합성 동사로 '예배하다', '부복하다', '꿇어 엎드리다'의 뜻으로 사용된다. 제자들은 부활하신 분의 현현을 새롭게 경험하여 무릎을 꿇고 예수님께 경배한다.15)

그러나 제자들 중의 '어떤 사람들'(οἱ δέ)16)은 의심하였다. 부활·현현하신 예수님에 대한 제자들의 반응으로 사용된 동사 '의심하다'(διστάζειν)는 신약성경에서 마태복음에서만 단지 두 번 사용되었는데, 그것도 예수님께서 제자들 앞에 현현하셨을 때 제자들의 반응을 묘사하기 위해 사용되었다. 한 번은 부활 이전 예수님의 공생애 활동 중 그분이 바다 위로 걸어와 제자들 앞에 나타나셨을 때 물 속에 빠지는 베드로에 대하여 사용되었고(14:31), 다른 한 번은 부활 이후 예수님께서 제자들 앞에 나타나셨을 때 일부 제자들의 반응에 대하여(28:17) 사용되었다.

두 경우 모두 '의심'은 역사적으로는 제자들이 예수님에 대하여 경험한 '믿음' 이외에 그분의 현현에 대하여 새롭게 겪은 경험의 표현이며, 마태의 교회에게는 일부 교회 구성원의 흔들리는 영적 상태를

---

15) 누가복음 24장 52절 역시 마찬가지이다.
16) '어떤 이는 … 하고, 다른 이는 … 하다' 또는 '전자는 … 하고, 후자는 … 하다'를 표현할 때 ὁ μέν … ὁ δέ를 사용하며, 단지 οἱ δέ를 사용할 경우 이는 '어떤 사람들'을 의미한다. F. Blass & A. Debrunner, *Grammatik des neutestamentlichen Griechisch*, revised by Friedrich Rehkoph (Göttingen: V. & R., ¹⁶1984), 249(§ 250,₁) 참조.

시사하고 있다. 어떤 이의 경우 믿음은 경배와 의심 사이를 오갔다. 물론 일부 제자의 이런 '의심'의 동기17)는 부활절 이후 교회가 삽입한 것이 아니라 역사적 전승에서 유래된 것이다.18) 왜냐하면 만일 그것이 역사적이 아니었다면 초기 교회의 지도자인 제자들, 특히 교회에서 기둥 같이 여겨지는 베드로(갈 2:9 참조)가 의심했다는 사실을 교회가 굳이 삽입할 이유가 없었기 때문이다(마 14:22-33 참조).

2. 예수님의 최후 당부 말씀(18-20절)

마태복음의 마지막 석 절 말씀은 부활하신 예수님께서 마지막으로 제자들에게 분부하신 당부 말씀이다.

[18절] 예수께서 그들에게 나아와 일러 말씀하시기를, "하늘과 땅에 있는 모든 권세가 나에게 주어졌으니 (καὶ προσελθὼν ὁ Ἰησοῦς ἐλάλησεν αὐτοῖς λέγων· ἐδόθη μοι πᾶσα ἐξουσία ἐν οὐρανῷ καὶ ἐπὶ [τῆς] γῆς.)

부활하신 예수님의 나타나심에 대해 이중적으로 반응하는 제자들에게 예수님께서 나아오셨다(προσελθών). 예수께서 제자들에게 나아와 말씀하시는 근거는 하나님으로부터 받은 권세(ἐξουσία)19)에 있다.

---

17) 복음서의 다른 부활절 보고에서도 이러한 의심의 동기가 발견된다(막 16:14; 눅 24:38; 요 20:24-27 참조). 마태의 경우 이는 목회적으로 다루어진다. R. Schnackenburg, *Matthäusevangelium 16,21-28,20*, 289.
18) Eduard Schweizer, *Das Evangelium des Matthäus*, NTD 2(Göttingen: V. & R., 1986), 346.
19) 이 용어는 신약성경에서 총 102번 등장하는데, 요한계시록(21번)과 누가복음(16번)에서 자주 나타난다. 그것은 ① 자유, 권한 ② 능력 ③ 권위, 전권 등 다양한 의미를 지니고 있는데 권세는 능력을 전제로 하며 그런 점에서 전자는 후자를 함께 포함하며 하나님, 예수님 또는 인자, 제자 또는 신앙공동체, 인간, 사탄과 관련하여 사용되었다. *EWNT* II(1981), s. v. "ἐξουσία"

그것은 "하늘과 땅에 있는 모든 권세"(πᾶσα ἐξουσία ἐν οὐρανῷ καὶ ἐπὶ [τῆς] γῆς)20)로서 아버지로부터 받은(ἐδόθη) 권세이다. 그러니까 '받은,' 곧 예수께 '주어진'(ἐδόθη)은 주신 분이 하나님이신 '신적 수동태'(passivum divinum)이다. 이것에 대해는 마태가 이미 언급한 바 있다. 아버지께서 모든 것을 아들에게 주셨고, 아버지와 아들은 서로 안다(마 11:27). 마태의 경우 예수님의 권세는 아버지로부터 받은 하늘과 땅의 모든 권세, 곧 전권(全權)이다. 그의 권세는 바리새인과 서기관보다 나은 의를 가르치는 권세이며(7:29), 유대교에서는 오직 하나님 한 분만이 하실 수 있는 죄 용서를 실천하며 중풍병자를 일으킴으로써(9:6) 인간의 영혼과 몸을 치유하는 권세이며(9:8), 성전도 정화하고(21:23-24, 27), 나아가 제자들에게도 위임이 되는(10:1), 아버지로부터 부여받은 모든 권세(11:27)이다.21) 이 권세가 "하늘과 땅에 있는"(ἐν οὐρανῷ καὶ ἐπὶ γῆ)이란 표현으로 확장되었는데, 이는 뜻이 "하늘에서처럼 땅에서도(ὡς ἐν οὐρανῷ καὶ ἐπὶ γῆς) 이루어지소서"라는 주기도의 세 번째 간구(6:10)를 생각나게 한다.

이러한 권세 말씀은 '인자'와 관련되어 "그에게 권세와 영광과 나라를 주고 모든 백성과 나라들과 다른 언어를 말하는 모든 자들이 그를 섬기게 하였으니 그의 권세는 소멸되지 아니하는 영원한 권세요 그의 나라는 멸망하지 아니할 것이니라"(καὶ αὐτῷ ἐδόθη ἡ ἀρχὴ καὶ

---

      by Ingo Broer, 23-29, 특히 24-25 참조. 마태의 경우 이 용어는 모두 열 번 나타나는데 '능력'의 뜻으로 네 번(9:6, 8; 10:1; 28:18), '권위'의 뜻으로 여섯 번(7:29; 8:9; 21:23, 23; 24:27) 사용되었다.
20) 하늘(οὐρανός)과 땅(γῆ)이 전치사와 함께 결합될 경우 관사를 가지지 않는다. 다만, 이 절의 이독(varia lectio)에서 땅의 경우 τῆς라는 관사가 사용되었다. F. Blass & A. Debrunner, *Grammatik*, 203-04(§ 253,$_7$) 참조.
21) *EWNT* II(1981), s. v. "ἐξουσία" by Ingo Broer, 25 참조.

ἡ τιμὴ καὶ ἡ βασιλεία καὶ πάντες οἱ λαοί φυλαί γλῶσσαι αὐτῷ δουλεύσουσιν ἡ ἐξουσία αὐτοῦ ἐξουσία αἰώνιος ἥτις οὐ παρελεύσεται καὶ ἡ βασιλεία αὐτοῦ οὐ διαφθαρήσεται)는 구약의 다니엘서 말씀(7:14)을 연상케 한다. 인자의 권세는 아들의 권세이며, 그것은 아버지로부터 받은 모든 권세이다. 특히 여기서는 그 권세는 이방 세계와 관련하여 받은 전권(全權)이다. 여기서 예수님은 하나님으로부터 전권을 부여받은 하나님의 아들이라는 기독론적인 관점이 나타난다. 이 예수님의 권세는 '제자 파송 설교'(10장)에서처럼 마태복음의 종결 단락에서도 제자들에게 '함께 하리라'는 약속의 말씀 형태로 제자들에게 이양된다(28:20).

[19-20절상] 그러므로 너희는 가서 아버지와 아들과 성령의 이름으로 세례를 베풀고 내가 너희에게 당부한 모든 것을 지키도록 가르치며 모든 민족을 제자로 삼으라. (πορευθέντες οὖν μαθητεύσατε πάντα τὰ ἔθνη, βαπτίζοντες αὐτοὺς εἰς τὸ ὄνομα τοῦ πατρὸς καὶ τοῦ υἱοῦ καὶ τοῦ ἁγίου πνεύματος, διδάσκοντες αὐτοὺς τηρεῖν πάντα ὅσα ἐνετειλάμην ὑμῖν·)

19절과 20절 상반절에 사용된 동사를 살펴보면, "제자 삼으라"(μαθητεύσατε)는 하나의 명령형 동사와 그것에 연결되어 있는 세 개의 현재 분사, 곧 '가서'(πορευθέντες), '세례를 베풀고'(βαπτίζοντες), '가르치며'(διδάσκοντες)를 찾을 수 있다. 그러므로 본문을 우리말로 옮길 때 "그러므로 너희는 가서 모든 민족을 제자로 삼아 아버지와 아들과 성령의 이름으로 세례를 베풀고 내가 너희에게 분부한 모든 것을 가르쳐 지키게 하라"(개역 개정판)보다는, "그러므로 너희는 가서 아버지와 아들과 성령의 이름으로 세례를 베풀고 내가 너희에게 당부한 모든 것을 지키도록 가르치며 모든 민족을 제자로 삼으라"로 옮기는 것이 원문에 가깝게 옮긴 번역이다. 다시 말하면 '가서', '제자 삼고',

'세례를 베풀며', '가르쳐 지키게 하는 것'이라는 네 가지 병렬적인 과제가 주님께서 당부하시는 선교 명령이 아니라, 예수님께서 당부하신 지상명령 과제는 모든 민족을 '제자 삼는 것'이며 그것을 위해 '가서', '세례를 베풀며', '지키도록 가르쳐야' 하는 것이다. 왜냐하면 본문에서 '제자 삼으라'($\mu\alpha\theta\eta\tau\epsilon\upsilon\sigma\alpha\tau\epsilon$)만 유일한 명령형 동사이며 나머지 세 동사는 모두 이 명령형 동사에 걸리는 분사이기 때문이다.

'제자 삼다'($\mu\alpha\theta\eta\tau\epsilon\upsilon\epsilon\iota\nu$)[22]라는 용어는 신약성경에서 총 네 번 사용되는데, 복음서 중에서 유일하게 마태복음에서만 세 번 사용되는(13:52; 27:57; 28:19; 그 외에는 행 14:21) 마태의 애용(愛用)어이다. 이 명령형 동사에 '가서'($\pi o \rho \epsilon \upsilon \theta \epsilon \nu \tau \epsilon \varsigma$), '세례를 베풀고'($\beta\alpha\pi\tau\iota\zeta o\nu\tau\epsilon\varsigma$), '가르치며'($\delta\iota\delta\alpha\sigma\kappa o\nu\tau\epsilon\varsigma$)라는 세 개의 분사가 연결됨으로써 모든 사람을 '제자 삼는 것'에 부활하신 예수님의 당부가 집중되어 있다. 그것도 모두 현재 분사형으로 사용되어 이 동사가 나타내는 동작의 종류는 일회적이거나 일시적인 것이 아니라 반복적이고 지속적인 것임을 의미한다. 곧 '가서', '세례를 베풀고', '가르치는' 것은 교회가 해야 할 제자를 삼는 지속적인 과제이다. 여기서 18절의 기독론적인 관점과 함께 교회론적인 관점이 나타난다. 마태에 의하면 '그리스도인'이란 그리스도의 제자가 되는 것이며, 다른 사람들을 그리스도의 제자로 삼는 사람 이외에 다른 사람이 아니다(제1장 참조).

믿지 않는 다른 사람들을 제자 삼기 위해서는 먼저 예수님을 믿고 따르는 그리스도의 제자 된 자들이 그들에게로 가야 한다. 곧 그리스도인은 불신자를 향해 보냄을 받는 파송 과제를 갖는다. 그것은 단순

---

22) 이는 원래 자동사로 '제자 되다'(마 27:57의 이독)의 뜻으로 사용되었으나, 타동사로 사용되어 '제자로 삼다'(마 28:19)는 의미로 쓰였으며, 수동태 디포넌트 동사로 '제자 되다'(마 13:52; 27:7)는 뜻의 용례를 보여 주기도 한다. F. Blass & A. Debrunner, *Grammatik*, 122-23(§ 148,₅) 참조.

하게 보냄 받는 것이 아니라 가서 세례를 베풀기 위해서 그러하다. '세례를 베푸는 것'(βαπτίζειν)은 교회의 과제이다. 그것도 "아버지와 아들과 성령의 이름으로"(εἰς τὸ ὄνομα τοῦ πατρὸς καὶ τοῦ υἱοῦ καὶ τοῦ ἁγίου πνεύματος) 세례를 베푸는 것이다.

여기서 삼위일체적인 세례 공식문이 나타난다(고후 13:13; 엡 4:4-6 참조). 또 세례는 단순하게 아버지와 아들과 성령의 이름을 '통해서'(διά) 베푸는 것이 아니라, 아버지와 아들과 성령의 이름 '안으로'(εἰς) 베푼다.23) 이로써 수세자(受洗者)는 아버지와 아들과 성령에 하나로 귀속(歸屬)된다. 이미 마태복음의 독자나 청중들은 앞서 읽거나 들은 예수님의 수세 기사에서 성령의 나타나심과 함께 아버지 하나님의 음성을 듣는다(3:16-17).24)

또 마태에게 있어서 '제자가 된다는 것'은 단순하게 세례 받고 말씀을 배우는 것이 아니라 예수님께서 명하신 모든 것을 지키는 것이며, '제자로 삼는다는 것'은 단지 세례를 베푸는 것일 뿐 아니라 가르쳐 지키게 하는 것이다. 이미 마태복음에 대한 개론적인 단락(제1장)에서 살펴보았듯이, 마태의 경우 "무게 중심은 전체 율법의 행함(마 5:17-19 참조) 내지는 의(마 3:15; 5:6, 10, 20; 6:1, 33; 21:32), 온전함(마 5:48; 19:21 참조)과 믿음의 열매(마 3:10; 7:16-20; 12:33; 13:8; 21:18-22, 33-46 참조)에 있다."25) 그러니까 마태가 전하는 예수님은 가르침과 행함에 있어서 그 둘의 일치를 보여 주신 "말씀의 메시

---

23) 신약성경에서는 '세례 베풀다'(βαπτίζειν) 다음 '이름으로'라는 표현으로 εἰς τὸ ὄνομα(마 28:19; 행 8:16; 19:5) 또는 ἐν τῷ ὀνόματι(행 2:38; 10:48)가 사용된다. 이때 εἰς와 ἐν은 전이(轉移)적인 용법으로 서로 혼용되어 사용될 수 있다. F. Blass & A. Debrunner, *Grammatik*, 168(§ 206,4) 참조.
24) W. Wiefel, *Matthäusevangelium*, 497.
25) U. Schnelle, *Einleitung*, 267.

아"(5-7장의 산상설교)이시며 동시에 "행함의 메시아"(8-9장의 이적 행위)이시다.26) 예수님께서 말씀을 가르치심과 행하심이 일치하신 것처럼, 그의 제자들도 예수님께서 가르치신 모든 것을 배울 뿐만 아니라 그것을 지켜 행하는 데 있어서 일치해야 한다.

가서 아버지와 아들과 성령의 이름으로 세례를 베풀고 부활하신 주님께서 당부한 모든 것을 지키도록 가르치며 제자로 삼아야 할 사람들은 '모든 민족'(πάντα τὰ ἔθνη)이다. 이 표현은 좁은 문맥인 28장 15절과 그리고 보다 큰 문맥인 10장 5-6절과 연관지어 생각하면 유대인과 대립 개념으로서 이방인들을 말한다. 그리고 선교의 전환점이라는 관점에서 볼 때 그것은 '모든 이방인'을 가리킨다.27) 그렇기는 하나 전체 마태복음에 흐르는 기본 관점 곧 구원의 '보편주의'라는 관점에서 고려한다면 이 '모든 민족'에서 이스라엘이 결코 배제되지 않으며 도리어 포함되어 있다.28) 이와 같이 제자들에게 맡겨진 '제자 삼음'의 사역은 '민족주의' 내지는 '지역주의'(particularism)를 넘어서 '보편주의'(universalism)적 관점에서 모든 민족에게로 확대된다.29) 이것은 본문에서 '종결'이나 '완성', 또는 '온전함'의 의미로 사용된 '모든'(πᾶς)이란 용어에서도 분명히 나타난다.30) 곧 "모든 권세"(πᾶσα ἐξουσία), "모든 민족"(πάντα τὰ ἔθνη), "모든 것"(πάντα), "모든 날 동안"(πάσας τὰς ἡμέρας) 등이 사용된 용례는 마태에 있어서 구원의 보

---

26) Julius Schniewind, *Das Evangelium nach Matthäus*(Göttingen: V. & R., ¹³1984), 36.
27) Ulrich Luz, *Die Jesusgeschichte des Matthäus*, 박정수 역,『마태 공동체의 예수 이야기』(서울: 대한기독교서회, 2002), 182-83 참조.
28) W. Wiefel, *Matthäusevangelium*, 496.
29) 마태복음의 몇몇 구절들(8:11-12; 10:18; 12:18, 21; 13:38; 21:43-45; 22:1-14; 24:14; 25:32; 26:13; 28:18-20)에 나타난 구원의 보편주의를 참조하라.
30) O. Michel, *Abschluss*, 25.

편주의적 관점과 함께 그러한 종결성을 보여 준다. 부활하신 예수 그리스도께서 하늘로 올라가심으로써 율법의 장벽이 무너지고 복음은 모든 사람을 위한 메시지가 된다.

[20절 하] 그리고 보라! (바로) 내가 세상 끝날까지 모든 날 동안 너희와 함께 있으리라." 하셨다. (καὶ ἰδοὺ ἐγὼ μεθ' ὑμῶν εἰμι πάσας τὰς ἡμέρας ἕως τῆς συντελείας τοῦ αἰῶνος.)

"그리고 보라!"(καὶ ἰδού)는 마태가 즐겨 사용하는 애용구(愛用句)로, 특히 '신적 행위'나 '신적 계시'를 나타낼 때 사용하는 어구이다.31) 이 구절에서는 이 어구 다음에 '신적 약속'의 말씀이 계시된다.

"내가 너희와 함께 있으리라."(ἐγὼ μεθ' ὑμῶν εἰμι)에서 "내가"(ἐγώ)가 강조되어 있다. 예수님께서 그를 따르는 넓은 의미의 제자들과 함께 하실 것이다. 예수 그리스도로 말미암아 하나님을 믿는 '우리와 함께 하시는 하나님', 곧 '임마누엘'(עִמָּנוּ אֵל) 예수님이 마태복음의 서두(1:23)와 그 말미(28:20)에서 각각 나타난다.

그 주님은 "세상 끝 날까지"(ἕως τῆς συντελείας τοῦ αἰῶνος) 함께 하실 것이다. 이 어구는 마태가 즐겨 사용하는 어구32)로 그것은 확대된 한정되지 않은 시간을 의미한다. 이러한 세상 완성의 전망 속에 마태 공동체의 재림을 기다림이 엿보인다. 이로써 18절의 기독론적인 관점, 19절의 교회론적인 관점과 함께 20절에서 종말론적인 관점이

---

31) 이 어구는 신약성경에서 총 181번 나타나는 용례 중 마태복음에서만 55번 나타난다. '보라'(ἰδού)의 경우 신약성경 전체에서 총 213번 나타나며 그 중 마태에게서는 총 62번 나타난다. J. B. Smith, *Greek-English Concordance to the New Testament*(Scottdale: Herald Press, 1955), 177.
32) 이 어구는 마태복음에서 다섯 번 나타나며(13:39, 40, 49; 24:3; 28:20), 그 밖에서는 신약성경에서 오직 히브리서에서만 한 번(9:26) 나타난다.

나타난다.

이제 다른 사람들을 제자로 삼는 모든 행위는 예수님의 열두 제자만의 문제가 아니라 예수님의 '함께 하심' 약속과 함께 예수님과 함께 하는 제자들의 문제가 된다. 다시 말하면 구원의 '직설법'(은혜의 선물)으로부터 '명령법'(행함의 요구)이 나오는 것처럼, 예수 그리스도의 제자들의 다른 사람을 제자 삼으려 할 때 그것은 제자들만의 문제가 아니라 제자들에게 제자 삼는 권세를 주시며 함께 하시는 주님의 동행이 문제가 된다.

VI. 본문이 전하는 말씀

첫째, 부활하셔서 제자들 앞에 나타나신 예수 그리스도를 대하는 제자들의 반응은 두 가지, 곧 경배와 의심으로 대조적인 것이었다(16-17절). 그리스도의 제자 된 그리스도인이라면 예수 그리스도의 부활하시고 현현하심을 믿고 의심을 물리쳐야 한다.

둘째, 마태의 경우 그리스도인이 되는 것이란 그리스도의 제자가 되는 것이며, 그리스도의 제자란 다른 사람들을 그리스도의 제자로 삼는 사람이다(19절 상반절). 그러므로 모든 그리스도의 제자된 그리스도인들은 제자 삼는 일에 힘써야 한다.

셋째, 예수께서는 아버지 하나님으로부터 하늘과 땅의 모든 권세를 부여받으신 하나님의 아들이시다(18절). 그러므로 그리스도의 제자 삼는 일을 해야 할 그리스도의 제자는 무엇보다도 예수님께서 하늘과 땅의 모든 권세를 가지신 하나님의 아들이라는 '기독론적인 눈'을 가져야 한다.

넷째, 그리스도의 제자들이 다른 사람들을 제자로 삼으려면 가서 아버지와 아들과 성령의 이름으로 세례를 베풀고 주님께서 당부한 모든 것을 지키도록 가르쳐야 한다(19-20절 상반절). 곧 그리스도의 제자는 교회가 해야 할 본질적인 사명과 과제를 분명하게 인식하는 '교회론적인 눈'을 가져야 한다.

다섯째, 그리스도인이 다른 사람들을 그리스도의 제자로 삼을 때 자신의 지혜와 힘으로 행하는 것이 아니라 세상 끝 날까지 함께 하시는 주님과 더불어 행한다(20절 하반절). 그러므로 그리스도의 제자는 부활하셔서 하늘에 계신 주님께서 세상 끝 날까지 함께 하신다는 '종말론적인 눈'을 가져야 한다.

여섯째, 그리스도의 제자 삼는 사역은 '모든 민족'을 대상으로 한다(19절 상반절). 그러므로 선교는 하나님의 선민인 '이스라엘'에 국한된 것이 아니라 새로운 이스라엘이 될 수 있는 '열방'을 향해 열려 있다. 마태의 경우 예수님의 길은 처음부터 "이방인을 향해 가는 하나님의 길"[33]로 나타난다. 예컨대 예수님의 계보는 아브라함으로부터 시작됨으로써 마태복음의 서두(1:1)에 벌써 돌로써 아브라함의 자손이 되게 하는(3:9) 구원의 '보편주의'적인 관점이 암시되어 있다. 그뿐 아니라 그 계보 안에 언급된 여인들인 다말, 룻, 라합, 우리아의 아내는 모두 유대인이 아니다(1:3-6). 그리고 그러한 보편주의는 구원이 이방인에게도 열려 있음을 보여 주는 여러 구절(8:5-13, 14-15; 12:21; 13:38; 24:14; 25:31-46; 26:13)을 거쳐 마태복음의 말미에서 노골적으로 모든 민족을 제자 삼으라고 하는 명령(28:19)에까지 이른다. 그리스도인 모두는 모두에게로 갈 수 있어야 한다.

일곱째, 교회가 감당해야 할 선교의 내용은 바로 '제자 삼음'이며 그것은 복음 말씀에 대한 단순한 받아들임 이상으로 예수님의 말씀을 가르쳐 지키게 하는 것을 포함한다(20절 상반절). 마태의 경우 제자는

---

33) U. Schnelle, *Einleitung*, 275.

어떤 특별한 그리스도인의 무리가 아니다. 그리스도인이라면 누구나 그리스도의 제자가 되어야 한다. 또 '제자 훈련' 역시 어떤 특정 교회의 특화된 프로그램이 아니라 모든 교회가 실시해야 할 교회 본연의 과제이다. 마태에 의하면 '제자 됨'이란 예수님께서 가르쳐 주신 사랑과 의를 행하는 것이며, 이것은 제자가 스스로 행하는 독자적인 행위가 아니라 그리스도를 따르는 추종에서 이루어진다. 마태의 경우 제자들이 예수 그리스도를 따를 때 '고난 받을 수 있음'(10:16-23 참조)과 '겸손'(18:1-4; 20:20-28 참조)과 '사랑의 섬김 행위'(25:31-46 참조)가 요구된다.

여덟째, 그리스도의 제자들이 다른 사람을 그리스도의 제자를 삼는 행위는 '자율(自律)적인 행위'가 아닌 하나님께서 먼저 베풀어 주신 선행(先行)적인 은혜가 전제되어 있는 '신율(神律)적 행위' 내지는 그리스도께서 제자들의 본이 되시고 제자들과 함께 동행하시는 '기독율(基督律)적인 행위'이다. 하늘에 올리워 계신 주님은 제자들에게 '제자 삼음'을 요구할 뿐 아니라 그 요구를 실천할 수 있도록 권세를 주시는 임마누엘의 메시아이시다.

VII. 나가는 말

예수님의 어록 말씀을 담고 있는 "원시 기독교 선교의 유산(遺産)"34)인 마태복음의 종결 단락에 의하면 선교, 곧 제자 삼음은 교회가 감당해야 할 한 과제가 아니라 교회의 본질적인 과제이다. 이런 의미에서 헹엘(M. Hengel)이 "원시 기독교 역사는 '선교사'이며 그 신학은 '선교신학'이라"35)고 말한 것은 적절하다. 왜냐하면 그리스도의

---

34) P. Stuhlmacher, "Bedeutung", 129.

교회가 예수님에 대한 신앙고백의 반석 위에 세워졌다면(16:18) 부활하신 예수 그리스도의 지상명령인 선교 과제로부터 벗어날 수 없기 때문이다.

　마태복음의 종결 단락은 십자가에서 죽으시고 다시 사신 예수님께서 제자들 앞에 나타나시고 하늘에 올라가시기 직전 제자들에게 마지막으로 당부하시는 예수님을 묘사하고 있다. 이 종결 단락에 이른 그리스도의 제자들은 마태복음의 말씀을 다 듣고 이제 바리새인과 서기관과는 차별화된, 그들보다 나은 의를 추구해야 하며 다른 사람들을 그리스도의 제자로 삼는 일에 참여함을 결정해야 하는 새로운 결단 앞에 서야 한다. 그리스도의 제자가 제자 삼는 일을 감당하려면 예수님께서 하늘과 땅의 모든 권세를 가지신 하나님의 아들이시라는 '기독론적인 관점'과 그가 교회에게 모든 민족을 제자 삼도록 가서 세례를 베풀고 지키도록 가르치라고 당부하신다는 '교회론적인 관점'과 그리고 그분이 그것이 가능하도록 세상 끝 날까지 교회와 함께 하신다는 '종말론적인 관점'을 가져야 한다. 이런 의미에서 마태복음의 종결 단락은 마태복음 전체를 이해하게 하는 신학적이고 해석학적인 관점을 제공할 뿐 아니라, 교회가 누구에게 속해 있으며 무엇을 해야 하는가를 보여줌으로써 오늘의 교회가 해야 할 일의 방향을 설정하며 그 행하는 과제를 검증하는 결정 기준을 제공한다.

　오늘의 교회가 예수님으로부터 받은 권세로 예수님께서 당부하신 제자 삼는 일을 제대로 감당하고 있는가? 오늘의 신자는 "예수님 권세, 예수님 권세, 예수님 권세 내 권세"를 찬양하면서 받은바 그 권세로 과연 무엇을 하고 있는가? 오늘의 그리스도인은 세상 끝 날까지

---

35) Martin Hengel, "Die Ursprünge der christlichen Mission", *NTS* 18(1971/72): 15-38, 인용 38.

함께 하시는 주님과 무엇을 하기를 원하는가? 이런 질문을 다시 한 번 제기하면서 모든 그리스도인이 보다 나은 의를 추구하는 그리스도의 제자로서 세상의 모든 사람들을 제자 삼는 일에 헌신할 수 있기를 간절히 바랄 뿐이다. 그것도 '내 제자'가 아니라 '그리스도의 제자' 삼는 일에 말이다.

부록 1

복 있는 사람들
마태복음 5장 1-12절에 대한 소고[1)]
The Blessed: A Study on the Text of Matthew 5:1-12

1. 들어가는 말

 오늘날 우리는 환란(換亂)으로 시작된 총체적 위기에 직면하여 안으로는 부정·부패·부조리에 젖어 있는 사회의 개혁과 조직·기구·제도의 구조 조정으로, 밖으로는 '세계화'의 이름으로 밀려오는 개방화에 따른 무한 경쟁에 대응하고 살아남기 위해 안간 힘을 쓰고 있다. 그로부터 고통과 신음의 소리가 여기저기서 터져 나오고 있으며 그 정도가 점점 우리의 실존을 위협하는 데까지 이르고 있다. 이런 상황에서 우리가 그리스도인이라는 것, 또 오늘날 그리스도인으로 산다는 것은 무엇을 의미하는가?
 이와 관련하여 이 천년 전 예수는 로마 제국의 압제 아래 고통당

---

1) 이 논문은 『교회와 신학』 제35호(1998년 겨울호)에 실린 성경 연구이다.

하며 해방을 갈망하며 따르던 무리들에게 무엇을 선포하였으며, 그리고 예수 이야기를 통해 당시 한 신앙공동체에게 예수를 믿는다는 것, 그리스도인이 된다는 것을 해명하려한 마태의 의도가 무엇인가라는 질문은 새로운 방향 설정이 필요한 시대를 사는 오늘의 그리스도인이 고려해야하는 시의 적절한 물음이 아닐 수 없다.

마태가 자신의 복음서에 기록한 다섯 개 강화 중 첫 번째 강화인 산상설교(5-7장)의 첫 단락인 '복 선언'(Markarismen, 5:1-12)에서 자신의 공동체에게 제시하고자 한 새로운 '방향설정도움'(Orientierungshilfe)은 무엇이며, 그것은 오늘의 그리스도인에게 어떻게 중개될 수 있는가?

2. 본문의 사역

[1]그[예수]가 무리를 보시고 산에 올라가 앉으셨을 때 제자들이 그에게 나아왔다.
[2]그리고 입을 열어 가르치시며 말씀하시기를
[3]심령에 있어서 가난한 사람들은 복이 있으니 천국이 그들의 것이기 때문이다.
[4]애통하는 사람들은 복이 있으니 그들이 위로를 받을 것이기 때문이다.
[5]온유한 사람들은 복이 있으니 그들이 땅을 상속 받을 것이기 때문이다.
[6]의에 주리고 목마른 사람들은 복이 있으니 그들이 배부를 것이기 때문이다.
[7]자비를 베푸는 사람들은 복이 있으니 그들이 자비를 받을 것이기 때문이다.
[8]마음에 있어서 깨끗한 사람들은 복이 있으니 그들이 하나님을 볼 것이기 때문이다.

⁹평화를 세우는 사람들은 복이 있으니 그들이 하나님의 자녀로 불릴 것이기 때문이다.
¹⁰의를 위하여 박해를 받은 사람들은 복이 있으니 천국이 그들의 것이기 때문이다.
¹¹사람들이 나 때문에 너희를 욕하고 핍박하고 거짓으로 너희를 거슬러 모든 악한 것을 말할 때에는 너희가 복이 있다.
¹²기뻐하고 크게 즐거워하라. 하늘에서 너희의 상이 크기 때문이다. 사람들이 이렇게 너희 전에 있던 예언자들을 핍박하였다.

3. 본문의 자리 매김

본문은 마태복음 안에 있는 다섯 '강화 덩어리'(Redeblock)인 산상설교(5-7장), 제자파송설교(10장), 천국비유설교(13장), 공동체규정설교(18장), 바리새인 및 종말설교(23-25장) 중 첫 번째 '강화묶음'인 산상설교의 서론 단락으로 마태복음 전체 강화의 관점과 방향을 설정하는 표제(標題) 단락의 성격을 띠고 있다. 그것은 산상설교의 첫 말씀 단락인 '복 선언'(Makarismen)에서 마태복음 전체 흐름의 방향을 주도하는 '의'(δικαιοσύνη) 개념(마 3:15; 5:6. 10. 20; 6:1. 33; 21:32 참조)의 토대와 기본 성격이 드러나기 때문이다. 곧 이 단락에서 인간의 의에 선행(先行)하는 하나님의 의(마 6:33 참조)와 그 신적 토대 위에서 요구되는 인간의 의가 하나로 통합되어 있다. 마태에 의하면 예수님께서 걸어가신 길은 다름 아닌 "의의 길"Georg Strecker, *Der Weg der Gerechtigkeit*, FRLANT 82, Göttingen: V. & R., 1962)이다. 예수님께서 세례 요한으로부터 세례를 받으신 것은 "모든 의를 이루기" 위함이었으며(마 3:15), 가르치시고 요구하신 것은 "서기관과 바리새인보다 더 나은 의"(마 5:20)였다. 그것은 사람에게 보이기 위해 행하는 의가 아니라(마 6:1), 하나님의 의이다(마 6:33). 그리고 그

의는 서기관과 바리새인에게만 해당하는 의가 아니라 세리와 창기들에게도 유효한 의다(마 21:32).

마태복음의 종결 단락(28:16-20)이 전체 마태복음을 올바르게 이해하게 하는 신학적·해석학적인 열쇠라는 관점(Günther Bornkamm, "Der Auferstandene und der Irdische. Mt 28:16-20," in: *Zeit und Geschichte*, hg. v. E. Dinker, Tübingen: Mohr, 1964, 171-191 참조)에서 산상설교의 첫 번째 단락을 보면, 부활하신 예수님께서 제자들에게 선교 명령을 하신 '산'(마 28:16)은 산상설교의 배경이 되는 '산'(마 5:1)과 종말론적인 연속선상에 있으며, 산상설교의 가르침에서 드러난 '권세'(ἐξουσία)는(마 7:29) 부활 이후 공동체에게 주어지는 '권세'(마 28:18)이다. 다시 말하면, 마태의 경우 지상에서 활동하셨던 예수님은 부활하여 하늘로 올리우신 분이시며 세상 끝 날까지 그를 믿는 자들과 함께 하시는 그리스도이시다(마 28:20). 이런 맥락에서 산상설교의 구성을 살펴보면, 그것은 다음과 같이 분류될 수 있다.

5:1-2	산상설교의 배경
5:3-12	복 선언: 의를 구하는 자, 의를 위해 사는 자
5:13-16	빛과 소금의 말씀으로 표현된 구원의 직설법과 명령법 관계
5:17-20	서기관과 바리새인보다 '나은 의'
5:21-48	'나은 의'에 대한 반제(反題)적 해설
6:1-7:11	제의적·윤리적 영역에서 '나은 의'의 실천
7:12	'나은 의'의 요약: 황금률
7:13-27	'나은 의' 선택을 위한 결단: 두 길 사상
7:28-29	맺는 말: 권세 있는 가르침

그리고 산상설교의 중심에 주기도(6:9-13), 그것도 주기도의 세 번

째 간구("당신의 뜻이 하늘에서처럼 땅에서도 이루어지소서, 6:10)가 자리잡고 있는 것은 결코 우연이 아니다(Rudolf Schnackenburg, *Das Matthäusevangelium 1:1-16:20*, NEB. NT Ⅰ/1, Würzburg: Echter Verlag, ²1991, 45; Ulrich Luz, *Das Evangelium nach Matthäus [Mt 1-7]*, EKK Ⅰ/1, Neukirchen-Vluyn: Neukirchener Verlag, ²1989, 186 참조). 왜냐하면 하나님의 의라는 기본 토대 위에 요구된 서기관과 바리새인보다 나은 의는 땅에서도 이루어져야 할 '하나님의 뜻'(τὸ θέλημα θεοῦ)이기 때문이다.

본문의 자리 매김과 관련하여 요약적으로 말하면, 복 선언 단락은 마태복음의 다섯 강화 블럭 중 첫 강화묶음인 산상설교에 속해 있으며, 그것도 산상설교의 서두에 위치한, 권세 있는 가르침의 '개회사'(Eröfnungsrede)와 같은 표제 단락이다. 그리고 '복 선언' 단락은 뒤따르는 '보다 나은 의'(5:17-20) 해설을 위한 반제적 율법 해석(5:21-48) 앞에 위치해 있다. 이는 마태의 신학에서 믿음이 행함의 근거요, 구원을 약속하는 직설법이 명령법을 앞선다는 결정적인 증거이다.

4. 본문의 구성

산상설교의 배경 묘사(1-2절)를 뒤따르는 3-12절의 '복 선언'은 산상설교의 표제 단락으로서 세심하게 구성되어 있다. 공관복음 대조서를 통해서 살펴보면, 마태의 '복 선언'은 '예수 어록'(Q)에서 유래된 누가의 복 선언인, '가난한 사람'(눅 6:20 // 마 5:3), '주린 사람'(눅 6:21 // 마 5:6), '우는 사람'(눅 6:21 // 마 5:4)에 대한 짧은, 세 복 선언문과 이보다 조금 긴, '인자로 인하여 미움 받거나 박해 받은 사람'에 대한 복 선언문(눅 6:22-23 // 마 5:11-12)보다 더 많은 확대된 복 선언문을 가지고 있다. 누가의 평지설교(6:20-49)에서 발견되지 않는 마태 판(板) 복 선언문을 통째로 복음서 저자 마태에 의해 구성된 본문으로 볼 수는 없다. 왜냐하면 그것은 '마태만이 전해 받은 예수님의 어록 전승'(QMt)에서 유래된 것으로 볼 수는 있기 때문이다. 어떤 학자들은 의를 위하여 박해를 당하는 사람에 대한 복 선언(10절)을 이 구절을 뒤따르는 11-12절에서 유래되어 나온 편집절로 보기도 한다. 시편 36편 11절(LXX 37:11)에서 유래된 것으로 생각되는 온유한 사람에 대한 복 선언(5절)은 복음서 기자 마태의 특징적 표현이다(마 11:29; 21:5 참조). 그리고 자비를 베푸는 사람(7절), 마음이 깨끗한 사람(8절), 평화를 세우는 사람(9절)에 대한 복 선언은 아마도 마태의 특수 자료에서 유래되었을 것이다(Gerhard Barth, Art. Bergpredigt I. Im Neuen Testament, TRE V, 1980, 605).

마태 판 복 선언의 구성을 살펴보면, 그것은 크게 셋으로 구분된다. 첫째 부분(3-6절)에서는 자신의 부족함에 대하여 도움을 갈망하는 사람에게 복이 선언되며, 둘째 부분(7-10절)에서는 예수님께서 긍정적으로 평가하시는 자세나 태도를 가진 사람에게 복이 선언된다. 앞의 누 부분이 3인칭인 '진술형'(Aussageform)으로 서술된 반면, 셋째 부분(11-12절)은 2인칭인 '대화형'(Anredeform)으로 기술되었는데, 여기서는 예수님께서 기쁘게 여기신 핍박 상황이 문제가 된다.

마태 판 '복 선언'(Makarismen)에서 모두 9개의 복 선언인 "복이 있도다"(μακάριοι)가 각 복 선언문의 서두에 위치해 있는데, 11-12절에 언급된 아홉 번째 복 선언문이 10절의 여덟 번째 복 선언과 같이 '의를 위해 받는 박해'라는 주제를 다루기 때문에 이를 하나의 복 선언으로 보아 흔히 이 복 선언 단락을 "팔복" 단락으로 부르기도 한다. 3-12절 단락 구성의 특징을 좀더 세밀하게 살펴보면, 첫 번째 복 선언(3절)과 마지막 여덟 번째 복 선언(10절)에서 동일한 천국이 약속되는데, 이로써 첫째 부분과 둘째 부분이 하나로 결합하게 된다. 또 첫째 부분과 둘째 부분은 각각 마지막 복 선언인 네 번째 복 선언에서 마태 신학의 중심 개념인 "의"(δικαιοσύνη)를 다루고 있다. 그리고 셋째 부분은 둘째 부분의 마지막 복 선언(10절)과 연결되어 있다. 이때 11-12절은 누가 판 복 선언(눅 6:22-23)의 평행절이고 2인칭으로 기술되어 있어, 3인칭으로 표현된 10절과 비교해 볼 때 더 사실적으로, 또 본래적으로 여겨지기도 한다. 이로 보건대 10절은 11-12절을 토대로 재구성된, 마태 공동체의 박해 상황을 반영한 마태의 필치를 엿볼 수 있게 한다.

5. 본문의 문제점

본문에 대한 연구에서 문제가 되는 것은 크게 두 가지이다. 하나는 산상설교의 배경 묘사에서 언급된 산상설교를 듣는 '제자'들의 범위, 곧 산상설교의 청중 문제이며, 다른 하나는 산상설교의 첫 선포인 복 선언 이해에 대한 기본 입장 문제이다.

먼저 산상설교의 대상 문제로 눈을 돌리면, 지금까지의 입장은 산상설교의 청중을 열두 제자에 국한시키는 입장(Karl Bonhäuser, Joachim Jeremias, Julius Schniewind)과 확대된 '제자' 이해로부터 '열린' 무리로 보는 입장(Gerhard Kittel, Adolf Schlatter, Georg Eichholz, Georg Strecker)으로 둘로 대별된다. 산상설교를 한정된 폐쇄적인 제자단에게 국한된 '제자론'(Jüngerlehre)으로 볼 수는 없다. 왜냐하면 "갈릴리와 데가볼리와 예루살렘과 유대와 요단강 건너편에서 (예수님을 좇은) 허다한 무리(ὄχλοι)"(마 4:25)가 제자들과 함께 예수님께 나와서(마 5:1), 산상설교를 들었던 군중들이었으며(마 7:28), 마태의 산상설교의 독자 또는 청중은 마태 당시 교회이지 열두 제자들이 아니었기 때문이다. 마태의 신학에서 볼 때 제자단은 닫혀 있는 폐쇄적인 권역이 아니라 모든 민족 가운데서 제자로 부름 받은 교회이다(마 28:19).

본문에서 제기되는 다른 문제점은 복 선언 단락에 대한 기본 이해 입장이다. 이 복 선언은 단순하게 천국 시민이 되기 위한 '회개 설교' (Bußpredigt)나 천국에 들어가기 위한 "입장 허가 조건"(Einlaßbedingen, Hans Windisch, *Der Sinn der Bergpredigt*, UNT 16, Leipzig: Hinrichs'sche Buchhandlung, 1929, 9) 또는 '종말론적인 덕훈표(Tugendtafel)'로 이해되는가 하면, 한편으로는 "약속에 대한 위로적 기억"(Christoph Burchard, "Versuch, das Thema der Bergpredigt zu finden," in: *Jesus Christus in Historie und Theologie*, hg. v. G. Strecker, Tübingen: Mohr, 1975, 418)으로 여겨진다. 이 가운데 산상설교의 복 선언을 순수한 '덕 목록(Tugendkatalog)'으로 보는 견해는 적절하지 않다. 왜냐하면 5장 3절에 언급된 가난한 자는 물질적인 의미의 가난한 자가 아니라 하나님 앞에서 구걸하는 자로서 전적으로 하나님을 의지하는, 심령이 가난한 자이기 때문이다(Wolfgang Schrage, *Ethik des Neuen Testaments*, GNT 4, Göttingen: V. & R., ²1989, 155). 이러한 복 선언의 기본 입장을 이해하려면 더 자세한 본문 석의가 요구된다.

6. 본문의 석의

가. 1-2절

이 구절은 7장 28-29절과 함께 산상설교를 구성하는 틀의 기능을 한다. 마태의 경우 '산'(ὄρος)이 강조되어 있는데 누가의 경우 산은 기도하는 곳인 반면(눅 6:12; 9:28-29; 22:39), 마태에게 있어서 산은 특별한 계시 장소이다(마 4:8-10; 5:1-2; 8:1; 15:29; 28:17). 그러나 산상설교의 무대가 되는 이 산은 지리적으로 더 자세하게 밝혀질 수 없다. 28장 16절과 함께 고려해 본다면, 이 산은 마태의 경우 하늘로 올리우신 분과 동일한 분인 지상에서 활동하신 예수님께서 권세 있게 가르치신 종말론적인 산이다.

그리고 산상설교의 청중이 되는 "제자들"(οἱ μαθηταί)은 앞서 살펴본 대로 열두 제자에 국한될 수 없다. 왜냐하면 1절에서 제자들 주변에 "무리들"(ὄχλοι)이 있으며, 산상설교를 듣고 예수님의 가르치심에 놀란 사람들 중에는 제자들뿐만 아니라 무리들도 포함되어 있었기 때문이다(7:28).

나. 3절

가난한 사람들에게 천국이 선물로 주어진다. 이 구절은 복 선언 단락 뿐 아니라 전체 산상설교의 표제절이다. 여기서 하나님 나라를 가지고 오는 역사적 예수의 권세, 사람들을 복음으로 부르는 그의 초대, 그리고 자신의 공동체 앞에서 신앙의 결단을 요구하는 마태의 호소를 엿볼 수 있다. 산상설교는 '천국'에 대한 전망과 함께 시작된다(5:3, 10). 그러니까 산상설교는 천국 복음을 전제하고 있는 것이 아니라 바로 천국 복음이다(Ulrich Luz, *Matthäusevangelium*, 183). 천국은 심령이 가난한 사람에게 주어진다. 그것은 노력하는 자가 획득하는 것이 아니라 하나님에 의해 주어지는 것이다.

"심령에 있어서 가난한 사람들"(οἱ πτωχοὶ τῷ πνεύματι)이 누구인가? 누가의 경우 관점의 속격 표현인 "심령에 있어서"(τῷ πνεύματι)가 없다. 여기에 마태의 의도가 반영되어 있다. 여기서 '심령'(πνεῦμα)을 성령이 아니라 인간론적으로 이해해야 하며, 그것도 전인(全人)을 의미하는 것으로 이해해야 한다. 그러니까 여기서는 전체 인간의 낮아짐의 문제이다. 곧 심령이 가난한 자는 하나님 앞에서 실존적으로 구걸하는 자, 전적으로 하나님을 의지하는 자이다. 그는 '부자와 나사로 비유'(눅 16:19-31)에 등장하는 거지 나사로와 같다. 그래서 루터(M. Luther)는 이 비유에 대한 설교에서 "천사들은 나사로가 되지 않는 그 누구도 천국으로 인도하지 않을 것이다"(Neminem angeli ducent ad celos nisi sit Lazarus: WA 27, 208)라고 말하지 않았던가? 예수님 안에 구원의 약속이 있다. 그분 안에 구원으로 부르시는 하나님의 초대가 들어 있다. 하늘나라로 들어가기 위한 유일한 조건은 하나님을 전적으로 의지하는 '조건 없음'(Bedingungslosigkeit)이다.

다. 4절

"애통하는 사람들"(οἱ πενθοῦντες)은 위로를 받을 것이다. 이사야 61장 1-2절에 의하면 모든 애통하는 자가 위로 받을 것이다. 예수님의 구원 시대에 구약의 약속이 이루어졌다. "위로 받을 것이다"(παρακλη-θήσονται)라는 동사는 문법적으로 미래 수동태이다. 그리고 이 수동태는 숨은 주어가 하나님이신 '신적인 수동태'(passivum divinum)이다. 하나님(만)이 그들을 위로할 것이다. 예수님의 활동에서 이러한 위로가 모범적으로 행해진다.

라. 5절

이 구절은 누가의 복 선언에는 나타나지 않는다. "온유한"(πραΰς)이란 단어는 단지 마태에게서만 볼 수 있는 마태의 애용어인데(5:5; 11:28; 21:5), "온유한 자"(οἱ πραεῖς)란 "작은 자" 또는 "겸손한 자"를 의미한다(Georg Eichholz, *Auslegung der Berpredigt*, BSt 46, Neukirchen-Vluyn: Neukirchener Verlag, ²1970, 35-36). 이들에게 땅이 약속되는데, 이는 구약에서처럼 지상적인 의미로 또 종말론적인 의미로 사용되었다. 이 세 번째 복 선언의 미래 동사(내용적으로 신적 수동태)인 "(땅을) 상속 받을 것이다"(κληρονομήσουσιν τὴν γῆν)에서 마태는 세상을 창조하시고 그의 피조물에 대해 신실하신 하나님을 본다.

마. 6절

첫 번째 네 가지 복 선언의 마지막에 위치한 "의에 주리고 목마른 사람들"(οἱ πεινῶντες καὶ διψῶντες τὴν δικαιοσύνην)에 대한 복 선언에서 마태의 중심 용어인 '의'가 나타난다. "오고 있는 하나님의 나라란 하나님이 의를 장악하고 있으며, 그분이 의를 만드신다는 뜻이다. 이런 맥락에서 의는 종말론적인 실재, 곧 하나님 나라 도래에 달려 있는 실재이다"(G. Eichholz, *Bergpredigt*, 41).

다시 말하면 의는 하나님의 종말론적인 선물이다. 의에 주리고 목마른 사람들이 "배부르게 될 것이다"(χορτασθήσονται). 이 복 선언 역시 '신적 수동태'로 표현되어 있다. 곧 의는 하나님이 주시는 선물이다. 그러나 그것은 단순한 선물이 아니라 "하나님 앞에서 그리고 하나님을 위한 행동"(Gottlob Schrenk, Art. δικαιοσύνη, *ThWNT* II, 1935, 200-201)을 요구한다. 그래서 네 번째 복 선언은 하나님의 의가 드러나는 첫째 부분(3-6절)과 인간의 의 행위를 다루는 둘째 부분(7-10절)을 연결하는 경첩 역할을 한다. '하나님의 의'는 예수 그리스도 안에서 사람을 추종으로 부른다. 하나님의 의의 다스림이 모든 인간의 행위 앞에 놓여 있다. 그러나 하나님은 의의 선물을 받은 복 받은 사람들을 추종으로 부르신다. 여기에 마태의 교회관이 어리어 있다.

게다가 첫째 단락은 양식적으로 운율이 살아 있는 시적인 서술이다. 각 절마다 공통적으로 "복이 있다"(μακάριοι οἱ) 다음에 π-로 시작되는 π-두운법(頭韻法)을 사용하여 운율에 있어서도 세심하게 고려되어 있다(πτωχοί, 3절; πενθοῦντες, 4절; πραεῖς, 5절; πεινῶντες, 6절).

그리고 네 가지로 표현된 이들은 내용적으로는 '하나님을 전적으로 의지하는 사람', 그리고 '하나님의 의를 기다리는 사람'이다.

바. 7절

이제 하나님의 의를 선물로 받은 자에게 그에 부합된 의의 행동이 요구된다. "자비를 베푸는 사람들"(οἱ ἐλεήμονες)에게 다섯 번째 복인 "자비를 받을 것이다"(ἐλεηθήσονται)가 선포된다. 여기서부터 다루어지는 인간의 의 역시도 선물로 받은 하나님의 의를 토대로 언급되고 있다. 그러므로 인간의 의로운 행위에 대해 복을 선언하시는 분은 여전히 하나님이시요, 그래서 여전히 '신적 수동태'로 표현된다. 마태복음 18장 21절 이하에 묘사된 '빚진 자의 비유'에서처럼 자비를 베푸신 하나님은 그 자비를 받은 사람의 자비 베풂을 기다리신다. 마태의 경우 "자비"는 중요한 의미를 가지고 있다(9:13; 12:7). 하나님은 선하시다. 그리고 선으로만 인간은 하나님에게서 경험했던 선에 일치하는 삶을 살 수 있다. 이런 점에서 구원 약속의 직설법(Indikativ)과 그에 부합된 삶을 요구하는 명령법(Imperativ)은 밀접하게 관련되어 있다.

사. 8절

여섯 번째 복은 "마음에 있어서 깨끗한 사람들"(οἱ καθαροὶ τῇ καρδίᾳ)에게 선포된다. "마음에 있어서"는 문법적으로 볼 때 '관점의 속격'이나 내용적으로는 "마음이"를 나타낸다. 왜냐하면 여기서 마음(καρδία)이란 인간 내면의 어떤 자리를 나타내는 것이 아니라 3절에서 사용된 "심령"(πνεῦμα)와 마찬가지로 전인(全人)을 의미하기 때문이다. 이 두 단어는 히브리어에서는 동일한 단어 לב에 해당하는데, 생각하고 결정하는 인간을 말한다(Werner Schmidt, "Anthropologische Begriffe im Alten Testament," *EvTh* 24, 1964, [374-88], 387). 그러니까 가장하고 연극하는 위선자(ὑποκριτής)가 아니라(6:1 참조) 인간 실존의 감추어진 내면에 이르기까지 투명하며 열려 있는 "깨끗한 사람"이 하나님을 볼 것이다. "하나님을 볼 것이다"란 인간이 얼굴과 얼굴로 하나님을 보도록 허락 받은 종말론적인 하나님의 선물이며 하나님 나라의 약속(Zusage)이다.

아. 9절

일곱 번째 복 선언인 "하나님의 자녀됨"은 "평화를 세우는 사람들"(οἱ εἰρηνοποιοί)에게 주어진다. 신약성서와 70인역에서 단 한 번 나타나는 단어(Hapaxlegomenon)인 εἰρηνοποιοί는 단순하게 평화로운 상태에 있는 자나 화평을 이룰 준비가 되어 있는 자가 아니라 '평화를 세우는 자'(Friedensstifter)이며, '평화를 가지고 오는 사람'(Friedensbringer)이다. 이는 복 선언에서 볼 때 가장 실천적인 과제를 가지고 있는 사람이며, 산상설교에 언급된 사랑 계명(5:38-48; 7:12)에 가장 잘 준비되어 있을 뿐 아니라 이를 실천하는 사람이다. 바로 그들이 "하나님의 아들들"(υἱοὶ θεοῦ)이라 "불릴 것이다"(κληθήσονται).

'아버지와 아들(υἱός)'의 관계는 다른 복음서에서도 나타난다. 하지만 '아버지와 아들들(υἱοί)'의 관계는 단지 마태복음에서 발견되는데, 이 절과 5장 45절에서만 아버지와 아들들이 나란히 언급된다. 분명히 마태의 경우 부자(父子) 관계가 강조되어 있다(1:21; 14:30; 16:16). 여기서부터 아버지와 아들들의 관계가 도출될 수 있다. 화평케 하며 선행(善行)으로 이웃 사랑을 실천한다면, 그 사람은 하나님의 자녀로 일컬음을 받을 수 있다. 이 본문의 배후에 서 있는 유대인과 이방인으로 구성된 마태의 교회는 누가 참 하나님의 자녀인가라는 물음에 대한 대답을 이 복 선언에서 듣고 있다.

자. 10-12절

여덟 번째이자 마지막 복 선언을 다루는 석 절은 내용적으로 한 주제를 다룬다. 여기서 박해의 상황이 고려되는데 박해는 제자들의 정상적인 운명이다(10:17 이하 단락 참고). "의를 위하여 박해를 받은 사람들"(οἱ δεδιωγμένοι ἕνεκεν δικαιοσύνης)은 복이 있다. 천국이 그들의 것이기 때문이다. 첫째 부분의 마지막 복 선언에서 발견되는 의가 둘째 부분의 마지막 복 선언에 다시 나타나며, 첫 번째 복 선언에서 약속된 "천국"이 복 선언을 마감하는 마지막 복 선언에 언급된다. 하나님을 전적으로 의지하는 사람들과 박해 가운데서 기다리는 사람들에게 동일한 약속이 주어진다.

12절은 핍박 받은 사람들에게 주어지는 큰 "상"(μισθός)에 관하여 말한다. 이때 보상에 관한 말씀은 업적과 보상의 도식 안에 있는 사상이나 공로 사상이 아니다. 포도원 일꾼의 품삯 비유(마 20:1-16)에서처럼 여기서도 업적에 대한 보상이 아니라 하나님의 선(善) 인식이 문제이다. "상"(賞)의 관점이 단순하게 폐지될 수는 없다. 그것은 "시민적 규정과 의의 모든 한계를 깨뜨리는, 전적으로 놀라운 일"(Günther Bornkamm, "Der Lohngedanke im Neuen Testament," in: *Studien zu Antike und Urchristentum*, München: Kaiser, 1963, 82)이다. 상에 대한 언급이 이러한 인간의 보상 요구를 허용하지는 않는다. 상은 하나님이 자신의 규정에 따라 지불하실 것이다. 따라서 "상-말씀"은 인간은 하나님의 선하신 베푸심에 의해 산다는 것과, 핍박 받는 제자들이 하나님의 종말론적인 선물을 기다리며 인내할 수 있다는 것 이외 다른 것이 아니다.

7. 신학적인 결론

본문은 단순한 위로의 말씀이 아니며, 하나님 나라 입장을 위한 행동을 요구하는 덕(德) 목록도 아니다. 위에서 조사한 바대로 복 선언은 종말론적인 하나님의 의 앞에서 '가난한 자'로서 전적으로 하나님을 의지하며 그분을 끝없이 필요로 하는 자에게 주어지는 복음이며, 이러한 하나님의 의를 경험한 자에게 의로운 행동을 요구하는 '제자'로 부르는 말씀이다. 환언하면 구원의 직설법과 명령법이 이 복 선언 안에 통합되어 있다. 또 복 선언에서는 결코 구약 지혜서의 격언의 문제가 아니다. 복 선언의 약속은 구약 성취 인용의 다른 방식이다.

마태는 예수님의 말씀 전승을 예수님의 권세라는 지평에서 하나님과 인간의 만남을 자신의 공동체 정황에 맞추어 다루고 있다. 하나님을 전적으로 신뢰함에서 이들은 자신들이 걸어가야 할 길과 과제를 경험하였고, 올리우신 분의 말씀 안에서 지상에서 활동하신 예수님의 말씀이 자신들에게 구속력이 있다는 것을 알았다.

오늘 교회는 위기의 시대를 경험하면서 사회와 함께 신음하고 있다. 이럴 때일수록 전적으로 하나님을 의지함이 필요하지 않은가? 그리고 선물 받은 의 안에서 응답적인 인간의 의를 요구하시는 부르심에 귀를 기울여야 하지 않는가? 산상설교는 열두 제자에게 국한된 메시지가 아니라 마태 공동체와 그 이후 그리스도를 따르는 모든 교회, 모든 그리스도인에게 주어진 설교라는 것을 잊어버려서는 안 될 것이다. 그리스도인이 되는 것이란 예수님의 제자가 되는 것 이외 다른 것이 아니다.

부록 2

먼저 구해야 할 하나님의 나라와 그의 의
마태복음 6장 19-34절에 대한 소고[1]

1. 들어가는 말

오늘날 우리가 겪고 있는 경제 위기는 단지 경제의 문제에만 국한된 위기가 아니라 사회 전반에 관련된 사회적 위기와 사회의 기본 구성단위인 가정의 존립을 위협하는 가정의 위기, 게다가 개인과 공동체의 신앙을 뿌리째 흔드는 신앙의 위기에까지 영향을 미치는 총체적 위기로 확산되고 있다. 이런 현실의 위기 상황과 절박한 문제에 직면한 오늘의 그리스도인들이 경제 문제와 관련하여 어떤 자세로 살아야 하며 어떤 기준에서 행해야 하는가라는 삶의 방향 설정과 행동의 규범에 대한 논의가 시급하다.

이런 현실적 요청과 관련하여 재물에 대한 예수님의 독특한 입장과 마태 공동체를 위한 마태의 신학적 입장을 함께 보여 주는 마태복

---

[1] 이 논문은 『교회와 신학』 제33호(1998년 여름호)에 실린 성경 연구이다.

음 6장 19-34절의 본문을 조사하는 것은 시의적절한 석의가의 한 과제일 것이다.

2. 본문의 사역

¹⁹너희를 위하여 보물을 땅에 쌓아 두지 말라. 그 곳은 좀과 녹이 해하며 도적이 뚫고 들어와 도적질한다.
²⁰오히려 너희를 위하여 보물을 하늘에 쌓아 두라. 거기에는 좀과 녹이 해하지 못하며 도적이 뚫고 들어와 도적질하지 못한다.
²¹왜냐하면 네 재물이 있는 곳에 네 마음도 있기 때문이다.
²²눈은 몸의 등불이다. 그러므로 만일 네 눈이 깨끗하면 네 온몸이 밝을 것이나
²³만일 네 눈이 나쁘다면 네 온몸이 어두울 것이다. 그러므로 네 안에 있는 빛이 어둡다면 그 어두움이 얼마나 크겠는가!
²⁴아무도 두 주인을 섬길 수 없나니 혹 이 사람을 미워하고 저 사람을 사랑하거나 혹 이 사람을 의지하고 저 사람을 경멸할 것이기 때문이다. 너희는 하나님과 재물을 겸하여 섬길 수 없다.
²⁵이로 인하여 내가 너희에게 이르노니 너희 목숨을 위하여 무엇을 먹을까, 무엇을 마실까 염려하지 말며 너희 몸을 위하여 무엇을 입을까 염려하지 말라. 목숨이 음식보다 더 소중하지 아니하며 몸이 옷보다 더 소중하지 아니하냐?
²⁶하늘의 새들을 보라. 그것들은 씨 뿌리지도 않고 추수하지도 않으며 곳간에 모아들이지도 아니하나 너희 하늘 아버지께서 그것들을 기르신다. 하지만 너희는 그것들보다 훨씬 더 귀하지 아니하냐?
²⁷너희 중에 누가 염려함으로 그 키를 한 자인들 더 늘일 수 있겠느냐?
²⁸또 너희는 어찌하여 옷 때문에 염려하느냐? 들의 백합화가 어떻게 자라는지 살펴보라. 그것들은 수고도 아니하며 길쌈도 하지 않는다.
²⁹그러나 내가 너희에게 말하노니 솔로몬도 그의 모든 영광에 이것들

중 하나만큼 입지 못하였다.
³⁰하지만 오늘 있다가 내일 아궁이에 던져지는 들풀도 하나님께서 이와 같이 입히시거든 하물며 너희들이야 더 잘 입히시지 않겠느냐? 믿음이 작은 자들아!
³¹그러므로 너희가 말하기를 우리가 무엇을 먹을까, 무엇을 마실까 혹은 무엇을 입을까 염려하지 말라.
³²왜냐하면 이 모든 것들은 이방인들이 구하기 때문이며 또한 너희 천부께서 이 모든 것이 너희에게 필요한 줄 아시기 때문이다.
³³너희는 먼저 하나님의 나라와 그의 의를 구하라. 그리하면 이 모든 것이 너희에게 덧붙여 주어질 것이다.
³⁴그러므로 내일을 위하여 염려하지 말라. 왜냐하면 내일이 스스로를 염려할 것이며 그 날의 괴로움은 그 날에 족하기 때문이다.

3. 본문의 자리 매김

본문은 마태복음 내에 있는 다섯 개의 큰 강화 묶음(Redeblock) 중 첫 번째 나타나는 산상설교(마 5-7장)의 일부분이다. 누가의 평지 설교(눅 6:20-49)와 비교해 보면 산상설교는 예수님의 개별 어록이나 어록 단위를 한데 모으고 배열할 뿐 아니라 신학적인 강세도 부여한 마태의 구성이다. 물론 산상설교가 마태의 창작물은 아니다. 왜냐하면 마태의 산상설교나 누가의 평지 설교 앞에 놓인 공통적인 대본은 문서화되어 있었던 예수님의 어록집이기 때문이다. 다만, 마태와 누가는 예수님의 어록 말씀을 각자의 공동체를 위하여 구성하여 현재 제시되어 있는 산상설교와 평지 설교의 형태로 옮겨 놓았다.

마태복음 6장 19-34절 단락을 공관복음서 대조를 통해 살펴보면 누가에서 그 평행 단락이 발견되는데, 이는 통일성 있는 한 단위로서가 아니라 누가복음의 곳곳에서, 게다가 다음과 같이 다른 순서로 나타난다.

보물에 대한 말씀	마 6:19-21과 눅 12:33-34
눈과 등불 말씀	마 6:22-23과 눅 11:34-36
두 주인에 관한 말씀	마 6:24와 눅 16:13
염려 금지 말씀	마 6:25-34와 눅 12:22-32

속에 있는 빛과 두 주인 섬김에 관한 말씀(마 6:22-24)은 누가의 경우 각기 따로 떨어져 다른 문맥에서 발견되며(눅 11:34-36; 16:13), 첫 번째 단락인 하늘에 쌓는 보물과 마음에 관한 말씀은 누가에게서도 나타난다. 그러나 누가의 경우 염려하지 말라는 말씀 다음에 놓여 있다. 마태의 경우는 그 반대 순서를 보여 준다. 마태에게 있어서 보물에 관한 말씀의 전진 배치는 세 가지 경건 생활인 구제·기도·금식을 다루는 전(前) 단락과 관련되어 있다(E. Schweizer, *Das Evangelium nach Matthäus*, NTD 2[Göttingen: V. & R., ⁴1986], 101). 곧 경건한 삶에 대한 보상을 사람에게서가 아니라 하나님에게서 받게 되리라는 말씀(마 6:4, 6, 18)은 땅에 쌓은 보물과 하늘에 쌓은 보물 말씀과 직접 연결된다. 또 염려하지 말라는 말씀 단락의 종결절은 마태의 경우(6:34)와 누가의 경우(12:32)가 같지 않다. 이로부터 마태와 누가가 사용한 예수님의 어록집이 달랐다고 추정할 수 있을 것이다.

본문의 전후 문맥을 고려해 보면 본문의 단락이 단순하게 부와 재물의 문제를 다루거나 염려하지 말라는 독립적인 권고가 아니라 좁은 의미의 산상설교(마 5:17-7:12)의 중심 주제인 바리새인과 서기관보다 더 나은, 새로운 의의 실천에 대한 지침이다(Günther Bornkamm, "Der Aufbau der Bergpredigt", *NTS* 24[1978]: 419-32 참조). 그러니까 협의의 산상설교 첫 부분인 5장 17-20절은 바리새인과 서기관보다 나은 의에 대한 명제적 서론이고 그 뒤를 잇는 일련의 반(反)명제 말씀(5:21-48)은 새로운 의에 대한 해설이며 다음으로 논리에 맞게 '보다 나은 의' 실천을 위한 제의적, 윤리적, 교리 문답적인 지침(6:1-7:11)이 뒤따르며 황금률로 끝을 맺는다(7:12). 주목해야 하는 것은 산상설교의 중심에 자리 잡고 있는 주기도(6:9-13)이다. 특히 주기도의 세 번째 간구 "당신의 뜻이 하늘에서처럼 땅에서도 이루어지소서"(6:10)는 산상설교의 중심 주제인 '더 나은, 새로운 의'와 관련하여 마태에게 있어서는 산상설교의 구성적인 기본축이다. 마태의 주기도를 누가의 평행 본문(눅 11:1-4)과 비교해 보면 누가의 경우 이 세 번째 간구가 빠져 있다. 그러니까 '더 나은 의' 실천의 관점에서 이 간구는 마태에게 있어서 중요한 구성적인 기본 의미를 가지고 있다.

이런 관점에서 마태의 주기도와 그 이후 단락을 비교해 보면 놀랄 만한 주제의 일치를 발견할 수 있다(Walter Grundmann, *Das Evangelium nach Matthäus*, ThHNT 1[Berlin: Evangelische Verlagsanstalt, ⁷1990], 209; Ulrich Luck, *Das Evangelium nach Matthäus*, ZBK 1 [Zürich: TVZ, 1993], 96; Ulrich Luz, *Das Evangelium nach Matthäus*, EKK I/1[Neukirchen-Vluyn: Neukirchener Verlag, ²1989], 354-55 참조). 그것은 다음과 같다.

주기도(6:9-13)   그 이후 단락(6:19-7:6)
제1-3간구(하나님에 대한 간구, 6:9-10)   보물·두 주인 말씀(6:19-24)
제4간구(일용할 양식, 6:11)   염려 금지 말씀(6:25-34)
제5간구(죄 용서, 6:12)   비판 금지 말씀(7:1-5)
제6간구(시험·악에서 구출, 6:13)   개·돼지 말씀(7:6)

위의 비교에서 알 수 있듯이 주기도 이후의 단락은 주기도에 대한 해설 내지는 주기도 내의 개별 간구들에 부합된 구체적인 실행 지침이라고 볼 수 있을 것이다. 이런 구성적인 테두리 안에서 본문은 목표점인 '하나님의 나라와 그의 의'(6:33)를 향해 달려간다.

요약하면, 본문은 산상설교자가 요구하는 그리고 동시에 경건한 무리가 간구해야 할 하나님의 뜻 실천을 위한 '보다 나은, 새로운 의'에 대한 실천적 해설이다. 이런 맥락 안에서 예수님의 재물에 대한 입장이 피력되고 있다. 그러니까 예수님의 다른 진술처럼 여기서도 재물이나 부에 대한 일반 이론이나 보편적으로 적용될 수 있는 실천적 프로그램 제시의 문제가 아니다. 다만, 예수님의 종말론적 하나님 나라 선포 메시지와 마태에 의해 현재 형태로 제시된 산상설교의 중심 주제인 '나은 의'의 빛 안에서 재물과 소유에 대한 기본적인 태도나 입장을 볼 수 있을 뿐이다.

4. 본문의 구성

6장 19-34절 단락은 원래 예수님의 개별 어록과 어록 단위에 속해 있었던 소위 '예수님의 어록(Q) 전승'을 마태가 수집하여 배열한, 세 개의 짧은 단락(6:19-21; 6:22-23; 6:24)과 통일성 있는, 비교적 긴 단락(6:25-34)으로 구성되어 있다. 마태는 자신의 신학적 의도에 따라 자료의 순서를 자유롭게 배열할 수 있었지만 예수님의 어록을 옮겨 놓을 때 출처 자료에 심하게 의존했던 '한 보수적인 편집자'였을 것이다(U. Luz, *Das Evangelium nach Matthäus*, 354). 이 때 마태의 구성을 통해 강조된 본문의 주제는 재물에 대한 제자들의 입장이다.

첫째 단락(6:19-24)은 '어록 자료'에서 전승된 세 개의 예수님의 개별 어록 말씀으로 구성되어 있는데, 우선 첫 번째 개별 말씀(6:19-21)은 사람이 아니라 하나님에게서 기대해야 하는 보상을 다루는 전 단락(6:1-18)과 접속되는 땅에 쌓은 보물과 하늘에 쌓은 보물에 관한 말씀으로 시작한다. 이어 눈은 몸의 등불이라는 은유(Metapher)의 두 번째 말씀(6:22-23)에서 제자들이 어떤 길로 가야 하는지를 보여 주는 분명한 증거가 제시된다. 이런 분명함 앞에 온전한 섬김이 요구되는 하나님 섬김의 말씀(6:24)이 뒤따른다.

첫째 단락과 달리 통일성 있는 둘째 단락(6:25-34)에서 분열된 마음, 곧 의심의 결과 나타나는 염려에 대한 금지의 주제가 전개되는데, 앞 단락의 세 말씀이 하나님에 대해 나누어짐이 없이 온전해야 한다는 권면(24절)에서 그 절정에 이르듯이, 여기서도 먼저 하나님 나라와 그의 의를 구하라는 요청(33절)에서 염려에 대한 긴 서술이 그 정점에 이른다(Rudolf Schnackenburg, *Matthäusevangelium 1:1-16:20*, Die Neue Echter Bibel[Würzburg: Echter, ²1991], 68).

5. 본문의 문제점

이 단락에서 특별히 문제가 되는 것은 예수님의 지혜 전승에서 유래된 창조 사상과 예수님의 종말론적인 선포의 관계 설정이다. 선정된 본문에서 예수님은 불트만이 말한 것처럼 지혜 교사로 나타난다(R. Bultmann, *Die Geschichte der synoptischen Tradition*, FRLANT 29 [Göttingen: V. & R., ⁹1979], 84). 그리고 종말론적인 동기는 전면에 나타나지 않는다. 그러나 32절에서 종말론적인 하나님 나라를 구하는 그 사람이 바로 동시에 창조주 하나님의 돌보심과 신실함을 아는 자이다. 예수님과 함께 시작된 하나님 나라로써 염려에 대한 권세가 깨어진다. 그래서 예수님의 제자들은 먼저 하나님 나라를 구해야 한다(33절). 그러니까 삶의 어떤 기본 경험을 다루는 지혜적인 설명은 하나님 나라의 선포에 종속되어 있다(Rudolf Schnackenburg, *Die sitt-*

liche Botschaft des Neuen Testaments I [Freiburg i. Br.: Herder, 1986], 88). 그러나 창조 사상이 단순하게 상대화되지는 않는다. 오히려 지혜적인 관점과 종말론적인 관점은 서로 보충하며 교정한다(Engelbert Neuhäusler, "Der Ort der Ethik innerhalb der synoptischen Jesus-lehre", in: *Anspruch und Antwort Gottes*[Düsseldorf: Patmos, 1962]. 40-41; Wolfgang Schrage, *Ethik des Neuen Testaments*, GNT 4 [Göttingen: V. & R., ²1989], 41-42). "윤리의 모티브요 내용으로서 지혜와 이성의 한계는 어떤 신비적인 것이나 몰이해적인 것이나 사변적인 것이 아니다. 그 한계와 동시에 본래적인 근거는 예수님의 메시지와 행동에서 자신을 종말론적으로 사랑하는 자로 인식하게 하시는 그 하나님이시다. 즉 결정적인 것은 지혜 전승에서 유래될 수 없는 구원을 가지고 오는 하나님 나라의 종말론적인 전조(前兆)이다"(W. Schrage, *Ethik*, 42). 그러므로 이 단락에서는 단순하게 어떤 지혜적인 '교훈시'(Lehr-gedicht)의 문제가 아니라 예수님과 함께 시작된 종말론의 빛 안에서 그리스도인의 삶의 모든 개별 영역에서 작용해야 하는 '참된 의,' '더 나은 의', 곧 전적으로 하나님을 향하여 나누어짐 없이 온전하게 하나님을 섬기며 그의 나라와 의를 구하는 것이 문제이다. 그러므로 진정한 의는 하나님을 향해 설정된 의이며 여기서 강조되어야 하는 것은 무엇보다도 하나님이 "중심이며 목표" (Wolfgang Trilling, *Das Evangelium nach Matthäus*, Geistliche Schriftlesung I/1 [Düsseldorf: Patmos, 1962], 153 참조)라는 점이다.

6. 본문의 석의

먼저, 주기도의 첫 세 간구(하나님의 이름, 나라, 뜻에 대한)의 해설에 해당되는 첫 단락(6:19-24)은 하나님에 대한 온전한 믿음과 나누어짐이 없는 순종을 요구하는 개별적인 세 개의 예수님 어록으로 구성되어 있다.

가. 19-21절

여기서 두 보물, 곧 땅에 쌓은 보물과 하늘에 쌓은 보물이 대립되어 있다. 그것을 말하는 목적은 두 종류의 보물을 열거하기 위함이 아니라 지상 재물의 무상함을 알리고 거기서 안전함의 보상을 기대하는 것에 대해 경고하며 결국 땅에 쌓는 보물로부터 하늘에 쌓는 보물로 마음을 돌리는 데 있다. 보물(θησαυρός)은 좀(σής)이 먹고 녹(βρῶσις)이 슬어 못 쓰게 될 수 있기에 궤 안에 넣어 보관할 수 있는 귀중품을 의미할 것이다. 그것은 곡물과 같이 생존에 꼭 필요한 생필품이라기보다는 미래에 대한 보장 내지는 안전을 위한 잉여의 물질이다. 그러나 땅의 보물은 결코 인간의 기대에 만족을 줄 수 없다. 좀과 녹에 의해 서서히 파괴되거나 도적에 의해 갑자기 사라질 수 있는 무상(無常)한 것이다. 그러므로 '나은 의'를 구하는 자는 보물을 하늘에 쌓아 두어야 한다. 즉 지상의 재물로써 선행(善行)을 위해 사용해야 한다(마 5:16; 7:21; 22:11 참조). 물론 재물 자체가 비난받지 않는다. 비판받는 것은 재물이 아니라 재물에서 미래의 안전과 보장을 기대하고 거기에 둔 마음이다(21절).

나. 22-23절

눈과 등불에 대한 예수님의 두 번째 격언 말씀은 비유(Gleichnis)가 아니라 자세하게 설명된 표상어(Bildwort)인데(Georg Strecker, *Die Bergpredigt* [Göttingen: V. & R., ²1985], 137), 여기서 '눈은 몸의 등불'이라는 일반적인 진리가 선포된다. 이 때 몸(σῶμα)은 신체일 뿐 아니라 인격이다(마 5:29-30 참조). 따라서 '눈'은 신체적인 시각기관 이상의 의미를 지닌다. 그 비상한 의미는 뒤따르는 반제(反題)적인 두 말씀을 통해서 나타난다. 눈이 깨끗하면 온몸이 밝을 것이나 눈이 나쁘면 온몸이 어두울 것이다. 여기서 대조적으로 사용된 '밝은'(ἁπλοῦς)과 '어두운'(πονηρός)의 대립 짝말을 신체적 의미 이상의 윤리적 의미로 이해하는 것이 하나님을 전적으로 믿는 자에게 행함을 요구하는 마태의 신학에 어울린다. 그러니까 이 대립어는 '건강한—병든'보다는 '깨끗한(순전한)—나쁜(악한)'으로 이해되어야 한다. 이로부터 네 "안에 있는 빛"(lumen internum)의 의미가 분명하게 나타난다. 그것은 "믿음의 빛"(G. Strecker, *Bergpredigt*, 138)이요, "하나님과 사귐이요 하나님에 의해 주어진 선행심"(R. Schnackenburg, *Matthäusevangelium*, 69)이다.

다. 24절

이제 앞의 두 말씀을 종결하면서 나누어진 마음, 곧 의심의 문제가 다루어진다. 아무도 두 주인을 섬길 수 없다. 사람은 늘 한 주인만을 섬겨야 하는 것이다. 결코 하나님과 재물을 겸하여 섬길 수 없다. 이 짧은 격언적인 말씀은 섬김에 있어서 분명한 양자택일을 강하게 논증한다. 재물(μαμωνᾶς)이 사람의 마음을 사로잡고 인간의 믿음을 얻을 때, 하나님처럼 섬김의 대상이 될 때 재물은 하나님을 대적하는 경쟁자로서 반신(反神)적이며 마성(魔性)적인 것으로 평가된다. 하나님과 재물의 대립뿐 아니라 '사랑하다'(ἀγαπᾶν)와 '미워하다'(μισεῖν)의 대립 역시도 이러한 양자택일에서 누가 인간의 주인이며 사람이 누구를 섬기고 사랑해야 하는가를 분명하게 알게 한다(W. Schrage, *Ethik*, 108). 하나님은 예수님과 함께 시작된 하나님 나라의 메시지를 받은 자의 어떤 것을 원하는 것이 아니라 바로 그 사람을 원하며, 부분이나 반(半)쪽을 원하는 것이 아니라 전체 마음을 원하신다. 이것이 예수님의 지침에 대한 심성 윤리(Gesinnungsethik)적 이해에서 받아들일 수 있는 올바른 점이다.

첫째 단락(19-24절)에서 양분(兩分)된 마음이 신랄하게 비판을 받는다. '보물'이 있는 곳에 '마음'이 있으며(21절), 눈이 깨끗하면 온 몸이 밝을 것이다(22절). 결코 두 주인을 섬길 수 없으며 오직 한 주인만을 온전하게 섬길 수 있다(24절). 마음의 깨끗함(마 5:8, 28 참조)은 외식적인 또는 외부적인 정결함과 대립될 뿐 아니라 모든 부분적인 마음 내지는 전제와 조건을 내건 믿음에 대한 반대이다(W. Schrage, *Ethik*, 49-50). 예수님과 함께 도래한 하나님 나라의 선포 앞에 선 인간에게 있어서 신앙의 결정은 양자택일의 문제이자 배타적인 것이며, 하나님과의 온전한 결합의 문제이다. 예수님의 종말론적인 하나님 나라 선포의 빛 아래서 반(半) 마음으로 하나님을 섬기는 것은, 곧 그를 미워함을 의미한다(위의 책, 50-51).

이제 둘째 단락인 '염려하지 말라'는 예수님의 어록 말씀 단락(25-34절)을 살펴보면 하나님에 대해 분열되지 않은, 온전한 마음의 주제가 계속 취급됨을 발견하게 된다. 마태의 경우 인간의 염려는 의심의 결과요 일상생활에 나타나는 인간 내면의 갈등의 표현이다. 그 염려는 부질없는 것이다. 지혜적인 논증의 토대 위에 있는 "먼저 하나님의 나라와 그의 의를 구하라"(33절)는 종말론적인 권면에서 전체 본문은 그 중심과 목표에 이른다.

라. 25-30절

이 구절들에서 "염려하지 말라"는 기본적인 경고와 함께 그 근거와 실례가 서술된다. 25절의 "이로 인하여"(διὰ τοῦτο)로써 둘째 단락은 첫째 단락과 자연스럽게 연결된다. 요구된 온전한 하나님 섬김(24절)은 염려로부터 돌아섬을 뜻한다. 염려하지 말아야 하는 이유로 음식보다 목숨의 소중함 또 옷보다 몸의 소중함(25절하), 하늘의 새를 돌보시는 하나님(26절), 자신의 생명을 연장할 수 없는 인간의 무력성(27절), 들풀도 돌보시는 하나님(28-30절)이 제시된다. 여기서 '목숨'(ψυχή)과 '몸'(σῶμα)은 헬라 세계에서처럼 이원론적인 인간 구성 용어가 아니라 둘 다 생필품인 음식과 옷에 의해 유지되는 살아 있는 생명을 가리킨다.

염려하지 말라는 논리적인 증명에서 랍비적인 추론 방식인 '큰 것에서 작은 것으로'(a maiori ad minus)와 함께(25절하) '작은 것에서 큰 것으로'(a minori ad maius)의 추론 방식도 사용되는데(26, 30절) 이 때 '하물며'(μᾶλλον)가 그 기능을 돕는다. 이어 염려하는 자는 마태의 경우 '믿음이 작은 자들'(ὀλιγόπιστοι)이다(8:26; 14:31; 16:8 참조).

마. 31-32절

그러므로 염려하지 말아야 한다. 염려함은 이방인의 삶의 특징이다. 종말론적인 하나님 나라 메시지 앞에서 회개한 자는 염려해서는 안 된다. 왜냐하면 하나님은 그를 돌보시는 "하늘에 계신 우리 아버지"(ὁ πατὴρ ὑμῶν ὁ οὐράνιος)이기 때문이다.

바. 33절

오직 "하나님의 나라와 그의 의를"(τὴν βασιλείαν τοῦ θεοῦ καὶ τὴν δικαιοσύνην αὐτοῦ) 구해야 한다. 시내 사본 등에서는 τοῦ θεοῦ가 생략되어 있고, 바티칸 사본에서는 그 생략 이외에도 δικαιοσύνην과 βασιλείαν의 자리가 바뀌어 있다. 그러나 다수 사본은 본문을 지지한다. 이 때 '그의'(αὐτοῦ)는 '그 (나라)의'(αὐτῆς)가 아니기 때문에 '하나님 나라의'가 아니라 '하나님의', 곧 32절의 '하늘 아버지의'를 가리킨다. 따라서 마태의 경우 제자들의 의(5:20; 6:1)가 단지 인간의 의일 뿐 아니라 하나님의 의로 규정되었다. 그것은 하나님 나라와 의의 관계를 올바르게 규정한다. 즉 행함으로써(현재적 조건) 하나님 나라에 들어가는 것(미래적 결과)이 아니라 오히려 하나님 나라를 향한 방향 정위의 결과가 의를 추구함임을 알게 한다. 하나님 나라와 의를 구할 때 모든 것이 덧붙여진다. 여기서 예수님에 의해 비판된 것은 재물 자체가 아니라 신격화되어 있는 재물이며, 거기에서 안전과 보장을 기대하는 재물에 쏠린 마음이다.

사. 34절

종결절은 누가는 알지 못했으나 마태가 사용했던 예수님의 어록 전승에 속한 말씀인데 여기서 둘째 단락의 명제가 다시 부연된다.

7. 신학적인 결론

개별 격언 말씀과 어록 단위를 통해서 예수님은 자신과 함께 시작된 종말론적인 하나님 나라의 관점에서 지상 재물에 대한 입장을 취한다. 예수님은 단지 도래하는 하나님 나라의 '선포자'(Verkündiger)일 뿐 아니라 자신과 함께 그것을 가지고 오는 '운반자'(Bringer)이다 (막 1:14-15 참조). 이런 하나님 나라 선포의 관점에서 지상의 모든 것이 평가 절하된다. 따라서 예수님의 재물에 관한 진술에서 재물 자체에 대한 평가나 재산의 기원 또는 분배 등에 관한 어떤 일반 이론도 발견할 수 없다. 예수님은 빈부의 격차가 없는 이상적인 세상을 건설하려 하지 않았으며 어떤 대중적인 경제 개혁 프로그램을 제시하지도 않았다. 사람이 얼마나 소유해도 되는지, 언제 소유물에서 그것에 대한 '사랑'이 생기는지, 언제 재물에 집착하게 되는지에 대해서도 말하지 않는다. 예수님에게 있어서는 무엇보다도 종말론적인 하나님 나라 선포의 빛 아래에서 먼저 하나님 나라와 그의 의를 구하는 문제이며 이로부터 모든 다른 것은 부차적이 된다. 이런 시계(視界)에서 예수님은 구원을 위협하는 세상 재물의 위험을 경고한다. 예수님은 사람이 축적하고 삶의 보장으로 여기며 마음을 두며 그래서 사랑의 선한 행위를 게을리하는 지상 재물에서 하나님을 대적하는 신격화된 대극(對極)을 본다.

마태는 이러한 예수님의 입장을 전해 받아 자신의 복음서를 구성하는 중심 기본개념인 '의'(δικαιοσύνη)와 연결한다(3:15; 5:6, 10, 20; 6:1, 33; 21:32). 이 때 '의'는 단순한 윤리적인 용어가 아니라 신앙적인 규범 용어이다. 그 의는 인간의 독자적인 의가 아니라 하나님의 의(6:33)이며 '나은, 새로운 의'의 모범을 보이신 예수님의 의이며(3:15; 5:20) 예수님을 따르는 마태 공동체가 추구해야 할 의이다. 그들에게는 이제 예수님 안에서 경험된 하나님의 의로부터 사는 것이 문제이며 하나님의 의에서 나온 인간의 의가 문제이다. 곧 산상설교 안의 복 선언(5:3-12)과 두 직설법적인 진술(5:13-16)의 전진 배치에서 볼 수 있듯이 구원의 선물(직설법)이 전제된 과제(명령법)의 문제이다.

예수님 안에서 시작된 하나님 나라를 경험한 그리스도의 제자라면 지상 재물의 의미와 가치를 그것의 소유와 축적에서가 아니라 하나님 나라 전파와 이웃 사랑을 위한 재물의 사용에서 찾을 것이다. 먼저 복을 선언하신 산상설교자 예수님은 오늘의 경제 위기 속에 고통당하고 흔들리는 그리스도인들에게 오늘도 다시 말씀하신다. "너희는 먼저 하나님의 나라와 그의 의를 구하라."

부록 3

믿음이 작은 자여, 왜 의심하였느냐?

마태복음 14장 22-33절에 대한 소고[1]

1. 들어가는 말

최근 한국 교회는 교회 안팎으로 드러나는 문제점으로 말미암아 위기에 처해 있다. 소위 '목회 세습' 논쟁, 교계 지도자들의 지도력 상실, 교회 정치의 불건전성, 교회의 집단 이기주의와 지역 이기주의, 도덕성 상실 내지는 해이, 전도 열정의 냉각, 위기 불감증 등으로 교회 성장이 둔화되거나 정체되고, 세상의 빛과 소금이 되어야 할 교회가 때로는 사회의 지탄을 받기도 한다. 그 근본적인 원인을 교회의 자성(自省)적인 관점에서 말한다면 그것은 교회의 구성원들인 그리스도인들의 '작은 믿음' 때문이다. '작은 믿음'으로는 교회가 세상을 변화시키는 것은 고사하더라도 자신조차도 변화되기 어렵다.

---

[1] 이 논문은 『교회와 신학』 제41호(2000년 가을호)에 실린 성경 연구이다.

한국 교회가 현재 처해 있는 위기를 극복하고 나아가 부활하신 예수님께서 맡겨 주신 '선교 지상 명령'(마 28:18-20)을 성실하게 수행하기 위해서는 이러한 위기에 대하여 세부적인 대책을 수립하고 실천하기 전에 먼저 교회의 '작은 믿음' 문제를 해결하는 것이 그 무엇보다도 시급한 급선무이다.

이를 위해 예수님의 생애와 활동을 기록한 복음서 본문 중에서 교회의 '작은 믿음'의 문제를 심도 있게 다루는 마태복음의 한 주제 관련 단락인 마태복음 14장 22-33절을 살펴보고자 한다. 우선 마태복음 전체의 맥락에서 복음서 기자 마태의 교회론과 관련하여 본문 단락을 자리 매김한 다음, 이 본문을 사역(私譯)하고, 그러고 나서 본문의 석의적·신학적인 의미를 해명하고, 그 후 본문이 오늘의 그리스도인에게 주는 본문의 현실 관련 의미를 찾고자 한다.

2. 본문의 자리 매김

마태복음은 "교회의 책"(Gemeindebuch)이다(Adolf von Harnack, *Bergredigt*, 1909, 18). 용어적으로 보면 복음서 중 오직 마태복음에서만 '교회'(ἐκκλησία)란 용어가 사용되며(16:18; 18:17), 내용적으로는 마태복음의 여러 단락에서 그 배후에 질문하고 의심하고 갈등하는 신앙 공동체가 서 있기 때문이다. 곧 산상설교의 대립 명제(5:21-48)는 마태의 공동체 상황에서 중요한 의미를 가지고 있었으며, 열 개의 이적 기사를 한 곳에 모은 8-9장은 교회론적으로 큰 비중을 가지고 있다. 또 예수님의 열두 제자 파송 말씀 단락(9:37-11:1)에서 예수님의 종말론적인 부르심(9:37-38)은 세계적으로 선교하는 교회로 변형되어 있다. 게다가 일곱 개의 천국 비유 설교(13장)의 경우도 이 비유 말씀을 늘 새롭게 숙고하는 것이 교회의 과제이다. 무엇보다도 베드로의 신앙고백 단락(16:13-28)에서 베드로의 신앙고백은 '교회의 시대'를 여며 "내가 이 반석 위에 내 교회를 세우리니"(16:18)라는 구절에서 기독론과 교회론이 결합되어 있다. 예루살렘에서 논쟁과 대립을 다루는 단락인 21-23장에서는 유대교 회당과 기독교 교회 사이의 대립이 엿보이며, 종말 심판 설교(24-25장) 내 여러 비유에서도 당시 교회의 정황이 나타난다. 그리고 마태복음을 이해하는 해석학적인 열쇠가 되는 부활하신 예수님의 선교 지상 명령 단락(28:16-20)에서도 교회론('제자 삼음'과 '세례 줌')이 기독론뿐 아니라 종말론과 함께 결합되어 있다(이에 대해 필자의 졸고, "모든 족속을 제자 삼으라 - 신학적·해석학적 열쇠로서 마 28:16-20에 대한 소고",『교회와 신학』['99 가을호]: 88-98 참조). 그러니까 마태의 경우 구원은 오직 교회 안에 있다.

그러나 그 신앙 공동체는 마태복음에서만 나타나는 '곡식과 가라지 비유 해석'(13:36-43)에서처럼 의로운 자와 불의한 자가 함께 있는 '혼합 공동체'(corpus permixtum)이다. 이 공동체를 향해서 마태는 입으로만 주님을 부르지 말고 하나님의 뜻을 행할 것을 반복적으로 호소한다(7:21; 12:50; 21:31 참조). 단지 입으로만 주님을 부르고 하나님의 뜻을 실천하지 않는 것은 근본적으로 마태복음의 첫 번째 독자들인 마태 공동체의 '작은 믿음' 때문이다. 바로 이 '작은 믿음'을 가진 교회에게 마태는 자신의 복음서 전체에서 전체 율법을 행할 것(5:17-19 참조), 보다 나은 의를 행할 것(3:15; 5:6, 10, 20; 6:1, 33; 21:32 참조), 온전할 것(5:48; 19:21 참조), 믿음의 열매를 맺을 것(3:10; 7:16-20; 12:33; 13:8; 21:18-22. 33-46 참조) 등으로 폭넓게 권면한다. 게다가 복음서 중 단지 마태의 경우에만 권면의 동기로 임박한 심판이 언급된다(7:21-23; 13:36-43; 25:31-46 참조). 그러므로 마태는 자신의 교회에게 '깨어 있으라'고 권한다(24:42; 25:13 참조). 하지만 그와 함께 "끝까지 견디는 자는 구원을 얻으리라"(24:13)는 약속이 그 공동체에 있어서 동시에 유효하다.

    연구를 위해 선정된 본문인 마태복음 14장 22-33절 역시도 앞에서 언급된, 마태의 교회 정황과 관련된 본문에 속해 있으며 중요한 교회론적인 의미를 지니고 있다. 무엇보다도 이 단락에서 신약성경 전체에서 다섯 번 사용된 구절 중 마태복음 6장 30절의 평행절인 누가복음 12장 28절을 제외하고는 모두 마태복음에서만 나타나는 '믿음이 작은 자'(ὀλιγόπιστος) 배후에 두려워하고 불안해하며 의심하는 마태의 공동체가 있다(6:30; 8:26; 14:31; 16:8). 이 단어는 14장 31절의 경우를 제외하고는 모두 복수 형태인 '믿음이 작은 자들'(ὀλιγόπιστοι)로 발견된다. 즉 '믿음이 작은 자들'이란 한 개인이 아닌 한 신앙 공동체, 곧 교회를 가리킨다. 예외적으로 14장 31절에서 단수로 사용된 '믿음이 작은 자'는 베드로를 지칭하는데 이 때 베드로가 열두 제자 공동체에서 대표성을 띠고 있기 때문에 이 단어의 단수 역시도 그 복수 용례에서처럼 넓게는 교회를 가리키는 말이다. 마태복음 전체 맥락에서 주목할 만한 것은 이 용어가 마태복음에서 기독론적인 분기점이 되는, 베드로의 신앙고백인 16장 16절(Joachim Gnilka, *Das Matthäusevangelium*, HThK I/1.2[Freiburg i. Br.: Herder, 1986/1988] 참조) 이후에는 나타나지 않는다는 점이다. 즉 '작은 믿음'을 종식(終熄)시키는 것은 바로 예수님을 하나님의 아들로 고백하는 신앙고백이다. 14장 33절에서 이 고백을 한 사람은 다름 아닌 '배에 있는 사람'들, 곧 이 말씀을 듣는 마태의 신앙 공동체였다.

    이처럼 본문을 교회론적인 관점으로부터 마태복음 전체 맥락 안에서 자리매김해 보면 본문 단락의 해석 방향이 분명하게 잡힌다.

3. 본문 옮기기

²²그리고 그분[예수]은 자신이 무리를 흩으시는 동안 즉시 제자들을 재촉하여 배에 올라 그보다 앞서 건너편으로 가게 하셨습니다.
²³그리고 무리를 흩으신 후에 홀로 기도하시려고 산에 오르셨습니다.
²⁴한편 배는 이미 육지에서 여러 스타디온을 떠났고 바람이 거세었기에 물결로 인해 어려움을 겪고 있었습니다.
²⁵하지만 밤 사경에 그분이 호수 위로 걸어서 그들에게 오셨습니다.
²⁶그분이 호수 위로 걸어오시는 것을 제자들이 보고 놀라 유령이라 말하면서 두려워하여 소리 질렀습니다.
²⁷그러자 예수께서 즉시 "안심하라. 바로 나다. 두려워 말라."고 그들에게 말씀하셨습니다.
²⁸베드로가 대답하여 말하기를 "주님, 바로 당신이라면 나를 물 위로 해서 당신에게 오라고 명하십시오." 하였습니다.
²⁹그분께서 "오라." 하시자 베드로가 배에서 내려 물 위로 걸어 예수께로 갔습니다.
³⁰하지만 강한 바람을 보고 무서워 빠져 들어가자 소리쳐 "주님, 나를 구해 주십시오."라고 말하였습니다.
³¹그러자 예수께서 즉시 손을 내밀어 그를 붙잡고 그에게 "믿음이 작은 자여, 어찌하여 네가 의심하였느냐?"고 말씀하셨습니다.
³²그리고 그들이 배에 함께 오를 때 바람이 그쳤습니다.
³³그 때 배 안에 있던 사람들이 그에게 엎드리어 절하며 말하기를 "참으로 당신은 하나님의 아들이십니다." 하였습니다.

4. 본문의 짜임새

본문 단락은 외관상으로는 작은 단락으로 세분하기 어렵다. 왜냐하면 본문 단락의 경우 22, 23, 32절은 단순한 접속사인 '그리고'(καί)

로 연결되어 있고, 24절에서 31절의 각 절과 33절은 별 뜻이 없이 각 문장을 연결하는 후치 접속사인 δέ로 연결되어 있기 때문이다. 본문의 각 절이 이 두 접속사로 연결되어 있으나 이 접속사들이 절과 절을 연결하는 기능 외에는 별다른 기능을 하지 않기 때문에 한글 개역성경에서는 이를 모두 번역하지 않았다.

그러나 내용적으로는 본문 단락을 다음과 같이 네 개의 작은 단락으로 구분할 수 있다. 곧 첫째 소단락인 22-24절은 본문 기사의 배경이며, 둘째 소단락인 25-27절은 갈릴리 바다를 걸어오신 예수님을 묘사하고, 뒤이은 단락인 28-31절은 물에 빠진 베드로를 집중적으로 다루며, 마지막 소단락인 32-33절은 배 안에 있던 사람들의 신앙고백으로 끝맺는다.

5. 본문 풀이

가. 22절

예수님께서 빈들에서 베푸신 오병이어의 기적(14:13-21 참조)을 경험한 무리를 보내는 동안 예수님은 제자들을 게네사렛 호수 건너편으로 가게 하셨다. 이로써 예수님은 제자들과 떨어져 있는 정황이 설정된다.

나. 23절

무리를 보내신 후에 예수님께서 기도하시기 위해 혼자 산으로 오르셨다. 여기서 '산'은 산상설교(5-7장)나 부활하신 예수님의 선교 명령(28:16-20)에서처럼 '계시의 장소'가 아니라, 단지 예수님께서 제자들과 따로 떨어져 있었음을 나타낼 뿐이다.

다. 24절

제자들을 태운 배가 뭍으로부터 이미 상당히 떨어졌을 때 '강한 바람'으로 파도가 거세게 일었다. '바람'(ἄνεμος), '파도'(κῦμα)는 다음 절인 25절에 묘사된 '밤'(νύξ)과 함께 제자들이 겪는 어려움, 불안, 죽음에 대한 상징어이다(7:25, 27 참조). 다시 말하면 이 단어들은 인간이 겪는 곤경을 묘사한다.

라. 25절

'밤 사경'이 되었다. '사경'은 지금의 시간으로 오전 3-6시에 해당하는 새벽녘이다. 이 시간은 구약성경에 의하면 하나님께서 곤경당하는 사람들을 위해 개입하시는 시간이며(출 14:24; 시 46:6; 사 17:14 등 참조), 마태복음에서는 예수님께서 부활하신 시간이기도 하다(28:1 참조). 바로 이 시간 예수님께서 물 위로 걸어서 제자들에게 오셨다. 그분은 물가를 걸은 것이 아니라 '물 위로'(ἐπὶ τὴν θάλασσαν) 걸으셨다. 그것은 하나님의 초자연적인 능력이 나타난 이적이다.

마. 26절

제자들은 물 위로 걸어오는 한 형상을 보고 '유령'(φάντασμα)이라고 소리 질렀다. 즉 그들은 신비하게 나타난(φαίνω, φαντάζω 참조) 무엇으로 보고 무서워 소리를 질렀다.

바. 27절

이 때 예수님께서 '즉시'(εὐθὺς, 31절 참조) 제자들에게 말씀하신다. 예수님의 첫 말씀인 '안심하라'(θαρσεῖτε)는 '담대하라'는 뜻으로 복음서에서 이 동사는 단지 명령형으로 그것도 예수님의 명령으로 나타난다(마 9:2,22; 막 6:50; 10:49; 눅 8:48; 요 16:33 참조). 예수님의 두 번째 말씀은 "바로 나다"(ἐγώ εἰμι)이다. 예수님은 나는 '이런 사람이다' 혹은 '저런 사람이다'라고 말씀하시지 않고 아무런 술어 없이 단지 "바로 나다"라고만 말씀하신다. 즉 예수님은 제자들이 어두움과 두려움 속에서 보았던 형상이 유령이 아니라 제자들의 스승인 예수 자신임을 밝힌다. 물론 이 표현이 본문 맥락에서 갖는 의미가 그렇기는 하나, 그 배경에는 구약성경에서 나타나는 야웨 하나님의 자기 호칭(אֲנִי הוּא)과 관련되어 있다(신 32:39; 사 41:4; 43:10; 45:18-19; 48:12; 51:12 참조). 세 번째 예수님의 말씀도 같은 맥락에서 "두려워 말라"(μὴ φοβεῖσθε)는 부정 명령문이다. 이 금지 명령은 마태복음에서 예수님께서 그를 따르는 자들에게 주시는 격려 말씀으로 여러 차례 나타난다(10:26, 28, 31; 17:7; 28:5, 10 등을 참조). 이 금지 명령 역시 "바로 나다" 말씀처럼 구약성경에서 하나님의 자기 호칭으로 자주 사용되었다(창 15:1; 26:14; 28:13; 46:3; 사 41:13 등을 참조). 예수님께서 제자들 앞에 나타나심은 제자들의 안전과 직결되어 있다. 33절에서 배 안에 있는 사람들이 고백할 하나님의 아들 예수님의 나타나심, 그 자체로도 제자들은 안심할 수 있다.

사. 28절

베드로가 대답한다. 베드로는 마태의 경우 예수님께 제자로 부름 받은 첫 사람이었다(4:18). 그리고 예수님의 열두 제자 목록(10:2-4)에서 제일 먼저 언급되는 제자이다(10:2). 곧 베드로는 여기서 열두 제자의 대표자로서 대답한다. 그는 예수님께 "주님"(κύριε)이라고 부르면서 간청한다. 27절의 "바로 나다" 말씀에 대해 베드로는 "바로 당신이라면"(εἰ σὺ εἶ)으로 응답한다. 이어서 베드로는 "나를 물 위로 해서 당신께 오라고 명하십시오"라고 말하면서 방금 보았던 그 형상이 예수님이라는 것을 확인하고자 한다.

아. 29절

그러자 예수님께서 베드로에게 이르시기를 "오라"(ἐλθέ)고 하신다. "오라"는 '오다'(ἔρχομαι)의 단순 과거 명령법 동사이다. 그러므로 이는 베드로에게 단번에 "오라"는 주님의 요구이다. 이 헬라어 동사의 단순 과거 형태가 주는 어조(語調)에서 예수님은 자신의 도움이 "즉시" 주어지는 것처럼(27절) 베드로에게 즉각적인 결단을 요구하신다. 이 요구에 베드로는 지체 없이 응하였다. 이로써 제자 베드로는 예수님의 권세에 참여하게 된다. 베드로가 물 위를 걷게 되었다. 그는 배에서 내려 물 위로 걸어 예수님께로 갔다. 그것은 결코 베드로의 객기(客氣) 부림으로 말미암은 것이 아니라 주님에 대한 베드로의 신뢰에서 비롯된 것이다.

자. 30절

하지만 베드로의 시선이 예수님에게서 바람으로 옮기자 그는 강한 바람을 보고 무서웠다. 그리고 그는 물 속으로 "빠져 들어가기 시작했다"(ἀρξάμενος καταποντίζεσθαι). 그 때 베드로가 두 번째 "주님"을 부른다. 그리고 짧막하지만 다급하게 "나를 구해 주십시오."(σῶσόν με)라고 외친다. 물에 빠지는 것은 순간적이다. 이 구절에서 베드로가 "물 속에 빠지기 시작했다."라고 표현한 것은 물에 빠지는 시간이 구출받을 수 있는 여유 시간임을 의미하는 것이 아니라, 단지 베드로가 아직 물 속에 완전히 빠지지 않았다는 것을 말하기 위함이다.

차. 31절

베드로의 구원 요청에 대한 예수님의 응답은 즉각적으로 일어났다. 예수님께서 '즉시'(εὐθέως) 손을 내밀어 베드로를 붙잡고 "믿음이 작은 자여, 어찌하여 네가 의심하였느냐?"라고 말씀하셨다. 여기서 예수님께서 지적하신 것은 '믿음 없음'이 아니라 '작은 믿음'이다. 예수님에 대한 믿음이 없었다면 베드로는 애당초 물에 들어가지 않았을 것이다. 이어 예수님은 "어찌하여"(εἰς τί) "의심하였느냐"(ἐδίστασας)고 베드로에게 묻는다. 예수님에 의하면 '작은 믿음'은 '의심함'(διστάζειν)과 관련되어 있다. '작은 믿음'이란 "용기와 겁냄, 주님의 말씀을 듣는 것과 바람을 보는 것, 신뢰와 의심이 섞여있는 것"(Ulrich Luz, *Das Evangelium nach Matthäus*, EKK I/2 Neukirchen-Vluyn: Neukirchener Verlag, 1990], 410)이다. 그러니까 '의심'이란 주님에 대한 주시(注視)와 위험에 대한 응시(鷹視)로 시선이 나누어지는 것을 의미한다. 베드로의 경우 의심은 믿음 밖이 아니라 믿음 안에 속해 있었다. 그것은 마태복음의 독자인 당시의 교회 상황을 반영하고 있다.

카. 32절

그리고 예수님과 베드로가 함께 배에 오를 때 바람이 그쳤다. '배'(πλοῖον)는 여기서 교회론적인 의미를 가지고 있다(8:23, 24; 13:2; 14:13, 22, 24, 29, 33 참조). 배를 요동하게 하고 파선의 위험에 빠지게 하던 '바람'이 주님의 함께 하심으로 인하여 그치게 되었다. '주님께서 함께 하심'은 마태복음에서 중요한 교회론적인 의미를 가지고 있다(1:23; 8:23-27; 28:20 참조). 주님께서 함께 하심으로 바람이 그치고 배 안에 있던 사람들이 안전하게 된 것처럼 교회도 주님의 임재와 동행으로 모든 교회 내·외적인 위기를 극복할 수 있다.

타. 33절

그 때 배 안에 있던 사람들이 예수님께 "엎드려 절하였다"(προσἐκύνησαν). 그것은 단순한 문안 인사가 아니라 '경배'였다. 왜냐하면 이 '절하다'(προσκύνειν)는 마태복음에서 예수님께 대한 경배의 의미로 사용되었기 때문이다(2:2, 8, 11; 8:2; 9:18; 15:25; 18: 26; 20:20; 28:9, 17 참조). 특히 본문 이외에 제자들의 '의심'과 '경배' 주제가 함께 나타나는 본문인 '선교 지상 명령' 단락(28:16-20)에서도 '절하다'는 종교적인 의미로 사용되었다. 경배 후 배 안에 있던 자들이 "참으로 당신은 하나님의 아들이십니다."라고 말하였다. 이제 예수님의 정체가 드러나고 예수님의 권세를 경험한 자들이 예수님을 하나님의 아들로 고백한다.

6. 본문의 신학적인 의미

본문 단락은 복음서 기자 마태와 관련된 신앙 공동체의 상황에 밀접하게 관련되어 있다. 이 공동체의 구성원들의 경우 '불신'이 아니라 '작은 믿음'이 문제가 되었다. 마태복음의 특징어인 '믿음이 작은 자'(ὀλιγόπιστος)는 본문 단락을 제외하고는 모두 복수 형태인 '믿음이 작은 자들'(ὀλιγόπιστοι)로 사용되었다. 그것도 모두 예수님께서 제자들에게 하신 말씀에서 그러하다.

무엇을 먹을까 무엇을 마실까 염려하는 제자들은 '믿음이 작은 자들'이다(6:30). 또한 큰 풍랑과 성난 파도를 보고 무서워하는 제자들도 '믿음이 작은 자들'이다(8:26). 그리고 '오병이어'와 '칠병이어'의 이적을 경험하고도 예수님의 떡 말씀을 이해하지 못하는 제자들 역시 '믿음이 작은 자들'이다(16:8). 뿐만 아니라 제자들이 간질 하는 아이로부터 귀신을 쫓아 내지 못했던 것도 그들의 믿음이 작았기 때문이다(17:19).

예수님에 의해 제자들의 '작은 믿음'이 지적되었던 것과는 대조적으로 중풍병을 앓고 있는 하인의 병 나음을 예수님께 간청한 이방인 백부장의 믿음(8:10)과 귀신 들린 딸의 축귀를 간청한 가나안 여인의 믿음(15:28)은 오히려 예수님께 크다고 칭찬을 받았다. 이로써 예수님을 따르는 제자들은 '큰 믿음'을 가져야 한다는 것이 요청된다.

마태에 의하면 '작은 믿음'은 한편으로는 '염려함'(μεριμνάν)에 관련되어 있고(6:30), 다른 한편으로는 '의심함'(διστάζειν)에 관련되어 있다. 그리고 '염려함'은 하나님과 재물, 두 주인에게로 나누어지는 마음이며(6:25-34 참조), '의심함'은 예수님과 바람 앞에서 둘로 나누어지는 시선이다. 그러므로 '의심함'이란 확실한 믿음이 나누어지는 것을 의미한다(I. P. Ellis, "But Some Doubted", *NTS* 14[1967/68], 576 참조). 두 갈래의 길 사이에서 망설이고 주저하는 것, 그것이 곧 의심함이다.

이 의심을 극복하는 길은 예수님과 함께 하는 것이다. 왜냐하면 예수님은 '하나님의 아들'이기 때문이다. 제자들이 예수님에 대하여 하나님의 아들 됨을 확실하게 고백한다면 모든 염려함과 의심함을 이길 수 있을 것이다. 예수님은 그를 따르는 제자들이 필요한, 혹은 요구하는 어떤 문제를 해결하는 단순한 한 권세 있는 자가 아니라, 모든 문제를 해결할 수 있는 하나님의 아들이시다.

마태의 경우 예수님의 하나님 아들 되심은 올바르게 고백되지 않았다. 예수님의 시험 기사(4:1-11)에서 사단은 예수님을 "네가 하나님의 아들이 아니냐 그러하다면"(εἰ υἱὸς εἶ τοῦ θεοῦ)이라는 말로 시험했다(4:3, 6). 또 가다라 지방의 두 귀신 들린 자가 예수님을 자신과 상관없는 하나님 아들로 말하는 것도 예수님의 하나님의 아들 되심에 대한 올바른 고백이 아니다. 게다가 대제사장들과 서기관들 그리고 장로들과 함께 "성전을 헐고 사흘에 짓는 자여 네가 만일 하나님의 아들이어든 자기를 구원하고 십자가에서 내려오라"(27:40)고 말하는 십자가 아래를 "지나가는 자들"의 예수님에 대한 인식 역시 올바른 고백이 아니다. 물 위를 걸으시고 바람을 다스리신 예수님을 경험한 배에 있던 제자들이 마태복음에서 처음으로 예수님의 하나님 아들 되심을 고백하였다(14:33).

그리하여 가이사랴 빌립보에서 "너희는 나를 누구라 하느냐?"고 묻는 예수님께 베드로는 "당신이야말로 그리스도시요 살아 계신 하나님의 아들이십니다"(16:16)로 대답한다. 또 예수님께서 십자가에서 죽으시고 장사되었을 때 백부장과 그와 함께 예수님을 지키던 경비병들이 지진과 함께 일어난 일들을 보고 두려워하며 "이분은 진실로 하나님의 아들이었다"(27:54)라고 고백했다.

본문 단락에서 '작은 믿음'은 '의심함'에 기인하고 있다. 그 의심함은 예수님을 하나님의 아들로 믿는 믿음으로부터 극복될 수 있다. 그리고 그리스도의 제자들은 하나님의 아들 되신 예수님과 함께 할 때 '작은 믿음' 곧 염려함, 의심함, 주저함, 망설임, 나누어지는 마음을 이길 수 있는 것이다.

7. 나가는 말

오늘날 드러나는 한국 교회의 문제점들의 근본적인 이유는 '작은 믿음' 때문이다. 이를 극복하는 본질적인 유일한 길은 한국 교회가 예수님께서 하나님의 아들이 되신다는 신앙고백을 다시 확인하고, 하나님의 아들 되신 예수님과 함께 하는 길이다.

나누어진 마음, '작은 믿음'으로는 물에 빠질 수밖에 없다. 간질로 고생하는 한 아이를 고치지 못하고 그 이유를 묻는 제자들에게 예수님께서 "믿음이 없고 패역한 세대에 내가 얼마나 너희와 함께 있으며 얼마나 너희를 참으리요"(17:17)라고 책망하시며 주신 다음의 주님의 말씀은 마태복음의 첫 독자인 마태의 교회뿐 아니라 오늘날의 한국 교회 역시 귀담아 들어야 할 말씀이다.

> "이르시되 너희 믿음이 작은 까닭이니라 진실로 너희에게 이르노니 만일 너희에게 믿음이 겨자씨 한 알 만큼만 있어도 이 산을 명하여 여기서 저기로 옮겨지라 하면 옮겨질 것이요 또 너희가 못할 것이 없으리라"(마 17:20).

▌부록 4

모든 족속을 제자 삼으라

신학적·해석학적 열쇠로서 마태복음 28장 16-20절에 대한 소고[1]
"'Make Disciples of all the Nations': A Study on the Text of
Matthew 28:16-20 as a theological and hermeneutical key"

1. 들어가는 말

오늘날 한국 교회 안에서 자주 거론되는 지도력 갈등의 근본적인 이유는 '권세' 또는 '권위'(authority)에 대한 비(非) 성경적인 이해와 그 실천에 있다. 그러하다면 지도력 갈등의 문제점에 대한 근원적인 해결점은 성경적인 권위 이해와 그 실천에서 찾을 수 있을 것이다.

복음서 기자 마태는 주목할 만하게 이 '권세'(ἐξουσία)에 대하여 관심을 가지고 있다. 주님의 권세는 세상의 권세와 어떻게 다르며, 주님께서 제자들에게 주신 권세의 특징은 무엇인가? 마태에게 있어서

---

[1] 이 논문은 『교회와 신학』 제38호(1999년 가을호)에 실린 성경 연구이다.

모든 권세를 가지고 계신 예수님을 믿는다는 것은 무엇을 의미하는가? 교회의 권세가 어디에서 유래하는 것인가? 오늘 교회 지도자들이 주님으로부터 부여 받은 권세가 '주님의 종'의 권세인가 아니면 '주의 종님'의 권세인가? 또 이 권세는 무엇을 위해 믿는 자들에게 주어졌는가? 이런 질문들은 오늘을 사는 그리스도인, 특히 지도층에 있는 직분자들이 시급하게 고려해야하는 시의 적절한 물음이 아닐 수 없다.

이런 질문에 대답하는 성경적인 방향 설정을 위해 마태복음 전체의 "신학적·해석학적인 열쇠"(Udo Schnelle, *Einleitung in das Neue Testament*, UTB.W 1830, Göttingen: V. & R., 1994, 270)가 되는 마태복음의 종결 단락인 28장 16-20절을 살펴보는 것은 불가피하다. 왜냐하면 선정된 종결 본문은 마태복음의 특징인 구원의 보편주의(universalism), 바리새인과 서기관 '보다 나은 의'를 가르치고 행하는 권세 있는 교사이신 예수님, 마태에게 있어서 그리스도인 됨의 의미, 부활하여 하늘로 올리우신 주님의 '함께 하심'에 관한 무시간적인 약속 말씀이 복음서 기자의 의도에 따라 전체 마태복음에 나타난 '예수 이야기'를 "뒤에서부터"(Otto Michel, "Der Abschluss des Matthäusevangeliums," *Evangelische Theologie* 10 [1950] 16-26. 인용 21) 이해하게 하는 신학적·해석학적 관점을 제공하기 때문이다.

본문의 메시지를 오늘의 교회로 중개(仲介)하기 위해 먼저 본문을 우리말로 옮기고 자리 매김한 후 본문의 짜임새를 살피고 본문의 뜻을 밝힌 다음, 신학적인 메시지를 찾으면서 설교를 위한 대지를 제시하고자 한다.

2. 본문 옮기기

¹⁶그리고 열 한 제자가 갈릴리로 가서 예수께서 지시하셨던 산에 이

르러,
[17]그분[예수]을 보고 경배하였으나 어떤 사람들은 의심하였다.
[18]예수께서 그들에게 나아와 일러 말씀하시기를 "하늘과 땅에 있는 모든 권세가 나에게 주어졌으니
[19-20상]그러므로 너희는 가서 아버지와 아들과 성령의 이름으로 세례를 베풀고 내가 너희에게 당부한 모든 것을 지키도록 가르치면서 모든 민족을 제자로 삼으라.
[20하]그리고 보라! (바로) 내가 세상 끝 날까지 모든 날 동안 너희와 함께 있으리라" 하셨다.

3. 본문의 자리 매기기

선정된 본문은 한편으로는 마태의 수난 기사(27-28장)와의 맥락 안에서, 다른 한편으로는 마태복음 전체와의 관련 안에서 자리 매김될 수 있다. 본문을 자리 매김하기에 앞서 수난사로부터 종결 단락에 이르기까지 '마태 수난사의 기초가 되는 마가 수난사'(Nils A. Dahl, "Die Passionsgeschichte bei Matthäus," *New Testament Studies* 2 [1955/6]: 17-32 참조)와 비교해 보면 다음과 같다.

마 26:1-5	살해 음모	막 14:1-2
마 26:6-13	베다니에서 향유 부은 여인	막 14: 3-9
마 26:14-16	가롯 유다의 배신	막 14:10-11
마 26:17-19	유월절 만찬 준비	막 14:12-16
마 26:20-25	유다의 배신 예언	막 14:17-21
마 26:26-29	최후의 만찬	막 14:22-25
마 26:30-35	베드로의 배신 예언	막 14:26-31
마 26:36-46	겟세마네에서의 기도	막 14:32-42
마 26:47-56	체포되시는 예수	막 14:43-52

마 26:57 68	가야바의 법정에 서심	막 14:53-65
마 26:69-75	베드로의 예수 부인	막 14:66-72
마 27:1-2	빌라도에게 넘겨짐	막 15:1
마 27:3-10	가룟 유다의 최후	평행 본문 없음
마 27:11-14	빌라도 총독의 심문	막 15:2-5
마 27:15-26	바라바 석방/예수의 사형 언도	막 15:6-15
마 27:27-31a	로마 군인으로부터 조롱 받으심	막 15:16-20a
마 27:31b-32	십자가 지심	막 15:20b-21
마 27:33-44	십자가에 못 박히심	막 15:22-32
마 27:45-56	예수의 죽으심	막 15:33-41
마 27:57-61	무덤에 장사되심	막 15:42-47
마 27:62-66	무덤 파수	평행 본문 없음
마 28:1-10	빈 무덤을 본 여인들	막 16:1-8
마 28:11-15	군병 매수	평행 본문 없음
마 28:16-20	부활 예수의 선교 명령	평행 본문 없음

두 복음서의 수난·부활 기사를 비교해 보면 마태의 경우 마가보다 더 기독론적으로 심화되어 있으며(26:17, 18) 그와 함께 더 구원론적이며(26:28) 마가 이외에 마태에서만 발견되는 전승도 보존되어 있고(27:3-10; 27:62-66) 구약성경과도 밀접하게 관련되어 있다(27:46-50). 빈 무덤 발견 기사(28:1-10) 역시 마태의 경우 수난사의 맥락 안에 있으며(27:52-61, 62-66 참조) 그 뒤를 마태복음에서만 발견되는 두 단락인 군병 매수 기사(28:11-15)와 부활하신 예수님의 선교 명령 기사(28:16-20)가 따르고 있다.

무엇보다도 마태의 경우에는 요한의 경우(요 20:11-18)처럼 부활하신 예수님께서 제자들에게 나타나신 현현이 복음서를 마감하는 정점(頂點)이 아니라 "도중 현현"(Unterwegserscheinung)이 복음서를 마감하는 정점이다(O. Michel, *Abschuss*, 16). 오히려 부활 이후 제자들에게 위탁하신 예수님의 선교 명령이 예수님의 수난 이후 일어난 모든 사건의 '피날레'를 장식한다.

또 한편 마태복음의 종결 단락은 단순하게 부활 기사의 끝을 마감할 뿐 아니라 한편으로는 전체 마태복음을 이해하는 신학적·해석학적인 틀을 제공하는 '전망대'이며, 다른 한편으로는 마태 당시와 오늘날의 교회를 묶는, 시공(時空)의 차이를 극복하게 하는 신학적인 열결고리이다(O. Michel, W. Grundmann, U. Luck, U. Schnelle, P. Stuhlmacher 참조). 그 근거는 아래의 본문 살피기와 신학적인 메시지 찾기에서 다루어질 하나님의 아들 예수 그리스도의 권세, 구원의 보편주의, 제자 삼음, 종말론인 약속 등의 주제에서 분명히 드러난다.

요약하면, 마태의 종결 단락은 단순한 수난·부활 기사의 절정 이상으로 전체 마태복음을 입체적으로 조망하는 '소실점'(消失点)이며(U. Schnelle, *Einleitung*, 270), 역사적 예수와 마태의 독자 그리고 오늘의 교회를 연결하는 '단자'(端子)이다.

4. 본문의 짜임새 보기

본문은 크게 두 단락으로 구성되어 있다. 앞부분(16-18상반절)은 마태복음에서 최후로 묘사된 마태의 보고이고, 뒷부분(18하-20절)은 마태복음을 마감하면서 동시에 모든 시대를 향해 열려 있는 예수님의 선교 지상 명령이다. 그리고 전자는 후자에 대한 단순한 '준비 단락'(Ernst Lohmeyer)이 아니라 마태의 마지막 "요약 보고"(Hans W. Bartsch, "Die Passions und Ostergeschichten bei Matthäus" *Entmythologisierende Auslegung*, 1962, 65)이다. 마태가 전승에서 전해 받은 예수님의 말씀은 세부적으로는 계시 또는 권세 말씀(18절 하반절), 선교 명령(19-20절 상반절), 그리고 약속(20절 하반절)으로 삼분(三

分)될 수 있다.

　종결 단락의 중심을 이루는 18하-20절에 대한 양식 규정에 있어서 학자들마다 주장하는 의견이 분분하다. 이 단락은 '제의 담론'(R. Bultmann)이나 '예전 전승'(G. Strecker)으로 여겨지기도 하고 '신화적 계시 말씀'(M. Dibelius)이나 '현현 보고'(L. Brun) 또는 '소명 기사'(B. J. Hubbard)로 생각되기도 하며, '보좌 등극 본문'(O. Michel)이나 한 '유대 기독교 교회 규정 단편'(H. J. Holtzmann) 또는 신명기적인 설교(W. Trilling)로 여겨지기도 한다. 하지만 16-20절의 종결 단락이 수난·부활 기사 뿐 아니라 전체 마태복음의 종결 기사라고 한다면, 또 본문을 공시적(公時的)으로 뿐 아니라 통시적(通時的)으로 보아야 한다면 슈툴마허가 말한 것처럼 본문을 "사도적 세계 선교의 유대 기독교적인 원(原) 증거"(Peter Stuhlmacher, "Zur missionsgeschichtlichen Bedeutung von Mt 28, 16-20," *Evangelische Theologie* 59 [1999], 108-30, 인용 119)로 사도적 선교의 근거가 되는 "위탁 기사"(eine comission story)로 규정할 수 있을 것이다(앞의 글, 115).

5. 본문의 뜻 살펴보기

　가. 16절 : 예수의 열 한 제자가 갈릴리로 가서 예수께서 지시하셨던 산에 이르렀다.

　"열 한 제자"라 함은 마태가 고린도전서 15장 5절("열 두 제자에게와")과 달리 열두 제자에서 예수님을 팔아넘긴 가룟 유다를 제외하였기 때문이다(눅 24:9. 33; 행 1:26; 2:14 참조).
　열 한 제자들은 천사와 예수님의 지시를 따라 갈릴리로 간다(7, 10). 이로써 복음은 본래 활동 지역으로 되돌아가는 것 같으나(4:15-

16) 사실은 모든 민족을 향해 폭넓게 열린다. 마태의 경우 갈릴리는 갈릴리-예루살렘 대립 구도에서 이해되는 예루살렘 적대 지역이 아니라 예수 그리스도 안에서 일어난 하나님의 구원이 이방 민족을 포함한 열방을 향해 열리는 개방성을 의미한다.

누가의 경우 "산"(ὄρος)은 기도하는 곳이나(6:12; 9:28; 22:39) 마태의 경우 특별한 신적인 계시 사건이 일어나는 장소이다. 그러므로 마태에게 있어서 중요한 것은 산상설교의 산(5:1)이나 치유 행위의 산(15:29)이나 변모의 산(17:1)처럼 그 산의 소재지가 아니라 오히려 팔레스틴의 어느 한 곳에 국한될 수 없는 산, 곧 공간을 초월하는 계시의 장소라는 산의 상징성이다(Rudolf Schnackenburg, *Matthäusvangelium 16,21-28,20*, Würzburg: Echter, ²1994, 289).

나. 17절 : 예수를 본 제자들은 그분께 경배하였으나 어떤 제자는 의심하기도 하였다.

부활하신 예수님과 제자들의 만남은 단지 짧은 분사 구문("그들이 그를 보았을 때", ἰδόντες αὐτόν)으로 언급되어 있어서 그 이상은 밝혀질 수 없다.

먼저 부활하신 예수님을 본 제자들의 반응은 경배하는 것이었다. '경배하다'(προσκυνεῖν)란 '앞을 향하여'(πρός)라는 전치사와 '입 맞추다'(κυνεῖν)라는 동사를 결합한 합성 동사로 '예배하다', '경배하다', '부복하다', '꿇어 엎드리다'의 뜻으로 사용된다. 제자들은 부활하신 분의 현현이라는 새로운 경험으로부터 무릎을 꿇고 예수님께 경배한다(눅 24:52).

그러나 제자 중 어떤 사람들은 의심하였다. 제자들의 반응으로 사용된 '의심하다'(διστάζειν)는 신약성경에서 마태복음에서만 단지 두 번 사용되는데 그것도 제자들 앞에서 예수님의 현현시 사용된다. 한 번은 부활 이전 예수님의 공생애시 바다 위로 걸어오셨을 때 물 속에 빠지는 베드로에 대하여(14:31), 다른 한 번은 부활 이후 예수님의 현현시 일부 제자들의 반응에 대해(28:17) 사용되었다. 두 경우 모두 의심은 역사적으로는 예수님의 현현에 대한 제자들의 새로운 경험의 표현이며, 마태의 교회에게는 일부 교회 구성원의 흔들리는 영적 상태를 시사하는 것이다.

이런 '의심'의 동기(모티브)는 후기의 교회가 삽입한 것이 아니라 역사적 전승에서 유래되었다(Eduard Schweizer, *Das Evangelium des Matthäus*, NTD 2, 1986, 346). 왜냐하면 그것이 만일 역사적이 아니었다면 교회의 지도자인 제자들, 특히 교회의 기둥 같이 여겨지는 베드로가 의심했다는 사실을 교회가 굳이 삽입할 이유가 없기 때문이다.

다. 18절하 : 하늘과 땅에 있는 모든 권세가 내게 주어졌다.

18하-20절은 부활하신 예수님께서 제자들에게 주신 말씀이다.

마태의 경우 예수님의 권세는 아버지로부터 받은 하늘과 땅의 전권(全權)이다. 그분의 권세는 바리새인과 서기관보다 나은 의를 가르치며(7:29), 유대교에서 하나님만이 하시는 죄 용서를 실천하며(9:6), 성전도 정화하고(21:23-24. 27), 나아가 제자들에게도 위임이 되는(10:1), 아버지로부터 부여 받은 모든 권세(11:27)이다(Ingo Broer, Art. ἐξουσία, *EWNT* Ⅱ, 1981, 23-29 참조). 예수님의 권세는 이 단락에서도 제자들에게 '함께 하리라'는 약속 말씀의 형태로 제자들에게 이양된다.

라. 19-20절상 : 그러므로 가서 아버지와 아들과 성령의 이름으로 세례를 베풀고 내가 너희에게 당부한 모든 것을 지키도록 가르치면서 모든 민족을 제자로 삼으라.

"제자 삼으라"(μαθητεύσατε)는 본문에 사용된 유일한 명령형 동사이다. '제자 삼다'(μαθητεύειν)는 신약성경에서 총 네 번 사용되는데 복음서에서는 유일하게 마태복음에서만 세 번 사용되는(13:52; 27:57; 28:19; 그 외에는 행 14:21에서) 마태의 애(愛)용어이다. 이 명령형 동사에 "(너희는) 가서"(πορευθέντες), "세례를 베풀고"(βαπτίζοντες), "가르치면서"(διδάσκοντες)라는 세 개의 분사가 연결됨으로써 '제자 삼다'에 예수님의 당부가 집중되어 있다.

제자들에게 위탁된 '제자 삼음'의 사역은 '지역주의'(particularism)를 넘어서 모든 민족에게로 확대된다(8:11-12; 10:18; 12:18, 21; 13:38; 21:43-45; 22:1-14; 24:14; 25:32; 26:13; 28:18-20에 나타난 구원의 보편주의). 이런 사실은 본문에서 '종결', '완성', '온전함'의 의미로 사용된 '모든'(πᾶς)이란 단어에서도 분명히 나타난다(O. Michel, *Abschluss*, 25). 곧 "모든 권세를"(πᾶσα ἐξουσία), "모든 민족을"(πάντα τὰ ἔθνη), "모든 것을"(πάντα ὅσα), "모든 날 동안"(πάσας τὰς ἡμέρας) 등의 용례가 그것을 보여 준다. 예수 그리스도의 올리우심으로 율법의 장벽이 무너지고 복음은 모든 사람을 위한 메시지가 된다.

또 마태에게 있어서 제자가 되는 것은 단순하게 세례 받고 말씀을 배우는 것이 아니라 주님께서 명하신 모든 것을 지키는 것이다. 마태의 경우 "무게 중심은 전체 율법을 행함(마 5:17-19 참조) 내지는 의(마 3:15; 5:6. 10. 20; 6:1. 33; 21:32), 온전함(마 5:48; 19:21 참조)과 믿음의 열매(마 3:10; 7:16-20; 12:33; 13:8; 21:18-22, 33-46 참조)에 있다"(U. Schnelle, *Einleitung*, 263). 마태에 의하면 예수님은 가르침과 행함의 일치를 보여 주신 "말씀의 메시아"(5-7장의 산상설교)이시며 동시에 "행함의 메시아"(8-9장의 이적 행위)이시다(Julius Schniewind, *Das Evangelium nach Matthäus*, Göttingen: V. & R., [13]1984, 36). 예수님께서 그러하신 것처럼 그의 제자들도 예수님께서 가르치신 모든 것을 배울 뿐만이 아니라 행하여야 한다.

마. 20절하 : 그리고 보라! 내가 세상 끝 날까지 매일 너희와 함께 있으리라.

"그리고 보라"(καὶ ἰδού)는 마태가 즐겨 사용하는 애용어로 특히 '신적 행위'나 '신적 계시'를 나타낼 때 사용된다(신약성경의 총 용례 181번 중 마태에서만 55번).

"내가 너희와 함께 있으리라"(ἐγὼ μεθ' ὑμῶν εἰμι)에서 "내가"가 강조되어 있다. 우리와 함께 하시는 임마누엘 예수님이 서두(1:23)와 말미(28:20)에서 각각 나타난다. '제자 삼음'의 모든 행위는 제자들만의 문제가 아니라 예수님의 '함께 하심' 약속과 함께 주님과 함께 하는 제자들의 문제가 된다. 다시 말하면 구원의 직설법(선물)으로부터 명령법(요구)이 나오는 것처럼, 제자들의 '제자 삼음'의 사역 시 제자들만의 문제가 아니라 제자들에게 제자 삼는 권세를 주시는 주님의 동행 내지는 함께 하심이 문제가 된다.

6. 신학적 메시지 찾기(설교를 위한 대지 제시)

첫째, 모든 권세는 하나님으로부터 나오며 부활하신 예수님께서 교회에 주신 권세는 선교를 위한 권세이다. 예수님의 로기온을 담고 있는 "원시 기독교 선교의 유산"(P. Stuhlmacher, *Bedeutung*, 129)인 마태의 종결 단락에 의하면 선교는 교회의 한 과제가 아니라 교회의 본질적인 과제이며 "원시 기독교 역사와 신학은 '선교사'이며 '선교신학'이다"(Martin Hengel, "Die Ursprüge der christlichen Mission," *NTS* 18, 1971/72, 15-38, 인용 38). 교회가 예수님에 대한 신앙고백의 반석 위에 세워졌다면(16:18) 부활하신 그리스도의 지상 명령인 선교 과제로부터 벗어날 수 없다.

둘째, 선교는 이스라엘에 국한된 것이 아니라 열방을 향해 열려 있다. 마태의 경우 예수님의 길은 처음부터 "이방인을 향해 가는 하나님의 길"로 나타난다(U. Schnelle, *Einleitung*, 271). 예수님의 계보가 아브라함에게서 시작됨으로써 서두(1:1)에 벌써 돌로써 아브라함의 자손이 되게 하는(3:9) 구원의 보편주의 관점이 암시되어 있다. 그뿐 아니라 계보 안에 언급된 여인들인 다말, 룻, 라합, 우리아의 아내는 모두 유대인이 아니다(1:3-6). 그리고 보편주의는 구원이 이방인에게도 열려 있음을 보여 주는 여러 구절(8:5-13, 14-15; 12:21; 13:38; 24:14; 25:31-46; 26:13)을 거쳐 말미에서 노골적으로 '모든 민족을 제자 삼으라'는 명령에까지 이른다.

셋째, 선교의 내용은 '제자 삼음'이며 그것은 복음 말씀에 대한 단순한 수용을 넘어서 예수님의 가르침을 지키게 하는 것을 포함한다. 마태의 경우 '그리스도인이 되는 것'은 곧 '제자 됨'을 의미하며 제자 됨은 예수님께서 가르쳐 주신 사랑과 의를 행하는 것이며, 이것은 제자의 독자적인 행위가 아니라 그리스도를 따르는 추종에서 이루어진다. 마태의 경우 이 추종 안에서 고난 받을 수 있음(10:17 이하)과 겸손(18:1 이하)과 사랑의 섬김 행위(25:31-46 참조)가 요구된다.

마지막으로 그리스도의 제자 삼음 행위는 자발적이거나 자율적인 행위가 아닌 하나님의 선행(先行)적인 은혜가 전제된 신율(神律)적 행위 내지는 그리스도께서 제자들의 본이 되시고 제자들과 함께 동행하시는 기독율적인 행위이다. 하늘로 올리우신 주님은 제자들에게 '제자 삼음'을 요구할 뿐 아니라 그 요구를 실천하도록 권세를 주시는 임마누엘의 메시아이시다. 그러므로 그리스도인의 권세는 '그리스도 아래 있음'에서, '그리스도와 함께 함'에서, 그리고 '그리스도 곁에 있음'에서 나오는 권세이다.

7. 맺는 말

다시 처음의 문제로 돌아가자. 그리스도인이 가지고 있는 '권위' 내지는 '권세'는 주님으로부터 받은 권세이며, 그것은 소유나 세도 부림이나 우열 가림 혹은 서열 매김(20:20-28 참조)을 위해 주어진 것이 아니라 선교 곧 제자 삼음을 위해 주어진 것이다. 그리고 그 권위는 주님께서 함께 하실 때 유지될 수 있다.

교역자와 성도 간에 일어나는 교회 내 권위의 갈등에 대해 더 이상 그것이 없는 것처럼 눈을 가리거나 방치할 수는 없다. 잘못된 권위주의, 우상화된 권위를 깨뜨리고 성경적인 권위를 회복하려면 마태의 종결 단락에서 들려주시는 주님의 말씀에 귀를 기울여야 한다.

한국성서학연구소는
종교개혁의 신학전통을 이어받아
다양한 성서해석 때문에 갈등을 겪는 한국교회를
하나님의 말씀 위에 바로 세우기 위하여 일하고 있습니다.
한국교회가 안고 있는 현실 문제에 대한 성서적이고
올바른 신학적 해석을 제시함으로써 이 땅의 문화가
그리스도의 이름 아래 세워질 때까지
이 일을 계속해 나가겠습니다.

나의 멍에를 메고 내게 배우라—설교를 위한 마태복음 연구

개정증보판 1쇄 인쇄   2008년 5월 2일
개정증보판 1쇄 발행   2008년 5월 9일
지 은 이   장 홍 길
펴 낸 이   이 연 옥
펴 낸 곳   도서출판 한국성서학
            서울 종로구 연지동 1-1 여전도회관 1105호
            TEL. 02-766-5220, FAX. 02-744-7046
출판등록   제1-1286호(1991.12.21)
총   판   도서출판 두란노(TEL. 02-749-1059 / FAX. 02-749-3705)
ISBN   978-89-86015-65-2 93230

※ 잘못된 책은 바꿔 드립니다.

책값 12,000 원